Kommentar

zum

Stellenvermittlergesetz

vom 2. Juni 1910

unter besonderer Berücksichtigung des zivilrechtlichen Gesetzesinhalts

mit

den Ausführungsbestimmungen für Preußen, Bayern, Sachsen

von

M. K. Samter,

Amtsgerichtsrat am Amtsgericht Berlin-Mitte.

Berlin 1912.

J. Guttentag, Verlagsbuchhandlung,

G. m. b. H.

Vorwort.

Der vorliegende Kommentar hat das Schwergewicht auf die Erörterung der zahlreichen zivilrechtlichen Fragen gelegt, die das Stellenvermittlergesetz, seines kleinen Umfangs ungeachtet, hervorgerufen hat.

Die Erörterung jener Fragen ist im wirtschaftlichen Gebiet für den Laien, für den Juristen im Gebiete der sogenannten Kautelarjurisprudenz von Bedeutung, um Prozessen vorzubeugen, die für die einzelnen Beteiligten unerwartete Verwaltungsmaßregeln nach sich ziehen können.

Berlin-Charlottenburg im Juni 1912.

Samter.

Abkürzungen.

BGB. = Bürgerliches Gesetzbuch für das Deutsche Reich.
Bl. f. Rechtspfl. = Blätter für Rechtspflege im Bezirke des Kammergerichts.
DJZ. = Deutsche Juristenzeitung.
Fischer = Kommentar zum Stellenvermittlergesetz.
GewO. = Gewerbeordnung.
HMBl. = Ministerialblatt der Handels- und Gewerbeverwaltung.
Hoffmann = Das Stellenvermittlergesetz vom 2. Juni 1910.
JW. = Juristische Wochenschrift.
KGJ. = Jahrbuch der Entscheidungen des Kammergerichts.
v. Köhler = Stellenvermittlergesetz vom 2. Juni 1910.
Kommentar der Reichsgerichtsräte = Das Bürgerliche Gesetzbuch, erläutert von Georg Hoffmann, Brückner, Erler, Burlage, Busch, Dr. Ebbecke, Kiehl, Schaffeld und Schmitt, Reichsgerichtsräte.
Recht = Das Recht. Rundschau für den Deutschen Juristenstand.
RGZ. = Entscheidungen des Reichsgerichts in Zivilsachen.
Schmid I = Stellenvermittlungsgesetz.
Szczesny = Stellenvermittlergesetz vom 2. Juni 1910.

Inhaltsverzeichnis.

Stellenvermittlergesetz vom 2. Juni 1910.

Anhang.

Die Ausführungsbestimmungen zum Stellenvermittlergesetz für Preußen, Bayern und Sachsen.

Stellenvermittlergesetz.[1]

Vom 2. Juni 1910 (RGBl. S. 860).

Wir Wilhelm, von Gottes Gnaden Deutscher Kaiser, König von Preußen 2c. verordnen im Namen des Reichs, nach erfolgter Zustimmung des Bundesrats und des Reichstags, was folgt:

§ 1.

Stellenvermittler[2] [3] im Sinne dieses Gesetzes ist, wer gewerbsmäßig[4]

1. **die Vermittlung[5] eines Vertrags[7] über eine Stelle[8] betreibt,[4]**
2. **Gelegenheit zur Erlangung einer Stelle[8] nachweist und sich zu diesem Zwecke mit Arbeitgebern oder Arbeitnehmern in besondere Beziehungen[6] setzt.**

1. Die **Stellung des Stellenvermittlergesetzes** im Rechtssystem wird durch die Gesetzesbegründung (S. 20) dahin bestimmt, daß es ein „die Gewerbeordnung ergänzendes Sondergesetz" ist. Wie jene wird daher auch das Stellenvermittlergesetz, soweit es privatrechtlicher Natur ist, durch die Vorschriften des Bürgerlichen Gesetzbuchs und des Handelsgesetzbuchs ergänzt. Diese, die in Verbindung mit dem „Sondergesetz" den Stellenvermittlervertrag zu einer besonders gestalteten Art des Mäklervertrags machen, sind deshalb entscheidend zunächst für:

2. **Die Rechtsperson des Stellenvermittlers im allgemeinen.** Stellenvermittler kann eine natürliche Person sein (§ 1 BGB.), eine juristische Person (§§ 21 ff. BGB.), s. aber über die bezügliche Streitfrage Anm. 1 § 2, ein im Handelsregister eingetragener Kaufmann (§ 29 HGB.), ein sog. Kleinkaufmann (§ 4 HGB.), eine offene Handelsgesellschaft (§ 124 HGB.), eine Kommanditgesellschaft (§ 161 Abs. 2 HGB.), eine Aktiengesellschaft, eine Aktienkommanditgesellschaft (§§ 178, 320 HGB.), eine Gesellschaft m. b. H., eine Genossenschaft,

eine Gesellschaft des bürgerlichen Rechts (§ 705 BGB.), ein eingetragener Verein (§ 21 BGB.).

3. **Die allgemeine gesetzliche Begriffsbestimmung** des Stellenvermittlers unterscheidet zwischen dem Stellenvermittler im engen Sinne Ziff. 1 § 1 und im weiten Sinne Ziff. 2 § 1, erfordert für beide aber gewerbsmäßiges Handeln (s. Anm. 4).

Die nicht gewerbsmäßigen Stellenvermittler sind den Sondervorschriften der §§ 15—18 unterstellt. Die frühere gesetzliche Artunterscheidung: Gesindevermieter und Stellenvermittler (§ 75a GewO.), zu welchen letzteren auch die Stellenvermittler für Bühnenangehörige, sog. Theateragenten, und die Stellenvermittler für Schiffsleute gehörten (RG. vom 2. Juni 1902, RGBl. S. 215), ist beseitigt.

Eine verwaltungsrechtliche Artunterscheidung wird aber insofern gemacht, als für den Geschäftsbetrieb der gewerbsmäßigen Stellenvermittler, die nicht gewerbsmäßige Stellenvermittler für Bühnenangehörige und nicht Herausgeber von Stellen- und Vakanzenlisten sind, andere Verwaltungsvorschriften als für die letztgenannten zwei Stellenvermittler erlassen sind (s. Anhang S. 121, 137, 147; 163, 174 u. 193, 197, 205).

4. **Die der Stellenvermittlung in engem und weitem Sinne gemeinsame Hauptvoraussetzung ist gewerbsmäßiges Betreiben.** Dieses erfordert die Absicht auf Vornahme einer ungeschlossenen Kette von Vermittlungsgeschäften, um aus diesen fortgesetzt Gewinn zu erzielen (RGZ. 38, 20).

a) **Gewerbsmäßiges Betreiben ist sonach ausgeschlossen:**

aa) bei gelegentlichem Stellenvermitteln, dessen Vornahme ganz unbestimmt.

Diese Voraussetzung trifft nicht zu, wenn zwar nur an einzelnen Tagen eine Stellenvermittlung erfolgt, jene Tage aber fortgesetzt bestimmt wiederkehren. Der Stellenvermittler nur auf festgesetzten Jahrmärkten ist daher ein gewerbsmäßiger.

bb) bei nicht gewinnerstrebender Stellenvermittlung.

Ein Gewinnerstreben ist dort ausgeschlossen, wo nur die Deckung der Selbstkosten aus der Vermittlung von vornherein beabsichtigt ist.

Ergibt sich trotzdem ein nicht erwarteter Gewinnbetrag, so erzeugt diese Tatsache noch nicht ein gewerbsmäßiges Betreiben.

Ist aber eine Überschußeinnahme über die Selbstkosten, wenn auch nur in zweiter Linie, beabsichtigt, so stempelt diese Absicht die Stellenmittlung zu einer gewerbsmäßigen.

Die gemeinnützigen Vereine, die Stellenvermittlung aus ethischen, insbesondere religiösen, allgemeinen Wohlfahrtszwecken treiben, sind daher nicht gewerbsmäßige Stellenvermittler, solange sie durch die von ihnen erhobenen Vermittlungsgebühren nur die Deckung der Selbstkosten beabsichtigen; sofern über diese Selbstkosten von jenen Vereinen die Erzielung eines Überschusses beabsichtigt wird, werden sie gewerbsmäßige Stellenvermittler; und zwar auch dann, wenn jener Überschuß wieder zu nicht gewerbsmäßigen, sondern ethischen Zwecken verwendet wird (s. auch nachfolgend unter c auch Ziff. 9 der VO. vom 21. Aug. 1910 Anhang S. 153; s. auch S. 185).

cc) bei Nichtkundbarmachen des Stellenvermittlungsbetriebs dem Publikum gegenüber, wie das RG. im Urt. vom 9. Nov. 1893 (JW. 1894, 19) annimmt. Jenes Erfordernis ist aber durch den Begriff der Gewerbsmäßigkeit als einer fortgesetzten Verwirklichung einer gewinnerwerblichen Absicht nicht bedingt (gl. A., wenn auch ohne Begründung: Hoffmann, Anm. 3 § 1 und das Urt. des OLG. Dresden, GewArch. 9, 584).

b) **Gewerbsmäßiges Betreiben liegt vor:**

aa) wenn ein Gewinn aus der Stellenvermittlung nicht unmittelbar, sondern nur mittelbar erstrebt wird, durch Gelegenheit des Absatzes von Waren des Stellenvermittlers (vgl. KGJ. 17, 351).

bb) wenn der Gewinn von dem Stellenvermittler nicht zu eigenem oder dauerndem Behalten erstrebt wird, vielmehr von ihm für ethische Zwecke bestimmt und verwendet wird.

c) **Die Feststellung der Gewerbsmäßigkeit** ist immer Frage des Einzelfalles (zu vgl. OHG. 14, 117). Die Befolgung oder Nichtbefolgung der reglementarischen Vorschrift für Preußen in der VO. vom 16. Aug. 1910, Ziff. 6 u. 7, Anhang S. 123; (abweichend für Bayern § 9 der Bek. vom 6. Okt. 1910 Anhang S. 165) ist für die rechtliche Prüfung nicht entscheidend (gl. A.: Fischer Anm. 4, 2).

d) Die Bedeutung des Wortes: „**betreibt**" ist hier wie im § 3 die gewöhnlich sprachliche; somit ist unter „betreiben" hier lediglich ein Tätigsein mit der Absicht der Wiederholung zu verstehen (a. M., aber ohne ausreichende Begründung: Fischers Anm. 5, 2d, der in dem Worte „betreiben" den Ausdruck einer gesetzlichen Vorschrift dahin sieht, daß der Stellenvermittler des § 1 verpflichtet sei, „alles zu tun, was in seinen Kräften steht und nach der Verkehrsauffassung von ihm erwartet werden kann".

5. Die Vermittlung eines Vertrags, sofern sie gewerbsmäßig geschieht (vorstehend Anm. 4), bildet die zweite Voraussetzung der Stellenvermittlung im **engen Sinne**; nur diese (s. vorstehende Anm. 3 und nachfolgende Anm. 6!) fällt sonach mit der zweiten Art des Mäklervertrags des § 652 BGB. zusammen.

Die für diesen geltenden allgemeinen Bestimmungen des BGB. sind daher auch hier — von den Vorschriften über den Entgelt abgesehen, die durch § 5 des Gesetzes und die erlassenen Verwaltungsvorschriften (s. Anhang S. 129, 142, 166, 200, 208) ergänzt werden — entscheidend für eine ganze Reihe von Rechtsfragen, deren Lösung infolge der eben genannten Vorschriften zum Teil zweifelhaft ist und die betreffen:

a) **Die Geschäftsfähigkeit der Parteien:** Minderjährige (§ 106 BGB.) können einen gültigen Stellenvermittlungsvertrag regelmäßig nur mit Genehmigung ihres gesetzlichen Vertreters abschließen, also des Vaters (§ 1627; s. aber auch §§ 1630, 1634, 1635, 1666, 1670, 1676—1680 BGB.), der Mutter bzw. Beistands (§§ 1684, 1685, 1693, 1696—1698 BGB.), des Vormunds (§§ 1773, 1793, 1897, 1906 BGB.), des Pflegers (§§ 1909, 1915 BGB.). Eine uneheliche Mutter kann für ihr uneheliches Kind nur dann einen Stellenvermittlungsvertrag abschließen, wenn sie Vormund des Kindes ist (§ 1707; s. auch DJZ. 8, 431).

Ist ein Minderjähriger von seinem gesetzlichen Vertreter gemäß § 113 Abs. 1 BGB. ermächtigt, in Dienst oder in Arbeit zu treten, so ist er zur Abschließung eines Stellenvermittlungsvertrags rücksichtlich jenes Dienst- und Arbeitsvertrags geschäftsfähig.

Die Ermächtigung zum Eintreten in Dienst und Arbeit kann aber nach Abs. 2 § 113 BGB. eingeschränkt sein, d. h. rücksichtlich der Dienstherrschaft, der Zeitdauer und des Inhalts beschränkt werden, insoweit ist ein Minderjähriger nur zum Abschluß von Dienst- und Arbeitsverträgen im Rahmen jener Beschränkungen und deshalb auch nur insoweit zum Abschluß eines Stellenvermittlungsvertrags geschäftsfähig.

Einen Stellenvermittlungsvertrag, der ein Dienst- oder Arbeitsverhältnis betrifft, das Verpflichtungen zu persönlichen Leistungen für längere Zeit als ein Jahr enthält, kann ein Minderjähriger nur mit Genehmigung des Vormunds und des Vormundschaftsgerichts vornehmen; auch wenn der Vormund selbst für den Minderjährigen jenen Vertrag schließt, bedarf er hierzu der vormundschaftsgerichtlichen Genehmigung (§§ 113, 1822 Ziff. 6, 7 BGB.); dagegen bedürfen Vater bzw. Mutter jener Genehmigung nicht.

b) **Der Rechtsbestand** des Stellenvermittlungsvertrags unterliegt uneingeschränkt den allgemeinen Vorschriften, und zwar können Anfechtungstatbestände des vermittelten Vertrags zugleich Anfechtungstatbestände des bezüglichen Stellenvermittlungsvertrags sein.

Ist der vermittelte Vertrag aufschiebend bedingt (§ 158 BGB.) und die Bedingung fällt aus, so ist ein Stellenvermittlungsvertrag nicht ausgeführt worden und daher auch eine Vermittlungsgebühr nicht fällig geworden. Dies gilt nicht, wenn von vornherein nur ein bedingter Vertrag vermittelt werden sollte.

Ist der vermittelte Vertrag auflösend bedingt (§ 158 Abs. 2 BGB.), so ist die Vermittlergebühr sofort fällig und trotz Eintritt der auflösenden Bedingung nicht zurückzuzahlen (vgl. Kom. der Reichsgerichtsräte zum BGB. Anm. 3 § 652). Verwaltungsvorschriften wie z. B. die in Ziff. 18, 19 der VO. vom 16. Aug. 1910 (s. S. 129) können das Eingreifen dieser allgemeinen Rechtssätze nicht ausschließen (s. auch § 5 Anm. 8—11 S. 49 ff.).

c) **Die Anfechtbarkeit** des Stellenvermittlungsvertrags unterliegt gleichfalls den allgemeinen Vorschriften der §§ 119, 121 BGB. Verwaltungsvorschriften wie die in §§ 18, 20 (S. 129), §§ 14, 16 (S. 166) beseitigen noch nicht für den Stellenvermittlungsvertrag die Anfechtbarkeit wegen Irrtums aus § 119 BGB.

d) **Die Frage der Unmöglichkeit der Leistung**, und zwar der ursprünglichen wie nachträglichen ist regelmäßig nach den allgemeinen Vorschriften der §§ 306, 323—326 BGB. zu beurteilen. Da der Stellenvermittlervertrag auf Vermittlung des Zustandekommens eines Vertrags mit dem Vollgehalt seiner bestimmten Leistung und Gegenleistung gerichtet ist, so begründet Unmöglichkeit der Leistungen des vermittelten Vertrags zugleich Erfüllungsunmöglichkeit des Stellenvermittlungsvertrags; bei nachträglich eingetretener Leistungsunmöglichkeit des vermittelten Vertrags jedoch nur, wenn diese bis zum Anfangszeitpunkt des vermittelten Vertrags eingetreten. Beispiel: Vermittelt ist ein Dienstvertrag zwischen einem Gärtner und dem Eigentümer des Uferteils zwecks Umgestaltung eines Uferteils in einen Garten. Im Zeitpunkt des Abschlusses des Vermittlungsvertrags ist der Uferteil vom Meer verschlungen; der Vermittlungsvertrag ist gemäß § 306 BGB. nichtig. Der vermittelte Gärtnerarbeitervertrag ist am 1. April 1912 vermittelt, soll am 1. Mai 1912 beginnen, am 30. April 1912 ist das Uferstück verschwunden, weder der Gärtner aus dem Gärtnervertrag, noch der Stellenvermittler aus dem Stellenvermittlungsvertrag kann einen Entgelt gemäß § 323 BGB. fordern, bzw. müssen, wenn sie einen solchen erhalten, diesen aus § 327 BGB. zurückzahlen.

Die Sondervorschriften in Verwaltungsverordnungen über Erlöschen oder Rückzahlung von Vermittlerentgelten, wie sie die Ziff. 18 bis 20 der VO. vom 16. Aug. 1910 (s. S. 129; s. auch S. 142) enthalten, sind im Verordnungswege unterstellte Vertragsabreden, die im übrigen die allgemeinen Rechtsvorschriften des BGB. und daher auch die der §§ 306, 323—326 BGB. nicht beseitigen.

e) **Die Einzelvoraussetzungen** einer „Vermittlung eines Vertrags" sind Anm. 9 zu § 5 Abs. 2 S. 53 erörtert; im übrigen s. folgende Anm. 7 S. 15.

6. a) **Der Begriffstatbestand der Stellenvermittlung im weiten Sinne** (Anm. 3) erfordert nach Ziff. 2 § 1 gewerbsmäßiges Nachweisen der Gelegenheit zur Erlangung einer Stelle und zu diesem Zweck zugleich das in „besondere Beziehungen" mit Arbeitgeber oder Arbeitnehmer „Sich-setzen".

Die Abweichung der Vorschrift des § 1 Ziff. 2 von der des § 652 BGB. liegt darin, daß letzterer Paragraph in dem bloßen „Nachweis der Gelegenheit zum Abschluß eines Vertrags" den Inhalt eines Mäklervertrags im weiten Sinne (Anm. 3) findet.

Der Grund der Abweichung des § 1 Ziff. 2 von § 652 liegt nach der Gesetzesbegründung in der bisherigen verschiedenen rechtlichen Charakterisierung der Herausgeber von Stellen- und Vakanzlisten. Einmal sei die Tätigkeit Genannter, wie die Motive hervorheben namentlich in Ausführungsvorschriften, als Stellenvermittlung angesehen worden, während das Reichsgericht als Voraussetzung für den Begriff der Stellenvermittlung eine Tätigkeit erfordert, „die auf Abschluß eines Vertrags über die gesuchte und angebotene Stelle nach beiden Seiten, nach der Seite sowohl des Arbeitgebers als auch des Arbeitnehmers hin gerichtet ist, um beide einander zuzuführen, näher zu bringen und zwischen ihnen zu vermitteln sucht". Andererseits sei die Wertlosigkeit der Stellenliste festgestellt.

Aus diesen Gründen ist „es notwendig erschienen, den Begriff des Stellenvermittlers zu erweitern und durch eine gesetzliche Begriffsbestimmung klar zum Ausdruck zu bringen, daß auch die Herausgeber von Stellen- und Vakanzenlisten als Stellenvermittler anzusehen sind".

b) **Die Folge der Abweichung** des § 1 Ziff. 2 von § 652 BGB. ist eine zweifache, die anscheinend vom Gesetzgeber nicht erwogen und auch bisher in der Literatur wenig erörtert ist.

α. **Die rechtliche Stellung der Herausgeber von Stellen- und Vakanzenlisten** wird durch § 1 Ziff. 2 in Verb. mit § 5 des Gesetzes und die erlassenen Verwaltungsvorschriften wie folgt bestimmt:

αα. **Herausgeber** von Stellen- und Vakanzenlisten, die sich in besondere Beziehung zu Arbeitgebern oder Arbeitnehmern setzen, sind **gewöhnliche gewerbsmäßige** Stellenvermittler im Sinne des § 1 Ziff. 2; sie unterliegen deshalb den Gesetzesbestimmungen der §§ 1—15, die Ausnahme in § 5 Abs. 2 findet auf sie keine Anwendung; sie unterstehen den Verwaltungsvorschriften der gewöhnlichen gewerbsmäßigen Stellenvermittler, mithin: in Preußen der VO. vom

25. Juli 1910 (s. S. 116) vom 16. Aug. 1910 (s. S. 137), in Bayern der Bek. vom 6. Okt. 1910 §§ 1—20, in Sachsen der VO. vom 27. Aug. 1910 mit Ausnahme des Abs. 4 des § 2 (S. 191) und den Vorschriften der Anlage III (S. 205).

In Preußen und Sachsen ist aber durch Ziff. 13 der Anl. III der VO. vom 19. Aug. 1910 (S. 149) bzw. § 13 der Anlage I (S. 195) jenen Listenherausgebern Zuweisungen von Stellen oder Stellensuchenden verboten.

ββ. **Herausgeber** von Stellen- und Vakanzenlisten, die **nicht in besonderer Beziehung** zu Arbeitgebern oder -nehmern sich setzen, sind **besondere gewerbsmäßige** Stellenvermittler; sie unterliegen als solche den §§ 1—14, außer Abs. 5 § 5 des Gesetzes, obschon zwischen ihnen und den gewöhnlichen gewerbsmäßigen Stellenvermittlern der fundamentale Unterschied besteht: daß ihre Tätigkeit mit Hingabe der Liste erschöpft ist, ihr Vergütungsanspruch daher durch dieses Moment, nicht durch das Zustandekommen eines — auch wirklich — vermittelten Vertrags, bedingt ist. Dem hat das Gesetz durch die Ausnahme Rechnung getragen, welche § 5 Abs. 5 enthält und ebenso ist für jene Stellenvermittler ihre rechtlich besondere Vermittlungstätigkeit durch den Erlaß besonderer Verwaltungsvorschriften berücksichtigt worden; nämlich: in Preußen in der VO. vom 18. Aug. 1910 (S. 147), in Bayern in dem § 21 der Bek. vom 6. Okt. 1910, GVBl. S. 923 (S. 169), in Sachsen im § 2 Abs. 4 der VO. vom 2. Juni 1910 und Anlage I (S. 193). Das Nähere über die Rechtsgeschäfte jener Herausgeber s. Anm. 19 § 5.

γγ. **Herausgeber von Stellen- und Vakanzlisten können endlich auch nicht gewerbsmäßige Stellenvermittler sein**, und zwar sowohl dann, wenn sie sich in besondere Beziehung zu Arbeitgebern oder -nehmern setzen, oder wenn dies unterbleibt. Fälle dieser Art sind möglich, wenn insbesondere für ein großes Unternehmen Arbeitskräfte durch besonderen Druck von Stellen- und Vakanzlisten gesucht werden.

Solche Herausgeber jener Listen sind dann nicht gewerbsmäßige Stellenvermittler und unterstehen als solche den §§ 15—18 des Gesetzes und in Preußen der VO. vom 21. Aug. 1910 (S. 153; für Bayern s. S. 185).

Z w e i f e l h a f t kann im Einzelfalle die Frage „der besonderen Beziehung" und damit die Eigenschaft des einzelnen Listenherausgebers als gewöhnlicher — oder besonderer — gewerbsmäßiger Stellvertreter sein.

Das fortgesetzte Gestatten eines Aufenthalts im Bureauraum für die Listenleser, nicht nur wenn sie Stellensucher sondern auch Stellenvergeber sind, und die Erlaubnis ihres wechselseitigen Verkehrs miteinander, enthält ein stillschweigend getätigtes sich in Beziehung setzen sogar zu beiden und damit die Voraussetzung der gewöhnlichen gewerbsmäßigen Stellenvermittlung.

Ausgeschlossen ist die Annahme einer Stellenvermittlung nach der ausdrücklichen Erklärung der Gesetzesbegründung gegenüber den „Herausgebern von Zeitungen und Zeitschriften, die Anzeigen durch den Druck veröffentlichen und hierfür Druckgebühren erhalten, aber behufs Nachweis oder Vermittlung von Stellen zu Arbeitgebern oder Arbeitnehmern in keine besondere Beziehungen treten".

Der Erwerb aus den Annoncengebühren ist nur eine Folge des Erwerbs aus der Zeitungsherausgabe, auf diesen, nicht somit auf einen Vermittlungsentgelt, ist die Gewerbetätigkeit des Zeitungsherausgebers gerichtet.

Aus diesem Grunde gestaltet auch die vielfache Einrichtung, Offerten auf Annoncen in der Zeitungsexpedition entgegenzunehmen und deren Abholung den Annoncierenden zu gestatten, den Zeitungsherausgeber weder zum gewerbsmäßigen Stellenvermittler im Sinne des § 1 Ziff. 2 noch zum Stellenvermittler im Sinne der §§ 15—18.

Ist aber im Einzelfalle, nach dem Inhalt, dem Umfang einer Zeitung und Zeitschrift, diese offensichtlich minderwertig, mithin nur ein Beiwerk des Inseratenteils und dieser überwiegend ein Stellen- und Vakanzenblatt, dann erfüllt die Herausgabe eines solchen Druckerzeugnisses den Tatbestand der besonderen gewerbsmäßigen Stellenvermittlung.

β. **Diejenigen, die Herausgeber von Stellen- oder Vakanzenlisten** nicht sind, auch Verträge über Stellen nicht vermitteln, letztere nur gewerbsmäßig (Anm. 4a) nachweisen und zu diesem Zwecke mit Arbeitgebern oder Arbeitnehmern sich in besondere Beziehung (s. unter γ) setzen, sind, wie bereits unter a erwähnt, nach dem Wortlaut des § 1 Ziff. 2 selbstverständlich gewerbsmäßige gewöhnliche Stellvertreter und unterliegen als solche den Vorschriften der §§ 1—14 des Gesetzes und den zur Ausführung derselben erlassenen Verwaltungsvorschriften.

γ. **Welche rechtliche Stellung haben aber diejenigen,** die gewerbsmäßig nur „den Nachweis der Gelegenheit zum Abschluß eines Vertrags" über eine Stelle geben, ohne in eine besondere Beziehung mit Arbeitgeber oder Arbeitnehmer sich zu setzen?

Derartige Fälle sind im Verkehr nicht selten. Annoncen in Tagesblättern dahin „Zahle für den Nachweis einer Stelle bez. einer geeigneten Persönlichkeit 50 ℳ" finden sich fortgesetzt und ebenso sind Persönlichkeiten vorhanden, die auf solche Annoncen fortgesetzt Anwort erteilen, die sie meist den Stellenangeboten der Annoncen einer ganzen Reihe von Tagesblättern entnehmen. Gelangt jener Annoncierende anläßlich der letztgedachten Antwort zu einer Stelle, bez. besetzt er eine solche, so hat der Antwortende zweifellos den Nachweis der Gelegenheit zum Abschluß des Vertrags über jene Stelle getätigt. Es fehlt aber auf der Seite des Antwortenden das zweite Erfordernis des § 1 Ziff. 2, daß zu jenem Gelegenheitsnachweis noch das sich „in besondere Beziehung setzen zu demjenigen" hinzugekommen, der die nachgewiesene Stelle, sei es als Arbeitnehmer oder Arbeitgeber, erhalten, bez. besetzt hat.

In den genannten Fällen ist sonach nicht ein Stellenvermittlungsvertrag im Sinne des RG. vom 2. Juni 1910, sondern ein (Stellen-) Mäklervertrag im Sinne des § 652 BGB. zustande gekommen. Es ergibt sich sonach, daß selbst das gewerbsmäßige Abschließen von Stellen=Mäklerverträgen der genannten Art einen solchen Mäkler nicht den Vorschriften des RG. vom 2. Juni 1910 unterstellt.

c) **Auch für die Stellenvermittlung im weiten Sinne des § 1 Ziff. 2 kommen die allgemeinen Vorschriften** über Geschäftsfähigkeit der Parteien (Anm. 5a), den Rechtsbestand bez. die Anfechtung des Vertrags (Anm. 5b bez. 5c), die Unmöglichkeit der Leistung (Anm. 5d) in Betracht.

7. **Die Stellenvermittlung im engen (§ 1 Ziff. 1) und im weiten (§ 1 Ziff. 2) Sinn** als reichsgesetzlich besonders gestaltete Mäklerverträge des § 652 BGB. unterstehen ferner folgenden allgemeinen — ungeändert gebliebenen — Rechtsgrundsätzen des letzteren:

α. **„Vermitteln"** (§ 1 Ziff. 1) erfordert begriffsmäßig, daß der zwischen zwei Vertragsschließenden Vermittelnde beiden als selbständiger Dritter gegenübersteht. Wer als **gesetzlicher Vertreter** des einen Vertragspartner für diesen einen Stellenvertrag abschließt, kann bezüglich des letzteren nicht zugleich eine Stellenvermittlung ausführen (vgl. § 181 BGB.; s. auch RGZ. 71, 163; — a. M.: Hahn Anm. 4, der annimmt: „Es könne der Vater für seine minderjährigen Kinder Stellen vermitteln").

β. **Der Stellenvermittler kann dagegen als Bevollmächtigter** des Arbeitgebers wie Arbeitnehmers für beide oder als Bevollmächtigter des einen von ihnen mit dem anderen den Stellenvertrag vermitteln und zugleich abschließen. Hierzu ist aber eine bezügliche ausdrückliche oder aus den Umständen klar erkennbare Ermächtigung erforderlich (§ 181 BGB.; RGZ. 51, 422; — gl. A.: Hahn Anm. 4).

γ. **Eine Stellenvermittlung liegt aber nicht vor**, wenn ein Vermittelter mit einem Stellensucher und Arbeitnehmer vereinbart, daß die von diesem zu leistenden Dienste von dem Vermittler dem Stellensucher zu vergüten sind und der Vermittler dann im eigenen Namen mit dem Stellenvergeber und Arbeitgeber die Leistungen der Dienste des Stellensuchers durch letzteren vereinbart.

Den Hauptfall der gedachten Abreden bilden, wie auch Hahn Anm. 4 erwähnt, die zahllosen Vertragsverhältnisse im Varieté-Theatergewerbe, wo der Impresario eine sog. „feste Nummer" eines Künstlers mit dem Direktor des Varietétheaters vereinbart und „als Unternehmer mit dem Unternehmer des Varietétheaters" verhandelt. Der einzelne Künstler wendet sich in jenen Fällen an den Vermittler, um eine Stelle an einem Varietétheater zu erhalten, der Vermittler verpflichtet den Künstler, ihm, dem Vermittler, die einzelne Kunst- oder meist nur Gewerbeleistung zu leisten, und zwar in den Varietés, die der Vermittler bestimmen wird. Und dem Varietéunternehmer gegenüber verpflichtet sich für seine Person der Vermittler, jene Kunst- (oder Gewerbe-) Leistung durch einen Künstler auszuführen, wofür sich — selbst — der Vermittler von dem Varietéunternehmer einen Entgelt ausbedingt.

Hahn Anm. 4 nimmt in solchen Fällen eine Stellenvermittlung im Sinne des § 1 an, und zwar um deswillen, weil „auch hier sich drei Beteiligte finden, die bei jeder Stellenvermittlung in die Erscheinung treten müssen, und zwar derjenige, welcher die Arbeitsleistungen beansprucht, derjenige, welcher die Arbeitsleistungen auszuführen hat, und derjenige, welcher den Anspruch auf die Leistungen vermittelt".

Derartige wirtschaftliche Erwägungen sind aber nicht geeignet — mangels ausdrücklicher sondergesetzlicher Ausnahme — klarliegende Rechtsgrundsätze einfach außer Anwendung zu setzen.

Ein Stellenvermittlungsvertrag als nur nach Maßgabe der §§ 1 bis 19 des RG. vom 2. Juni 1910 besonders gestalteter Mäklervertrag verlangt, dem allgemein begrifflichen Wesen des letzteren gemäß, daß der zwischen zwei Rechtspersonen zustande gekommene Vertrag durch eine dritte Rechtsperson vermittelt ist. Dies ist in den gedachten Fällen ausgeschlossen, in diesen liegen vielmehr zwei selbständige Verträge vor zwischen dem sog. Künstler, dem Arbeitsuchenden, und dem sog. Impresario, und zwischen diesem und dem Varietédirektor; der Vertrag zwischen Künstler und Impresario hat eine Leistung zugunsten eines Dritten im Sinne der §§ 328—335 BGB. zum Gegenstand, der Vertrag zwischen Impresario und dem Varietédirektor hat eine Leistung durch einen Dritten zum Gegenstand.

Der sog. Impresario hat somit in den gedachten Fällen einen Vertrag zwischen dem sog. Künstler und dem Varietédirektor nicht vermittelt; und zwar ist dies auch dann nicht geschehen, wenn auf Grund der §§ 328 Abs. 2, 335 BGB. im Einzelfalle anzunehmen ist, daß aus dem Vertrage zwischen Künstler und Impresario dem Varietédirektor ein Recht auf die Leistung gegen den Künstler zustehen soll.

Es ist auch nicht zutreffend, daß die Annahme einer Stellenvermittlung in jenen Fällen, wie Hahn a. a. O. annimmt, um deswillen gerechtfertigt erscheine, weil sonst „die heilsame Wirkung des Gesetzes für ein Gebiet versagen würde, auf dem eine weitgehende Ausbeutung menschlicher Arbeitskraft in die Erscheinung zu treten pflegt". Das Gegenteil ist richtig. Der Impresario kauft regelmäßig für sich die Künstlerleistung billig und verkauft sie teurer dem Varietéunternehmer; wäre der Impresario trotzdem Stellenvermittler, so könnte er noch den oft recht hohen Mäklerlohn von dem Künstler erfordern!

Im preußischen Rechtsgebiet verbietet die Ziff. 12a der VO. vom 16. Aug. 1910 (s. S. 141) den Abschluß eines Vertrags vorgedachten Inhalts; das gleiche Verbot enthält in Sachsen § 12 der Anlage II der VO. vom 20. Oktober 1910 (s. S. 199 des Anhangs).

8. **Der Begriff einer „Stelle"** in Ziff. 1 u. 2 des § 1 bedeutet die Möglichkeit der Tätigung einer Dienstleistung.

Da jede quantitative und qualitative Beschränkung im Gesetze fehlt, so kann die Stellenvermittlung im Sinne des § 1 betreffen:

langzeitige Dienstverträge wie die der preußischen Gesindeordnung, der §§ 121—126 GewO., der §§ 611 ff. BGB., kurzzeitige und aushilfsweise Dienstverträge (z. B. bei aushilfsweiser Annahme einer Waschfrau für einige Stunden);

Dienstverträge über Leistungen niederer wie höherer Art (§ 622 BGB.; § 133a GewO.), Dienstleistungen entgeltlicher wie unentgeltlicher (§ 126b GewO.) und unentgeltlich-ethischer Art.

§ 2.

Wer[1] das Gewerbe eines Stellenvermittlers betreiben will, bedarf dazu einer Erlaubnis[2] der von der Landeszentralbehörde bezeichneten Behörde.[3]

Die Erlaubnis[4] ist zu versagen,[5] wenn

1. Tatsachen[6] vorliegen,[7] welche die Unzuverlässigkeit[8] des Nachsuchenden in bezug auf den beabsichtigten Gewerbebetrieb oder auf seine persönlichen Verhältnisse[9] dartun,

2. ein Bedürfnis[10] nach Stellenvermittlern nicht vorliegt. Ein Bedürfnis ist insbesondere nicht anzuerkennen, soweit für den Ort oder den wirtschaftlichen Bezirk[11] ein öffentlicher gemeinnütziger Arbeitsnachweis in ausreichendem Umfang besteht.

Bei der Erteilung der Erlaubnis[12] sind die Berufe zu bezeichnen, in denen die Vermittlung von Stellen stattfinden darf.[13]

1. **Wer** das Gewerbe eines Stellenvermittlers betreiben kann und daher zum Nachsuchen der bezüglichen Erlaubnis befugt, ist bereits Anm. 2a zu § 1 dargelegt.

Hier ist die **Streitfrage zu erörtern, ob juristische Personen** gewerbsmäßige Stellenvermittler sein und daher hierzu die Erlaubnis nachsuchen können.

Die Frage wird jetzt, gegenüber den Ausführungen Landmanns Anm. 2h zu § 1 GewO., verneint, von Hahn Anm. 2, Szczesny Anm. 1 § 2, Fischer Anm. 3 II § 1 unter Anführungen und Billigung der oberverwaltungsgerichtlichen Darlegungen, die in der Entsch. vom 16. Sept. 1882, in der zu § 30 GewO. ergangenen Entscheidung PrOVG. 9, 286 (abgedruckt in v. Kamptz, Die Rechtsprechung des Kgl. Preußischen Oberverwaltungsgerichts 4, 58) und besonders in der Entsch. vom 16. Aug. 1882 (PrOVG. 9, 286) enthalten sind. Danach wird die Erteilung der Erlaubnis aus § 2 an juristische Personen um deswillen als unstatthaft erachtet, weil es sich auch bei der Stellenvermittlung um „ein solches Gewerbe handle, für die eine polizeiliche Prüfung der persönlichen Eigenschaften des Antragstellers vorgeschrieben ist".

Diese Annahme ist nach dem preußisch-rechtlichen Rechtszustand vor dem Inkrafttreten des BGB. nicht ohne Grund; vor dem BGB. fehlte es außerhalb vertraglicher Rechtsbeziehungen für die gesetzlichen Vertreter oder den Vorstand juristischer Personen, namentlich bei unerlaubten Handlungen derselben, an einer klaren Vorschrift darüber, daß juristische Personen für und in der Person ihrer Vertreter oder Vorstände unbeschränkt haftbar sind. Nach den Vorschriften der §§ 31, 278, 831 BGB. ist aber klar festgesetzt, daß alle Handlungen oder Unterlassungen der Vertreter oder Vorstände juristischer Personen als Handlungen oder Unterlassungen derselben gelten.

Diese Auffassung des BGB. hat für das Stellenvermittlergesetz daher die Anwendbarkeit des § 2 auf juristische Personen zur Folge, mit der Wirkung, daß im Falle eines Wechsels der Vertreter oder Vorstände der juristischen Personen, auf deren Antrag die Erlaubnis aus § 2 der juristischen Person erteilt, die Persönlichkeiten der neubestellten Vertreter oder Vorstände Anlaß geben können aus Gründen des § 9 der durch jene vertretenen juristischen Person die Erlaubnis wieder zurücknehmbar ist.

Zu erwähnen ist nur, daß Hahn den tatsächlichen Betrieb eines Stellenvermittlungsgewerbes seitens juristischer Personen dahin als möglich konstruiert: „Wolle eine juristische Person die Stellenvermittlung betreiben, so müsse ihrem gesetzlichen Vertreter oder einem Angestellten oder einem Mitgliede die Erlaubnis erteilt werden, während es der juristischen Person überlassen bliebe, sich durch Vertrag mit dieser Persönlichkeit dagegen zu sichern, daß das Gewerbe wider ihren Willen weiter ausgeübt werde."

Allein wäre die Hahnsche Auffassung richtig, daß juristische Personen mit der „Erlaubnis" des § 2 das Stellenvermittlungsgewerbe nicht betreiben sollen und dürfen, so würde jenes Abkommen zivilrechtlich gemäß § 138 Abs. 1 BGB. nichtig sein, strafrechtlich aber unter Berücksichtigung des § 164 Abs. 1 Satz 2 BGB. die Vertreter und Vorstände der juristischen Person als solche aus § 12 Ziff. 1 des Reichsgesetzes verantwortlich machen.

2. **Die Erlaubnis** hat zur:

a) **Voraussetzung** ein Gesuch: auf Erteilung der Erlaubnis. Unstreitig ist, daß das Gesuch allgemein nachgesucht werden kann, mithin die Erlaubnis zur Stellenvermittlung für alle Berufsarten nachsuchen kann (gl. A.: Szczesny Anm. 9).

b) **Zweifelhaft** aber ist, ob, falls die behördliche Erlaubnis nur für einzelne Berufe erteilbar ist, hierzu eine vorherige Einschränkung seines allgemeinen Gesuchs seitens des Antragstellers zu erfolgen hat.

Hahn Anm. 7b bejaht dies und will, falls jene Einschränkung — auf die somit der Gesuchssteller zuvor hinzuweisen wäre — unterbleibt, das Gesuch ganz abweisen, auch dann, wenn hinsichtlich einzelner Gewerbe ein Bedürfnis anerkannt werden kann."

Die Gesetzesfassung, insbesondere § 2 Abs. 3, erfordert jene Einschränkung nicht; die Erwägung, daß bei jener Einschränkung des allgemeinen Gesuchs, dessen nachträgliche Erweiterung in der Berufungsinstanz nicht bedenkenfrei ist, schon um deswillen, weil dann über einen Teil des ursprünglichen Gesuchs eine förmliche vorinstanzliche Entscheidung fehlt, spricht gegen die Notwendigkeit der von Hahn geforderten Einschränkung.

Eine Entscheidung über ein allgemeines Gesuch unter teilweiser Beschränkung auf einzelne Berufe muß daher prozessual als zulässig erscheinen.

c) **Streitig** ist: ob das Gesuch auf Erteilung der Erlaubnis darzutun hat, daß ein Bedürfnis nach der vom Gesuchsteller erstrebten Stellenvermittlung vorliegt.

v. Köhler entnimmt „aus der Fassung des zweiten Satzes Nr. 2 (ein Bedürfnis ist insbesondere nicht anzuerkennen), daß der Nachsuchende erforderlichenfalls den Nachweis des vorliegenden Bedürfnisses zu erbringen hat".

Die Fassung des zweiten Satzes der Nr. 2 des § 2 rechtfertigt jene Annahme aber nicht. Hätte § 2 dem Gesuchsteller jenen Nachweis auferlegen wollen, so hätte das Gesetz im Unterschied von Ziff. 1, deren Voraussetzungen zweifellos von der auf das Gesuch entscheidenden Behörde festzustellen sind, in Ziff. 2 zum Ausdruck gebracht, daß das Gesuch zu versagen ist, wenn nicht der Nachweis eines Bedürfnisses geführt ist (vgl. auch Anm. 10).

Nicht im Gesuch, sondern nur im Laufe der Verhandlung gegenbeweislich liegt daher dem Gesuchssteller die Verpflichtung ob, die für die Prüfung der Bedürfnisfrage erheblichen Tatsachen und Beweismittel anzuführen.

Das Gesuch braucht somit zwingend nur zu enthalten: Die Angabe der Person des Gesuchstellers, die Angabe, ob für alle oder nur einzelne Gewerbe die Stellenvermittlung erstrebt wird (vorstehend unter b) und den Ort oder wirtschaftlichen Bezirk (folgende Anm. 4), in dem die gewerbliche Niederlassung der Stellenvermittlung liegen soll.

3. Die zur Entscheidung auf das Gesuch berufenen **Behörden** und das Verfahren vor derselben sind erwähnt: S. 115 für Preußen, S. 163 für Bayern, S. 193 für Sachsen.

4. Die **Erteilung der Erlaubnis** ist nach persönlicher, örtlicher und sachlicher Richtung hin eine gebundene.

Der **Person** des Gesuchstellers selbst ist die Erlaubnis zur Stellenvermittlung zu erteilen; einem vertragsmäßigen Stellvertreter kann sie nicht erteilt werden. Hat der Stellenvermittler einen gesetzlichen Vertreter (über diesen Begriff s. Anm. 5a § 1 und bezüglich der Streitfrage bei juristischen Personen Anm. 1 zu diesem § 2), so ist der Person jenes gesetzlich vertretenen Stellenvermittlers die Erlaubnis zu erteilen unter Hinzufügen der Person, durch die sie gesetzlich vertreten wird.

Das **Erfordernis örtlicher Beschränkung** der zu erteilenden Erlaubnis ergibt sich mittelbar aus Ziff. 2. Jene Beschränkung hat aber nur zur Folge, daß die gewerbliche Niederlassung des zugelassenen Stellenvermittlers in dem „Orte oder dem wirtschaftlichen Bezirk" sich befinden muß, für den die Erlaubnis erbeten und gegeben ist.

Jene Beschränkung verhindert nicht, die Stellenvermittlungstätigkeit auch in eine andere Örtlichkeit außerhalb derjenigen der Niederlassung zu erstrecken; s. auch folgende Anm. 12 S. 31 (gl. A.: v. Köhler Anm. 2).

Dagegen wird durch jene Beschränkung die Verlegung der gewerblichen Niederlassung in einen anderen Ort oder wirtschaftlichen Bezirk, für den die Erlaubnis nachgesucht und erteilt ist, verwehrt (gl. A.: Hahn Anm. 71 § 2; v. Köhler Anm. 2 § 2).

Zweigniederlassungen in einer anderen Örtlichkeit sind unzulässig, da jener Begriff ein typisch handelsrechtlicher ist. Auch sog. Nebenauskunftsstellen sind nach dem legislatorischen Gesichtspunkt des § 2 der lokalen Beschränkung der gewerblichen Stellenvermittlungsniederlassung unzulässig.

Aus diesem Grunde sind auch sog. Agenturen der Herausgeber von Stellen- und Vakanzenlisten, die gewerbsmäßige (es sei gewöhnliche oder besondere) Stellenvermittler sind (Anm. 6b α) unzulässig (a. M., jedoch ohne Begründung: v. Köhler Anm. 2, der, „ob Agenturen von Stellen- oder Vakanzenlistenunternehmungen als besondere erlaubnispflichtige Geschäfte anzusehen seien, als Sache der Prüfung im Einzelfalle" erachtet).

Die Verlegung des Lokals, also des Geschäftsraums, der gewerblichen Niederlassung innerhalb des erlaubten Ortes oder wirtschaftlichen Bezirks ist zulässig. Im übrigen s. Anhang (S. 131, 156, 165, 176).

Die Frage, ob das einzelne zu verlegende Stellenvermittlungslokal noch innerhalb des erlaubten wirtschaftlichen Bezirks bleibt, wird aber durch die Art des einzelnen Stellenvermittlungsgewerbes bestimmt, namentlich für Bezirke ähnlich dem Groß-Berlins.

Die Frage hängt somit von dem Begriffe „wirtschaftlicher Bezirk" ab, der in Anm. 11 erörtert ist.

Zeitliche Beschränkungen oder Bedingungen (§ 14 des RG.; § 40 GewO.) dürfen der Erlaubnis nicht eingefügt sein.

5. Die **Versagung der Erlaubnis** ist nicht freier behördlicher Entschließung unterstellt, sondern an die Voraussetzungen der Ziff. 1 u. 2 geknüpft, freilich zwingend in dem Sinne, daß bei dem Vorliegen jener Voraussetzungen die Versagung der Erlaubnis ausgesprochen werden muß.

Nur die tatsächliche Feststellung des positiven Versagungsgrundes der Ziff. 1, der „Unzuverlässigkeit" und des negativen Versagungsgrundes der Ziff. 2, des Nichtvorhandenseins eines „Bedürfnisses", unterliegt behördlicher Würdigung. Diese wird aber nur dann vor Fehlgriffen bewahrt bleiben, wenn sie an den leitenden gesetzgeberischen Gesichtspunkten festhält, aus denen das ganze Gesetz und die Ziff. 1 u. 2 des § 2 insbesondere entstanden.

Jene Gesichtspunkte haben sich aus den Erwägungen ergeben, daß die Stellenvermittlung als Vermittlungstätigkeit behufs Abschluß eines Vertrags eine hierzu ausreichende Intelligenz erfordert; und da es sich regelmäßig um Vermittlung zwischen Arbeitgeber und Arbeitnehmer, somit zwischen einem wirtschaftlich stärkeren und einem wirtschaftlich schwächeren Partner handelt, so erfordert jene Vermittlung eine moralische Gewähr des Vermittelnden, die die Möglichkeit einer Gefährdung des schwächeren Vertragspartners nach wirtschaftlicher wie nicht wirtschaftlicher Seite ausschließt.

Jene Erwägungen haben in Ziff. 1 des § 2 ihre gesetzliche Ausführung erhalten.

Andererseits liegt im öffentlichen Interesse, die Konkurrenz der Vermittler zwischen Arbeitgeber und Arbeitsucher in der einzelnen Örtlichkeit dort auszuschließen, wo öffentliche Organe sich der schwierigen Mäklertätigkeit schon unterziehen, und wo dies nicht der Fall, die Konkurrenz der privaten Vermittler nicht über das erforderliche Maß hinaus zu gestatten.

Diese Erwägungen haben in Ziff. 2 des § 2 ihren gesetzlichen Niederschlag erhalten.

6. Der **Begriff der Tatsachen** umfaßt zunächst positives Handeln, wie Unterlassungen (gl. A.: Hahn Anm. 6), aber nur Tatsachen, die nach dem behördlichen Untersuchungsergebnis der einzelnen entscheidenden Instanzbehörde (s. Anm. 3 S. 20 und S. 21) aus dem Inbegriff der Verhandlung, durch Beweisaufnahme oder schlüssige Würdigung der vom Gesuchsteller zugegebenen Momente als festgestellt erachtet werden müssen.

7. **Vorliegen** müssen die Tatsachen nach der Fassung der Ziff. 1 entweder in der Person des die Erlaubnis Nachsuchenden selbst oder in seinen persönlichen Verhältnissen (s. Anm. 9), d. h. wie hier schon bemerkt sei, in ihm nahestehenden Personen seiner Umgebung.

Hat der Stellenvermittler einen gesetzlichen Vertreter, so kommt, so lange diese Vertretung besteht, die Person des Vertreters (Anm. 5a § 1 S. 10; s. auch Anm. 1 zu diesem § 2!) in Betracht, nach Fortfall des Vertreters kann gegen den Vertretenen § 9 in Anwendung kommen.

8. **Die Unzuverlässigkeit „in bezug auf den beabsichtigten Gewerbebetrieb"** kann, nach dem legislatorischen Gesichtspunkt, den Anm. 5 vorstehend darlegt, sich ergeben aus der:

Jugendlichkeit des Nachsuchenden (gl. A.: v. Köhler Anm. 5; Hahn Anm. 6). Eine bestimmte Altersstufe nach erreichter Großjährigkeit ist hier auch nicht annähernd bestimmbar. Die Verschiedenartigkeit der einzelnen Persönlichkeit, die Art ihrer bisherigen Tätigkeit, ihr Verhalten in dieser müssen einen Anhalt und in Verbindung mit der ganzen Persönlichkeit die Entscheidung ergeben.

Geistige Fähigkeit kommt ferner in Betracht, nach dem Gesichtspunkt, den Anm. 2 vorstehend darlegt, insoweit als sie erforderlich ist, eine auf Vermittlung eines Vertragsschlusses gerichtete Tätigkeit auszuüben und verständlich zu beurkunden (s. S. 121, 137, 147, 163, 174, 193, 198).

Es ist daher die Erlaubnis Personen zu versagen, die der deutschen Sprache nicht mächtig (gl. A.: Hahn Anm. 6), aber auch denjenigen, die infolge erheblich geminderter Schreibfähigkeit die vorgeschriebenen Urkunden (s. S. 121, 137, 147, 163, 174, 193, 183) nicht selbst aufsetzen können.

Die Möglichkeit der Heranziehung von Hilfspersonen kommt hier um deswillen nicht in Betracht, weil die soeben erwähnten Mängel regelmäßig eine zuverlässige Kontrolle der Hilfstätigkeit ausschließen.

Moralische Defekte enthalten vor allen einen Grund, die Erlaubnis zu versagen, aber nur insoweit, als durch sie die Zuverlässigkeit gewerblicher Stellenvermittlung in Frage gestellt ist, so daß jenen Defekten gegenüber die Zuversicht nicht bestehen kann, daß der Vermittler wahrheitsgemäß und ohne Eigennutz (vgl. § 12 Ziff. 3, 4, 5) zwischen Arbeitgeber und Arbeitnehmer vermittelt, die Vermittlungstätigkeit selbst nicht zum Anlaß einer wirtschaftlichen oder sittlichen Gefährdung des Arbeitsuchenden nimmt.

Trunksucht, Spielsucht, Anomalien im Geschlechtsverkehr, insbesondere Konkubinat, Überschuldung, aber regelmäßig nur im Falle eines Verschuldens, daher nicht stets die Veranlassung eines Konkursverfahrens, kommen hier in Betracht.

Die Tatsache einer Vorstrafe enthält daher an sich noch nicht die Feststellung eines im Sinne des § 2 Ziff. 1 entscheidenden moralischen Defekts (gl. A.: Hahn Anm. 6 und die dort zitierte Entsch. des PrOVG. vom 7. Jan. 1907, PrVerwBl. 29, 302).

Der Charakter der durch eine Vorstrafe geahndeten Handlung ist vielmehr entscheidend. Jedoch nicht nur nach den Feststellungen des Strafurteils; dem Gesuchsteller bleibt vielmehr die Möglichkeit, im Strafurteile nicht enthaltene Tatsachen darzutun; auch der Nachweis objektiver Unrichtigkeit der Strafurteilsangaben ist grundsätzlich in dem hier aus § 2 anhängigen behördlichen Verfahren zulässig.

Andererseits ist als **Regel** zu erachten, daß moralische Defekte der vorgedachten Art die Erteilung der Erlaubnis unbedingt ausschließen, es mögen jene Defekte zu strafrechtlicher Ahndung gelangt sein oder nicht, ihr Eintritt erweist symptomatisch Unzuverlässigkeit im Sinne des § 2, und daher ist der Zeitpunkt, wo diese Mängel in der Person des Gesuchstellers erkennbar wurden, regelmäßig unerheblich.

Die Möglichkeit, eine in der Lebensführung einmal festgestellte Unzuverlässigkeit eines Gesuchstellers als fortgefallen zu betrachten, ist an sich zweifellos nicht abzulehnen.

Allein bei einem Gewerbe, wie das der Stellenvermittlung, das zuverlässiges geschäftliches Hantieren in der Vermittlung zwischen entgegenstehenden Interessen, Sorgfalt in beurkundender Tätigkeit und Widerstandsfähigkeit gegenüber sich leicht bietenden nebengewerblichen Erwerbsmöglichkeiten anläßlich der Stellenvermittlung erfordert, bedarf es der besonderen schlüssig begründeten Feststellung, um ein festgestelltes, gewerbliche Unzuverlässigkeit dartuendes Gebreste als wieder geschwunden zu erweisen.

Hahn Anm. 6 hält hier für geboten, „daß besondere Umstände eine mildere Beurteilung der früheren Verfehlungen rechtfertigen oder Garantien geboten werden, die eine Wiederholung von strafbaren Handlungen ausschließen," daß aber „im allgemeinen selbst wenn eine längere Zeit verstrichen, Unzuverlässigkeit anzunehmen sei".

Dem ist beizutreten, aber unter Feststellung der hier in Betracht kommenden Beweisführung. Ein Gesuchsteller, gegen den ein wegen Verbrechens oder Vergehens im Sinne des § 1 StGB. ergangenes Strafurteil oder eine bereits eine Versagung oder Entziehung der Erlaubnis zum Gewerbebetrieb des Stellenvermittlers aussprechende Entscheidung vorliegt, hat diesen behördlichen Entscheidungen gegenüber die Momente darzutun, die den Wiedereintritt seiner moralischen Integrität dartun.

Liegen Entscheidungen der gedachten Art nicht vor, so hat die über die Erlaubnis entscheidende Behörde mit der Feststellung der Unzuverlässigkeitsmomente moralischer Art auch ex officio die Feststellung zu verbinden, inwieweit jene als in ihrer Wirkung wieder aufgehoben zu erachten sind.

9. **Die Voraussetzung der Unzuverlässigkeit in bezug auf die persönlichen Verhältnisse** des Gesuchstellers, die in Ziff. 1 der Voraussetzung der Unzuverlässigkeit in bezug auf den beabsichtigten Gewerbebetrieb nachgestellt wird, ist ein von der Reichstagskommission erst geschaffenes Gesetzesreat; auf ihren Antrag erst sind die Worte „oder auf seine persönlichen Verhältnisse" eingefügt.

Wie so oft hat auch hier das lose, dem Wortinhalt eines bereits vorliegenden Gesetzestextentwurfs redaktionell nicht korrekt angepaßtes Angliedern eines Zusatzes Zweifel und Unklarheiten geschaffen, die aus der Entstehungsgeschichte zu beseitigen sind.

Aus dieser ergibt sich, daß durch den eben gedachten Zusatz die Vorschrift des § 2 Ziff. 1, soweit sie Gesetz geworden, verordnet: Eine Versagung der Erlaubnis zum Stellenvermittlergewerbe hat zu erfolgen, wenn entweder in der Person des Nachsuchenden selbst oder in Verhältnissen zu seiner Person Unzuverlässigkeitsmomente der in Anm. 8 gedachten Art vorliegen.

Verhältnisse, die in Ziff. 1 in Betracht kommen, müssen sonach derart die Person des Gesuchstellers beeinflussen, daß sie wie die Betätigungsart der eigenen Persönlichkeit erscheinen.

Die Zugehörigkeit des Gesuchstellers zu einer bestimmten religiösen oder politischen Gemeinschaft enthält, wie die Motive schon zu dem ursprünglichen Gesetzesentwurf ergeben, ein persönliches Verhältnis der in Ziff. 1 gedachten Art nicht.

Andererseits ist selbstverständlich das Vorliegen von Tatsachen, aus denen der Schluß gerechtfertigt ist, daß das Stellenvermittlungsgewerbe nur das Mittel für Entfaltung einer politischen Agitationstätigkeit, geeignet, die Erlaubnis zu versagen. Gl. A. zum Teil: v. Köhler Anm. 6, der aber in teils zu weiter, teils zu enger Interpretation Versagung der Erlaubnis für gerechtfertigt erachtet, wenn Tatsachen vorliegen, welche die Vermutung als begründet erscheinen lassen, daß der Nachsuchende den Gewerbebetrieb zur Förderung reichs- oder staatsfeindlicher Ziele, etwa durch Agitation unter seinen Klienten, anläßlich oder im Zusammenhang mit der Ausübung seines Gewerbebetriebs benutzen wird. Allein die Versagung der Erlaubnis hat nicht den „Verdacht", sondern das „Dartun" der Unzuverlässigkeit der gewerblichen Mittlertätigkeit zur Voraussetzung; und andererseits ist jene Unzuverlässigkeit schon dann gegeben, wenn eine gewerbliche Stellenvermittlung, die besondere geschäftliche Unparteilichkeit erfordert, nicht um ihrer selbst, sondern um politischer Zwecke willen erstrebt wird, die begrifflich eine „parteiliche" Tätigkeit erfordern.

Persönliche Verhältnisse, die im Sinne der Ziff. 1 die Person des Gesuchstellers beeinflussen, sind alle festen und andauernden Gemeinschaften des Gesuchstellers zu Personen, denen, wenn sie selbst die Erlaubnis zur Stellenvermittlung nachsuchten, aus Unzuverlässigkeitsgründen in der eigenen Person, wie solche Anm. 8 aufführt, jene Erlaubnis zu versagen ist.

In erster Linie kommt die häusliche Gemeinschaft zu der Ehefrau und nahen Verwandten in Betracht, die in jener Gemeinschaft dauernd aufgenommen sind.

Auch dauernde Erwerbsgemeinschaften mit Personen gedachter Art kommen in Betracht, nicht minder dauernde Dienstverhältnisse zu solchen Personen.

Derartig dauernd gewesene aber bereits gelöste Verhältnisse können an sich oder aus den Gründen, die zu ihrer Lösung geführt, wie bei der Entlassung früherer Beamten aus ihrem Dienstverhältnisse, eine Unzuverlässigkeit in der eigenen Person des Gesuchstellers im Sinne der Erörterung in Anm. 8 dartun.

10. a) **Wenn „ein Bedürfnis nach Stellenvermittlern nicht vorliegt,“** ist die Erlaubnis zu versagen; mit dieser Negativbedingung der Versagung der Erlaubnis ist zugleich zwar für die Erteilung der Erlaubnis die korrespektive Feststellung eines Bedürfnisses des erbetenen Stellenvermittlungsbetriebs vorgesehen, nicht aber hierdurch das Erfordernis eines Bedürfnisnachweises von seiten des Gesuchstellers aufgestellt. Wäre dies die Absicht des Gesetzgebers gewesen, so hätte derselbe, wie im § 34 GewO. zum gesetzlichen Ausdruck gebracht, daß „die Erlaubnis von dem Nachweise eines vorhandenen Bedürfnisses abhängig sein solle“ (vgl. Anm. 2c).

b) **Die ex officio zu gewinnende Feststellung eines Bedürfnisses** ist zu treffen von dem allgemeineren Gesichtspunkte, aus welchem der Gesetzgeber unter Abweichung von dem Grundsatz der Gewerbefreiheit des § 1 GewO. eine Beschränkung zur Wahrung der öffentlichen Wohlfahrtsinteressen hier vorschreibt.

Von jenem Gesichtspunkt aus sind:

α. nicht bestimmend für die Feststellung eines Bedürfnisses und daher nicht geeignet, die Versagung der Erlaubnis zu rechtfertigen im Sinne des § 2 Ziff. 2:

Eine etwaige Beeinflussung des Betriebes einzelner bereits bestehender Stellenvermittlungsgewerbebetriebe bei Hinzutritt einer neu zu erlaubenden Stellenvermittlung. In diesem Sinne ist die Entscheidung des Oberverwaltungsgerichts (PrOVG. 10, 254) zu verstehen. Wo aber bei der Begrenztheit der Örtlichkeit, für die ein Stellenvermittler die Erlaubnis erbittet, bei der Spärlichkeit zu vermittelnder Stellen aus der Zulassung eines neuen Stellenvermittlers die Gefahr einer die Allgemeinheit schädigenden Konkurrenztätigkeit zu erwarten ist, enthält jene eine Schädigung des öffentlichen Wohlfahrtsinteresses und damit einen Grund zur Versagung der Erlaubnis. Denn ausdrücklich erwähnt die Begründung zur Rechtfertigung des nunmehr — in Abweichung von § 34 GewO. —

gesetzlichen Postulats der Erlaubnis zur gewerbsmäßigen Stellenvermittlung, daß hierdurch eine weitere ungebührliche Vermehrung der gewerbsmäßigen Vermittler verhindert werde.

β. Entscheidend für die Verneinung eines Bedürfnisses und damit für die Versagung der Erlaubnis ist vielmehr nur, ob die Örtlichkeit, für welche die erbetene Erlaubnis der Stellenvermittlung bestimmt ist, nach ihrer sozialen Zusammensetzung, dem Stand ihrer wirtschaftlichen Interessen, der Qualifikation bereits tätiger Stellenvermittler, der Beziehung jener Örtlichkeit zu anderen Verkehrs-, Handels- und Gewerbepunkten erkennen läßt, daß für Stellenvergeber wie Stellensucher die Gewährung einer neuen Stellenvermittlung von fördernder Wirkung sein wird (s. auch folgende Anm. 11).

Wo, wie besonders in kleinen Landstädten, unter einfachen Verhältnissen die Stellenvermittlung sich ohne Schwierigkeiten durch gelegentlichen, nicht gewerbsmäßigen Stellennachweis oder durch die Annoncen des Lokalblatts sich vollzieht, ist die Erlaubnis zur gewerbsmäßigen Stellenvermittlung daher zu versagen (s. auch folgende Anmerkung).

Andererseits kann die Bedürfnisfrage lokal für einzelne Stellenarten zu bejahen, für andere zu versagen sein und dementsprechend gemäß Abs. 3 des Paragraphen eine erbetene allgemeine Erlaubnis beschränkt erteilt werden (vgl. Anm. 2b; s. auch folgende Anmerkung).

c) **Unbedingt entscheidend** für die Verneinung eines Bedürfnisses und damit für die Versagung der Erlaubnis ist nach der ausdrücklichen Vorschrift der Ziff. 2 das Bestehen eines „öffentlichen gemeinnützigen Arbeitsnachweises in ausreichendem Umfang".

α. Der Begriff: **„öffentlicher"** Arbeitsnachweis hat im preußischen Rechtsgebiete durch den Erl., betr. Stellenvermittlungsgesetz des Ministers für Handel und Gewerbe, vom 9. Aug. 1910 (HMBl. 404) — für Sachsen s. § 3 der VO. vom 27. Aug. 1910 S. 190 — eine Erläuterung erhalten die, da sie der Begründung des Gesetzes S. 7 entspricht, von allgemeiner Bedeutung. Danach ist „bestimmt":

> „Als öffentliche Arbeitsnachweise im Sinne des Gesetzes sind nur solche Arbeitsnachweise anzusehen, die von öffentlichen Korporationen errichtet und unterhalten werden (vgl. Begr. S. 7). Arbeitsnachweise gemeinnütziger Vereine und Verbände sind selbst dann keine öffentlichen Arbeitsnachweise, wenn sie aus öffentlichen Mitteln unterstützt werden."

Der Begriff der öffentlichen Korporationen ist auch hier der allgemeine, den Literatur und Judikatur zur Erklärung des § 21 BGB. dahin bestimmen: Öffentliche Korporationen sind öffentlichrechtliche Gesamtheiten, die als solche der Staats- oder Kirchenverfassung angehörig sind, und ihrem Einrichtungszwecke gemäß öffentlichrechtliche Staats- oder Kirchenfunktionen ausführen.

Zu den öffentlichen Korporationen gehören daher: der Staat, alle Gemeinden und gemeindeartigen Verbände, die Berufsgenossenschaften, die Krankenkassen, die Versicherungsanstalten, die Innungen (§ 86 GewO.), Innungsausschüsse und Innungsverbände kraft besonderen Bundesratsbeschlusses (§§ 101, 104 GewO.), die Handelskammern (§ 103n GewO.), die landesrechtlich ausdrücklich aufgenommenen christlichen Kirchengesellschaften; für Preußen ist hier zu bemerken, daß öffentliche Korporationen die nach dem Gesetz vom 29. April 1887 zugelassenen Orden der katholischen Kirche nur dann sind, wenn ihnen in Gemäßheit des Gesetzes vom 22. Mai 1908 Korporationsrechte verliehen sind.

Voraussetzung ist hier immer, daß eine öffentliche Korporation als solche im eigenen Namen den Arbeitsnachweis ausführt. Zutreffend verneint dies Hoffmann Anm. 3 zu § 1 für den Fall, wo ein Sprechmeister einer Innung in seinem Namen und unter seiner Verantwortlichkeit eine Stellenvermittlung ausübt, wenn auch für Rechnung der Innung. In einem solchen Falle ist der Sprechmeister der Stellenvermittler.

β. Der öffentliche Arbeitsnachweis der genannten Korporationen muß ferner ein **gemeinnütziger** sein. Der Begriff der Gemeinnützigkeit läßt sich durch das Negative des Begriffs der Gewerbsmäßigkeit bestimmen, er erfordert danach, daß die Vornahme der ungeschlossenen Kette von Stellenvermittlungsgeschäften unter Ausschluß der Absicht, aus solchen Handlungen einen Gewinn zu erzielen, geschieht, vielmehr nur aus den ethischen Gründen der öffentlichen Wohlfahrt zu dienen erfolgt (vgl. Anm. 4 zu § 1). Die Erhebung von Gebühren für den Stellennachweis seitens öffentlicher Korporationen schließt die Annahme ihrer gemeinnützigen Tätigkeit nicht aus, auch dann nicht, wenn die Gesamtsumme der erhaltenen Gebühren die Unkosten übersteigt. Ist letzteres aber fortgesetzt beabsichtigt, dann wird hierdurch der Arbeitsnachweis jener Korporationen ein nicht gemeinnütziger. Denn sobald öffentliche Korporationen beabsichtigen, aus der Stellenvermittlung einen Gewinn zu erzielen, sind sie nicht mehr öffentliche gemeinnützige Korporationen, auch dann nicht, wenn sie beabsichtigen, den erzielten Gewinn nachträglich wieder für allgemeine Wohlfahrtszwecke zu verwenden.

γ. Endlich muß der öffentlich gemeinnützige Arbeitsnachweis in **„ausreichendem Umfang"** bestehen.

In erster Linie kommt hierfür der von der Reichstagskommission gegebene Gesichtspunkt in Betracht. In Abweichung von der Denk schrift, die auf eine „allmähliche Ersetzung der gewerbsmäßigen Vermittler durch gemeinnützige Einrichtungen hinwirken“ wollte, betont die Kommission, daß: „für einzelne Gewerbszweige der öffentliche Arbeitsnachweis überhaupt nicht passe“.

Dieser durch die Alltagserfahrung als zutreffend bestätigte Gesichtspunkt wird auch dort, wo ein öffentlicher gemeinnütziger Arbeitsnachweis unbeschränkt für alle Berufszweige besteht, diesen regelmäßig nicht als ausreichend für Berufe höherer Art erscheinen lassen Die Mitglieder dieser Berufszweige vermeiden regelmäßig die Inanspruchnahme öffentlicher Arbeitsnachweise, deren Personalbestand auch nicht stets in der Lage ist, fachmännische oder technische Eigenschaften der Stellensucher wie die Einzelbedürfnisse der Stellenvergeber zu beurteilen.

Ferner schließt das Bestehen eines öffentlichen gemeinnützigen Arbeitsnachweises, der für bestimmte Berufsarten nur eingerichtet ist, zweifellos das Bedürfnis einer privaten Stellenvermittlung für andere Berufsarten nicht aus.

Schließlich ist klar, daß öffentliche Arbeitsnachweise, die ihre Tätigkeit auf die Stellenvermittlung in allen Berufsarten, aber nur für bestimmte charakterisierte Stellensucher ausüben, z. B. nur für Jugendliche, im Sinne des § 2 Ziff. 2, nicht „in ausreichendem Umfang bestehen“. (S. auch folgende Anm.)

11. Die Worte **„für den Ort oder den wirtschaftlichen Bezirk“** die in Ziff. 2 stehen, sind rücksichtlich ihrer Tragweite, wie ihres Begriffs zweifelhaft.

Ein zutreffendes Resultat kann auch hier nur die Heranziehung der Begründung erzielen, die S. 7, 8 erwähnt:

> „Die Prüfung der Bedürfnisfrage für den ganzen wirtschaftlichen Bezirk ist erforderlich, weil die Stellenvermittler ihre Tätigkeit über große Bezirke auszudehnen pflegen, und weil verhindert werden muß, daß die Stellenvermittler die Erlaubnis für Orte nachsuchen, in denen zwar gemeinnützige öffentliche Arbeitsnachweise nicht bestehen, für die aber durch Nachweise in benachbarten Orten das Bedürfnis ausreichend gedeckt ist.“

Die allgemeine legislatorische Erfahrung und die Verwertung dieser Erfahrung, die in der oben gedachten Motivenstelle enthalten, zeigt zunächst:

a) Ort und wirtschaftlicher Bezirk sind ganz allgemein für die Entscheidung der Frage zu berücksichtigen, ob überhaupt ein Bedürfnis nach einer erbetenen gewerbsmäßigen Stellenvermittlung vorliegt.

Und nur als „insbesonderes" Beispiel hebt Ziff. 2 ausdrücklich hervor, daß auch bei dem Vorhandensein eines öffentlichen gemeinnützigen Arbeitsnachweises zu prüfen ist, ob dieser nicht nur für den Ort seiner Geschäftsniederlassung, sondern zugleich auch für den „wirtschaftlichen Bezirk" das Bedürfnis nach Stellenvermittlung deckt.

b) Der Begriff Ort oder wirtschaftlicher Bezirk, der sonach bei jeder Entscheidung über die Erlaubnis zu einer Stellenvermittlung zur Prüfung steht, ist im Gesetz selbst nicht klar gelegt. In der Literatur ist die Bestimmung jenes Begriffs von den verschiedensten Gesichtspunkten aus versucht worden: v. Köhler erachtet „die allgemeinen wirtschaftlichen Beziehungen" für entscheidend, die zwischen demjenigen wirtschaftlichen Bezirk, zu dem der Ort der beabsichtigten gewerblichen Niederlassung des Stellenvermittlers gehört, und letzterem bestehen. Hahn begreift unter wirtschaftlichem Bezirk „den örtlichen Bereich, in dem der Nachsuchende voraussichtlich sein Gewerbe ausschließlich oder vorwiegend ausüben wird", hebt aber hervor, daß danach jener Bereich durch die Art der verschiedenen Gewerbe begrenzt, bald kleiner, wie für städtisches Gesinde, bald größer, wie für landwirtschaftliches Gesinde, bald schwer nachzuweisen sei, wie bei der Stellenvermittlung für Bühnenangehörige, die von internationaler Bedeutung. Szczesny nimmt an, daß „für die Abgrenzung des wirtschaftlichen Bezirks" und somit für die Gewinnung seines Begriffs „allgemein nicht von dem örtlichen Bereich, aus welchem sich die Stellensuchenden rekrutieren, sondern von dem Bereich auszugehen sei, welcher den Wohnsitz bzw. die Betriebsstelle der fraglichen Arbeitgeber umfaßt". Fischer Anm. IId führt aus, „bei den heutigen Verhältnissen mit der Verflechtung wohl fast aller Teile eines Landes ineinander, gehöre zum wirtschaftlichen Bereich beinahe eines jeden größeren Ortes so ziemlich das ganze Land, so daß der Begriff in ein Nichts zerfließe". Hält man die aufgeführten Ausführungen zusammen, so ergibt sich aus den Teilbeobachtungen, die sie zur Grundlage genommen: Der Begriff Ort und wirtschaftlicher Bezirk ist hier kein allgemeiner, sondern wird in jedem Einzelfalle durch die verkehrsübliche Art und Ausdehnung bestimmt, unter denen in der einzelnen wirtschaftlichen Berufsart eine Stellenvermittlung erfolgt.

Ort und wirtschaftlicher Bezirk können daher für städtisches Gesinde in großen Städten durch einzelne Straßen schon gegeben und begrenzt sein. In mittleren nahe aneinandergrenzenden Städten können diese in ihrer Gesamtheit, in kleinen Landstädten kann der Umfang dieser zusammen mit den unmittelbar benachbarten Amtsbezirken einen wirtschaftlichen Bezirk bilden. Für ländliches Gesinde, dort wo große Gutskomplexe benachbart liegen, können Ort und wirtschaftlicher Bezirk, unter Berücksichtigung der Kultur- und Bebauungsart, mit dem Umfang einer oder mehrerer Provinzen zusammenfallen; und zwar kann bald die provinzielle Lage der Niederlassung bzw. des Besitztums der Stellenvergeber in Betracht kommen, wenn verkehrs- und geschäftsüblich die Arbeiter ihre Gesuche dorthin richten, oder die provinzielle Heimat der Arbeiter, wenn an Stellenvermittler derselben die Gesuche der Arbeitgeber sich richten.

Für Stellenberufe höherer und engbegrenzter Art, z. B. Hauslehrer, Künstler, kann die Möglichkeit der Feststellung eines „Orts und wirtschaftlichen Bezirks" im Sinne des § 2 Ziff. 2 ausgeschlossen sein, eine Versagung der bezüglichen Erlaubnis zur Stellenvermittlung aus § 2 Ziff. 2 daher überhaupt nicht zu rechtfertigen sein.

12. Vgl. Anm. 2b. Nach der **Fassung des Abs. 3** hat jede Erteilung einer Erlaubnis zur Stellenvermittlung „die Berufe zu bezeichnen", in denen die Vermittlung von Stellen stattfinden darf.

Diese Gesetzesvorschrift ist so bestimmt, daß eine Erlaubnis ohne Aufführung bestimmter Berufe der Stellenvermittlung als rechtsunwirksam anzusehen, und zwar auch dann, wenn das bewilligte Gesuch eine unbeschränkte Stellenvermittlung erbeten hatte. A. M.: Hahn und Fischer Anm. 9, die in jenem Falle „die Erlaubnis als allgemein erteilt" erachten.

Der Antragsteller und Empfänger einer Erlaubnis ohne Bezeichnung der Berufe der Stellenvermittlung wird daher die Entscheidung mit dem Ersuchen um Berichtigung nach § 2 letzter Abs. zurückzugeben haben.

Die Bezeichnung der Berufe kann unter einem Kollektivnamen, z. B. für ländliches Gesinde, erfolgen.

Streitig ist die Wirkung der erteilten Erlaubnis.

Die Ziff. 2 zeigt, daß die Erlaubnis die gewerbliche Niederlassung einer genehmigten Stellenvermittlung an den Bezirk bindet, den der Gesuchsteller bezeichnet hat.

Von jener Niederlassung aus aber sind gewerbliche Akte der Stellenvermittlung nicht nur im ganzen Gebiete des Bundesstaates, dessen Behörde die Erlaubnis erteilt, sondern im ganzen Reichsgebiet gestattet. Dies erhellt aus § 9 Abs. 2 letzter Satz, § 14 des G., § 42 GewO. vgl. Anm. 4 S. 20 (s. aber die Beschränkung der preußischen Vorschrift der Ziff. 16 der VO. vom 19. Aug. 1910 S. 128, der bayerischen Vorschrift in § 17 Ziff. 5 u. 6 S. 168, der sächsischen Vorschrift in

§ 10 S. 207). Gl. A. Szczesny S. 43. A. M.: anscheinend Fischer Anm. 3 III (s. auch DJZ. 1910, 1377; 1911, 273).

12. **Der Besitz des Bürgerrechts** in der Gemeinde, in welchem die in Aussicht genommene gewerbliche Niederlassung des Stellenvermittlers sich befinden wird, ist nicht Voraussetzung für die Erteilung der Erlaubnis (s. § 14 des G. und § 13 GewO.).

§ 3.

Wer das Gewerbe eines Stellenvermittlers betreibt,[1] darf[2] Gastwirtschaft,[3] Schankwirtschaft,[4] Kleinhandel[5] mit geistigen Getränken, gewerbsmäßige Vermietung von Wohn- oder Schlafstellen,[6] Handel mit Kleidungs-, Gebrauchs-, Genuß- oder Verzehrungsgegenständen oder mit Lotterielosen,[7] das Barbier- oder das Friseurgewerbe,[8] das Geschäft eines Geldwechslers,[9] Pfandleihers[10] oder Pfandvermittlers[11] weder selbst noch durch andere[12] betreiben.

Der Stellenvermittler darf[13] mit anderen Gewerbetreibenden der im Abs. 1 bezeichneten Art nicht so in Geschäftsverbindung treten, daß er sich für die Ausübung seiner Tätigkeit von ihnen Vergütungen irgendwelcher Art gewähren oder versprechen läßt. Diese Vorschrift gilt nicht, wenn die Tätigkeit des Stellenvermittlers für den eigenen Betrieb des Gewerbetreibenden in Anspruch genommen wird.

Wer das Gewerbe eines Stellenvermittlers betreibt, darf diese Tätigkeit nicht zu Anpreisungen für andere eigene oder fremde Gewerbebetriebe benutzen.[14]

Der Stellenvermittler darf den Stellensuchenden nicht verpflichten oder anhalten, aus seinem oder einem von ihm bezeichneten Gewerbebetrieb oder Handelsgeschäfte Waren zu entnehmen.[15]

Der Stellenvermittler darf zu dem Arbeitgeber in keinem Dienst- oder Abhängigkeitsverhältnisse stehen.[16]

1. **Der Begriff** „das Gewerbe eines Stellenvermittlers betreiben" erhellt aus Anm. 4 zu § 1 S. 9d.

Alle gewerbsmäßigen Stellenvermittler unterliegen der Vorschrift des § 3, daher auch die Herausgeber von Vakanzen- und Stellenlisten, sie mögen gewöhnliche oder besondere gewerbsmäßige Stellenvermittler sein (vgl. Anm. 6b zu § 1 S. 12).

Eine Erweiterung der Vorschrift des § 3 durch Verwaltungsvorschriften läßt § 8 zu; jene ist zur Ausführung gelangt:

a) in Preußen: durch Ziff. 12a—e der MinVf. vom 19. Aug. 1910 (S. 141), die den Stellenvermittlern für Bühnenangehörige auch die in jener Ziffer aufgeführten Tätigkeiten untersagt.

Durch Ziff. 9 Abs. 2 der MinVf. vom 19. Aug. 1910 (S. 124), die auch den Stellvertretern und Hilfspersonen gewerbsmäßiger Stellenvermittler (die für Bühnenangehörige und die Herausgeber von Vakanzen- und Stellenlisten ausgeschlossen) die Ausübung eines Gewerbes des § 3 verbietet.

b) In Bayern: sind den Stellenvermittlern für Bühnenangehörige die Tätigkeiten untersagt, welche in § 14 der Bek. vom 6. Okt. 1910 (S. 177) aufgeführt sind.

Durch § 13 Abs. 4 der Bek. vom 6. Okt. 1910 (S. 177) aber wird auch den Stellenvermittlern und Hilfspersonen der gewerbsmäßigen Stellenvermittler die diesen verbotenen Tätigkeiten gleichfalls untersagt.

c) In Sachsen sind durch § 12 der Anlage II der VO. vom 20. Okt. 1910 (S. 199) den Stellenvermittlern für Bühnenangehörige auch die in jenem Paragraphen aufgeführten Tätigkeiten untersagt.

Durch § 13 Abs. 3 der Anlage III der VO. vom 20. Okt. 1910 (S. 208) ist den Hilfspersonen der gewerbsmäßigen Stellenvermittler (die für Bühnenangehörige und die Herausgeber von Vakanzen- und Stellenlisten ausgeschlossen) die Ausübung eines Gewerbes des § 3 untersagt.

Eine fernere Erweiterung der Vorschrift des § 3 durch Ausdehnung derselben auf nicht gewerbsmäßige Stellenvermittler ermöglicht der § 15; und diese Möglichkeit ist in Preußen durch die MinVf. vom 21. Aug. 1910 in ihrer Anlage verwirklicht, deren Ziff. 3 u. 8 den in jener Anlage gedachten nichtgewerbsmäßigen Stellenvermittlern sowie ihrem Hilfspersonal den Betrieb der im § 3 des G. erwähnten Gewerbe untersagt.

2. **Mit dem Worte „darf"** ist ein striktes zivilrechtliches Verbot ausgesprochen, das seine strafrechtliche Ergänzung durch das Strafverbot in § 12 Abs. 1 Ziff. 2 erhält.

Der Passus des Gesetzentwurfs: „Die Landespolizeibehörde oder die von ihr bezeichnete Behörde können Ausnahmen von dieser Vorschrift zulassen," ist vom Reichstag gestrichen worden.

Mit dieser Streichung ist die Möglichkeit, Ausnahmen oder Dispense von der Vorschrift des § 3 zu treffen, ausgeschlossen (gl. A.: Fischer Anm. 3).

3. Der Begriff **Gastwirtschaft** liegt in der gewerbsmäßigen, öffentlich Jedem angebotenen Aufnahme von Fremden zur Beherbergung (vgl. auch § 701 BGB.); eine Fremdenbeherbergung, ohne die Absicht aus solcher fortgesetzt einen Gewinn zu erzielen, ist somit nicht Gastwirtschaft. Die nur aushilfsweise, wenn auch wiederholte Aufnahme von Fremden in kleinen Orten bei plötzlicher, besonders starker Fremdenfrequenz, sowie die Aufnahme in sog. Unterkunftshäuser von Sport- oder Vergnügungsvereinen enthalten daher keinen Gastwirtschaftsbetrieb (vgl. Staudinger Anm. 2b § 701 BGB.).

4. Der Begriff „**Schankwirtschaft**" besteht in der gewerbsmäßigen, somit fortgesetzt gegen Entgelt erfolgenden Verabreichung von Getränken zum Genuß auf der Stelle.

Der Entgelt kann unmittelbar in Geld, aber auch mittelbar in der Erlangung wirtschaftlicher Vorteile bestehen, z. B. um eine Vermehrung der Stellenvermittelungstätigkeit zu erzielen (vgl. einen analogen Fall in KGJ. 17, 351).

Streitig ist, ob ferner erforderlich, daß jene Getränkeverabreichung von einer bestimmten Gewerbebetriebsstelle, einer sog. Schankstätte, aus erfolgen muß. Das Kammergericht hat den Begriff der Schankwirtschaft zu § 33 GewO. in zwei Entscheidungen erörtert, die nicht miteinander übereinstimmen. In dem Urteil KGJ. 17, 399 führt es aus: „Entscheidend ist, ob derjenige, welcher seine Getränke verkauft, sie an einer Schankstätte, d. h. an einem Platze, in einem Lokal, über welches er unter Ausschluß anderer zu verfügen berechtigt ist, abgibt." In dem Urteil KGJ. 14, 293 nimmt das Kammergericht an: „Ein fester Verkaufsstand sei nicht erforderlich, es genüge eine dem Publikum zugängliche Verkaufsstelle, von welcher aus die Getränke verabreicht werden; unerheblich sei auch ein Wechseln der Verkaufsstelle seitens des Verkäufers je nach Bedürfnis." Die letztere Ausführung steht mit dem allgemeinen Begriffsinhalt „Schankwirtschaft" nicht im Einklang, der eine örtlich feststehende gewerbliche Einrichtung erfordert.

Streitig ist ferner, ob § 3 nur den nach § 33 GewO. konzessionspflichtigen Schankwirtschaftsbetrieb untersagt (Hoffmann Anm. 4; Szczesny Anm. 1 bejahen jenes; Fischer Anm. 5 verneint). Schon der legislatorische Gesichtspunkt, daß das Reichsgesetz ein die GewO. ergänzendes Sondergesetz ist (vgl. Anm. 1 § 1), bedingt den Begriff des Schankgewerbes als mit dem im § 33 der GewO. zusammenfallend zu betrachten. Auch hier fallen daher unter Schankwirtschaft nicht die in §§ 42a, 56 Ziff. 1, 67 GewO. gedachten Tätigkeiten.

Für § 3 ist aber, wie Fischer Anm. 5 zutreffend hervorhebt, eine Entscheidung der gedachten Streitfrage von untergeordneter

Bedeutung, da beim Verneinen des Vorliegens einer Schankwirtschaft stets ein „Handel", also gewerbsmäßiges Veräußern von Genuß- oder Verzehrungsgegenständen, vorliegt, das § 3 gleichfalls untersagt.

Über den Begriff „Getränk" s. Anm. 5.

5. Der Begriff des **„Kleinhandels mit geistigen Getränken"** hat zwei negative und eine positive Voraussetzung. Die negativen Voraussetzungen bestehen: einmal darin, daß der Kleinhandel nicht schankwirtschaftlich sein darf, d. h. er besteht in dem Abgeben von geistigen Getränken nicht zum sofortigen Verzehren auf der Stelle; der sog. Verkauf über die Straße ist daher für den Kleinhandel entscheidend; ferner ist er ein Gegensatz zum Großhandel, denn der Kleinhandel als solcher ist eine Art des Kleingewerbes. Wie dieser ist daher für den Kleinhandel begriffsnotwendig ein Gewerbebetrieb von so geringem Umfange, daß die Anwendbarkeit der Vorschriften über Firma, Handelsbücher und Prokura gemäß § 4 HGB. ausgeschlossen ist.

Die positive Voraussetzung wird durch den Wortsinn des „Handel" dahin gegeben, daß gewerbsmäßige Abgabe (vgl. Anm. 3 § 1) von geistigen Getränke hier erforderlich ist.

Geistige Getränke sind sprachgewöhnlich alle zum Trinken bestimmte Flüssigkeiten, die Alkohol enthalten oder entwickeln.

Eine detaillierte Ausgestaltung des Begriffs: Kleinhandel mit geistigen Getränken, namentlich die Feststellung des quantitativ höchstzulässigen Umfangs desselben, der auf Grund von Ausführungsanweisungen zur GewO. vom 1. Mai 1904 in den einzelnen Bundesstaaten verschieden bestimmt ist (vgl. für Preußen Ausführungsanweisung vom 1. Mai 1904 Ziff. 45, HMBl. 123) erübrigt sich hier.

Jeder Kleinhandel mit geistigen Getränken ist zugleich ein Handel mit „Verzehrungsgegenständen" der nach § 3 dem gewerbsmäßigen Stellenvermittler untersagt ist.

6. Der Begriff: **„gewerbsmäßige** (vgl. Anm. 3 § 1) **Vermietung von Wohn- oder Schlafstellen"** unterscheidet sich von dem Begriff der Gastwirtschaft dadurch, daß die Bereitstellung der zu vermietenden Räume nicht öffentlich jedem angeboten ist.

Unter Wohn- oder Schlafstelle ist wie im § 544 BGB. eine „Wohnung oder ein anderer zum Aufenthalt von Menschen bestimmter Raum" zu verstehen.

Eine Wohnung oder Wohnstelle ist begrifflich gewerbsmäßig vermietet, wenn auch ein ganzes Haus oder eine Villa als Ganzes gewerbsmäßig also mit der Absicht, aus der Vermietung fortgesetzt Gewinn zu erzielen, vermietet wird.

Auch ein Mieter kann durch Aftervermieten gewerbsmäßig vermieten.

Eine Abrede, daß in dem vermietete Raum nicht gewohnt oder geschlafen werden soll, sondern nur ein vorübergehender Aufenthalt gestattet sein soll, ist unerheblich, auch in diesem Falle ist objektiv eine Wohn- oder Schlafstelle vermietet.

Räume, die nur zur Aufnahme von Sachen oder Tieren geeignet und auch nur zu diesem Zwecke vermietet werden, sind nicht Wohn- oder Schlafstellen.

Der nach § 535 BGB. für die Vermietung erforderliche Mietszins braucht nicht in Geld, kann auch in anderen vertretbaren Sachen, auch in Diensten bestehen. Das im letzten Falle Anwendbarwerden von Vorschriften über den Dienstvertrag in den §§ 611—630 BGB. neben den Bestimmungen der §§ 535 ff. a. a. O. beseitigt den Begriff der Vermietung nicht.

7. Der Begriff: **Handel mit Kleidungs-, Gebrauchs-, Genuß- oder Verzehrungsgegenständen:**

a) Der rechtliche Begriff des **Handels** ist von dem volkswirtschaftlichen Begriffsinhalt untrennbar und begreift daher den Kreis aller auf den Güterumtausch gerichteten Rechtsgeschäfte.

Demgemäß hat „Handel" zur begriffsnotwendigen Voraussetzung die gewerbsmäßige (Anm. 3 § 1) Übertragung des Handelsguts aus dem Eigentum des Handelnden in das Eigentum desjenigen, mit dem er handelt.

A. M.: Fischer Anm. 8 zu § 3, der unter Handel einmal die Geschäfte, die „den Austausch der fertigen Güter ohne wesentliche Bearbeitung oder Verarbeitung zum Zwecke des Gewinns für den Handelnden vermitteln sollen", begreift; andererseits hierher auch diejenigen Rechtsgeschäfte zählt, „in deren Wesen es liege, daß die ausgetauschte Sache nach Benutzung wieder weitergegeben, insbesondere an den Urheber des Handelsgeschäfts zurückgegeben werden müsse; hierzu gehöre vor allem die Miete, das sei sehr wichtig, weil danach auch das sog. Serviceverleihgeschäft als Handel mit Gebrauchsgegenständen erschiene".

Beide Begriffseinschränkungen sind konstruktionell rechtlich unbegründet. Die Art einer vorherigen Be- oder Verarbeitung des Handelsguts durch den Handelnden ist selbst für die Hauptart jedes „Handels" des handelsrechtlichen Handelsgeschäfts völlig unerheblich wie aus § 1 und § 381 HGB. schon erhellt und in der Literatur unstreitig ist; um so mehr gilt jenes für den einfachen gewerbsmäßigen Handel.

Die Unterstellung der Miete unter den Begriff des „Handels" aber verkennt die rechtliche Grundlage des „Handels" als Kauf oder diesem gleichstehend als Tausch.

Das Vermieten von Tafelservice ist daher lediglich Miete und als solche nicht Handel. Ein Handwerker der gewerbsmäßig nur Reparaturen mit ihm übergebenen Material ausführt, betreibt nicht Handel, sondern schließt gewerbsmäßig Werkverträge ab.

Dagegen fallen unter den Begriff des „Handel" alle Abzahlungsgeschäfte, auch die sog. verschleierten, somit auch diejenigen in der Rechtsform des Miets- oder sog. Möbelleihvertrags (s. § 6 des RG. vom 16. Mai 1894).

b) Die Worte **Kleidungs- und Gebrauchs-**Gegenstände begreifen, wie ihre Zusammenstellung allerdings recht unzureichend dartun soll, Bekleidungssachen und alle übrigen für den Körper oder die einzelnen Körperfunktionen zur Verwendung, Bequemlichkeit, Schmückung unmittelbar oder mittelbar dienenden Sachen, die nicht Genuß- oder Verzehrungsgegenstände sind (s. Nachfolgendes unter c). Bücher, Zeitschriften, Bilder gehören nicht hierher.

c) Die Worte: **Genuß- oder Verzehrungs-**Gegenstände erhalten durch ihre Verbindung miteinander und ihre Anreihung an die Kleidungs- und Gebrauchsgegenstände ihren Sinn. Genußgegenstände sind Gebrauchsgegenstände für den Körper, die diesem zur Erhaltung oder Kräftigung oder Erhöhung des Wohlbehagens dienen sollen, dies aber nur durch den Genuß, also durch Aufnahme im Körper zu tun vermögen.

Genußgegenstände begreifen daher inhaltlich dasselbe wie Genußmittel, die § 370 Abs. 1 Ziff. 3 StGB. aufführt (vgl. RGSt. 5, 289). A. M.: Fischer Anm. 11, der es aber unterläßt, eine Wesensverschiedenheit zwischen jenen beiden Worten darzutun.

d) **Verzehrungsgegenstände** im Sinne des § 3 können danach nur diejenigen Genußgegenstände, die zur Erhaltung oder Kräftigung oder Erhöhung des Wohlbehagens des Körpers und zu diesem Zwecke ohne Aufnahme im Körper somit außerhalb desselben verbraucht, d. h. verzehrt werden. Hierher gehören der Tabak, die Seife, Parfüm.

A. M.: Fischer Anm. 11 u. 12, der die Speisen zu Verzehrungsgegenständen im Sinne des § 3 und z. B. Riechsalze zu den Genußgegenständen im Sinne des § 3 zählt.

e) **Lotterielose** im Sinne des § 3 sind Lose einer öffentlichen vom Staat oder einer nicht staatlichen Rechtsperson für jeden aus dem Publikum bestimmten Lotterie, wie Lose einer nicht öffentlichen, nur für Mitglieder eines bestimmten Personenkreises bestimmten Lotterie.

Ein „Handel“ mit Lotterielosen wird auch dann betrieben, wenn Bezugs- oder Anteilscheine auf Lose veräußert werden.

Den Lotterielosen stehen Lose einer Ausspielung, wo also der durch Zufall zu bestimmende Gewinn nicht in Geld besteht, gleich (§ 763 BGB.). A. M.: Fischer Anm. 13 § 3, der unter Bezugnahme auf § 35 Abs. 2, § 56 Abs. 2 Ziff. 5 GewO. den Handel mit Bezugs- und Anteilsscheinen auf Lotterielose sowie mit Losen einer Ausspielung als durch § 3 nicht verboten erachtet. Die abweichende Fassung des § 35 GewO. ist aber nicht entscheidend, jene Vorschriften sind vor dem Inkrafttreten des BGB. entstanden, dieses faßt unter dem Begriff der Lotterie (und daher auch der Lotterielose) die Lotterie im engen Sinne und die Ausspielung zusammen (vgl. auch Staudinger Anm. 1 u. 2 zu § 763 BGB.).

8. **Das Barbier- oder das Friseurgewerbe** ist im § 3 auf Vorschlag der Kommission verboten, weil auch dieser Gewerbebetrieb „zu unlauteren Stellenvermittlungsmanövern benutzt wird“.

Eine gewerbliche Tätigkeit als Barbier oder Friseur ist danach dem Stellenvermittler auch dann untersagt, wenn er — wie in kleinen Städten nicht selten — jenes Gewerbe als Nebengewerbe betreibt.

9. **Das Geschäft eines Geldwechslers** führt § 3 als verboten auf, erwähnt somit nicht, wie im § 1 Ziff. 4 HGB., auch das Bankiergeschäft.

Das Geldwechslergeschäft ist aber nur ein Teil des Bankiergeschäfts, dessen Betrieb § 3 dem Stellenvermittler nicht verbietet. Das Gesetz hat danach die seltsame, die gewerbliche Gefahr des Mißbrauchs eines Stellenvermittlungbetriebs geradezu erhöhende Rechtslage geschaffen, daß der Stellenvermittler nur dann nach § 12 Ziff. 2 strafbar ist, wenn er sich darauf beschränkt das unlohnende Geschäft des Geldwechslers zu treiben, also Papiergeld gegen Metallgeld einzulösen, oder eine dieser Geldarten hohen Werts in mehrere kleinere Werte auszuwechseln.

Hierbei ist zu beachten, daß Papiergeld nach dem Reichsbankgesetz vom 14. März 1875 und den Novellen vom 18. Dez. 1889, 7. Juni 1899 und 1. Juni 1909 nur die Noten der Reichsbank sind, nicht aber die Noten der Privatnotenbanken, der Bayrischen Notenbank, der Sächsischen Bank, der Württembergischen Privatnotenbank und der Badischen Bank.

Das für die Bevölkerungsklassen der Stellensuchenden so gefährliche Gewerbe der Wechseldiskontierung, der verzinslichen Darlehnsgewährung, sind als Teile des Bankiergewerbes dem Stellenvermittler gestattet (s. auch folgende Anm. 10).

10. **Pfandleiher** ist, wer gewerbsmäßig die Hingabe von Darlehen gegen Verpfändung beweglicher Sachen im Sinne des § 1204 BGB.

betreibt. Die Darlehnshingabe gegen Verpfändung von Grundstücken kann daher zweifellos nicht Gegenstand der Pfandleihe sein.

Andererseits ist es aber eine weder durch § 1204 BGB. noch durch § 34 GewO. begründete Beschränkung, wenn Fischer Anm. 16 die Pfandleihe auf die Gewährung von Darlehen gegen Bestellung eines Pfandrechts an beweglichen Gebrauchsgegenständen beschränkt.

Der Begriff des sog. Lombardgeschäft und sein inhaltliches Zusammenfallen mit der Pfandleihe ist streitig.

Dernburg, BGB. Bd. 3 § 262 III 1, sieht in dem Lombardgeschäft ein verzinsliches kurz befristetes Darlehen gegen Verpfändung von Edelmetallen oder Ringen oder Wertpapieren oder Kaufmannswaren.

Auch diese Begriffsbestimmung ist nach der Entwicklung des geschäftlichen Lebens und seiner Berücksichtigung in der Gesetzgebung zu eng.

Unter Lombardgeschäft ist vielmehr, wie dies auch in Nr. 58 des Tarifs zum PrStempG. vom 30. Juni 1909 zum Ausdruck gelangt ist: „die Hingabe eines verzinslichen Darlehens gegen spezielle Verpfändung oder Hinterlegung von edlen Metallen, Waren (!!), Wechseln oder Wertpapieren zu verstehen.

Waren sind aber alle bewegliche Sachen, welche Gegenstand handelsverkehrlichen Umtauschs sein können; ob sie als solche noch in der Hand des Kaufmanns oder bereits des Käufers sind, ist unerheblich. Und so wird auch im Rechtsverkehr ein Lombardgeschäft angenommen, wenn Möbel, z. B. von einem Künstler, für ein Darlehen verpfändet und zugleich in Verwahrung gegeben werden, der mittels jenes Darlehens eine Studienreise bestreitet.

Danach kann ein Lombardgeschäft auch ein Pfandleihgeschäft sein (vgl. auch KGJ. 27 A 201).

Entscheidend für die Frage, ob „das Geschäft eines Pfandleihers" im Sinne des § 3 vorliegt, ist, ob der Gewerbebetrieb nur auf die gewerbsmäßige Hingabe von Darlehen gegen Verpfändung von Waren gerichtet ist, oder ob solche Darlehnsgeschäfte nur im Kreise anderer Bankiergeschäfte gelegentlich, wenn auch öfters, mitgemacht werden.

Ein Bankier ist daher niemals Pfandleiher im Sinne des § 3 wie des § 34 GewO. A. M.: Fischer Anm. 16 als Folge seiner vorerwähnten zu engen Begriffsbestimmung des Pfandleihers.

In denjenigen Einzelstaaten, in welchen auf Grund des § 38 GewO. behördliche Vorschriften für die Pfandleiher gegeben sind (vgl. für Preußen G. vom 17. März 1881, AG.BGB. Art. 41, Bek. des Ministers des Innern vom 16. Juli 1881 — MBl. S. 169 —, 11. Juli 1902 — HMBl. S. 298 — und vom 4. Febr. 1903; für Bayern vgl. Oertmann,

Bayr. Landesprivatrecht § 124) geben schon diese Vorschriften in einem Zweifelsfalle einen Anhalt dafür, ob nur ein Pfandleihegeschäft oder ein Bankiergeschäft vorliegt.

11. **Das Geschäft eines Pfandvermittlers** besteht in der gewerbsmäßigen Verpfändung der ihm vom Darlehnssucher und Verpfänder übergebenen Sachen bei einem Dritten auf Namen des Pfandvermittlers, der aber das ihm vom Dritten übergebene Darlehen dem Darlehnssucher aushändigt und für solche Vermittlung einen Entgelt erhält.

12. Das Verbot **durch andere** eines der im Abs. 1 aufgezählten Gewerbe zu betreiben, begründen die Motive dahin: „Zur Verhütung von Umgehungen wäre es nötig, vorzuschreiben, daß der Stellenvermittler die verbotenen Gewerbe auch nicht durch andere betreiben darf, wobei namentlich ein Betrieb durch Stellvertreter, Angehörige, Hausgenossen — auch wenn er formell für deren eigene Rechnung erfolgt — in Betracht kommt."

Doppelartig sind nach dieser — etwas unbestimmten Motivstelle — die Arten des Gewerbebetriebs und die Beziehungen des Stellenvermittlers zu ihn, die dem Verbot des § 3 unterliegen.

Verboten ist einmal die sog. verdeckte Stellvertretung, also der Fall, in dem ein anderer formell Dritten gegenüber das Gewerbe im eigenen Namen betreibt, nach der Vereinbarung des anderen mit dem Stellenvermittler dieser aber der wahre Geschäftsinhaber ist. Nach der Gesetzesabsicht ist auch das formell rechtliche Gewand, unter dem jene verdeckte Stellvertretung auftritt, unerheblich, daher auch die Verpachtung eines der genannten Gewerbebetriebe unzulässig, wie denn auch bei Beendigung einer solchen Pacht vor Vereinbarung einer neuen immer ein Zeitpunkt eintreten kann, in dem — wenn auch nur vorübergehend — der verpachtende Stellenvermittler selbst zur Ausübung des Gewerbes genötigt sein kann.

Verboten ist andererseits der Betrieb eines der im Abs. 1 genannten Gewerbe, in der Art, daß ein anderer zwar materiell selbständiger Gewerbetreibender ist, aber dem Stellenvermittler sich vertraglich verpflichtet hat, ganz (nach Abzug einer Vergütung) oder zu einem Quotenbetrag den Betriebsgewinn zu zahlen.

Streitig ist, ob auch eine ausschließlich finanzielle Beteiligung an einem der Gewerbebetriebe des Abs. 1 dem Stellenvermittler verboten ist. Fischer Anm. 19 bejaht es. Allein ein Gewerbe „betreiben" liegt nicht vor, wo jene finanzielle Beteiligung doch jeder individuellen Beziehung zu einem Gewerbebetrieb entbehrt, wie dies bei der Beteiligung durch Aktienerwerb der Fall; wo aber jene individuelle Beziehung infolge finanzieller Beteiligung an einem Gewerbe besteht, wird dadurch dieses mit-„betrieben“, wenn auch eine Geschäftstätigkeit ausgeschlossen ist; ein Kommanditist (§ 164 HGB.) betreibt als solcher durch die Komplementäre das Gewerbe der Kommanditgesellschaft (gl. A. hier: Fischer a. a. O.).

13. Der Abs. 2 enthält ein nach seiner Fassung nicht ausreichend klargefaßtes Verbot.

Der Grund des Verbots ist: in Ergänzung des Abs. 1 gewerblichen Mißbräuchen, die ein Gewerbe des Abs. 1 in der Hand eines Stellenvermittlers auf seine Vermittlertätigkeit ausüben kann, vorzubeugen.

Der Inhalt des Verbots besteht in dem Verbot jeder Geschäftsverbindung, d. h. jeder, selbst einer einmaligen geschäftlichen Beziehung zwischen einem Gewerbetreibenden des Abs. 1 und dem Stellenvermittler, die

einmal anläßlich seiner Stellenvermittlung abgeschlossen ist, und

ferner in Beziehung auf diese eine Vergütung „gewährt“, d. h. zukommen läßt, oder auch nur „verspricht“.

Die Vergütung irgendwelcher Art muß hier, wo es sich um Abwehr jeder unlauteren Beziehung zwischen Gewerbetreibenden und Stellenvermittler handelt, als Zuwendung jeder, mithin auch nicht reinvermögensrechtlicher Natur, aufgefaßt werden (gl. A.: Hahn Anm. 13; a. M.: Fischer III).

Die Ausnahme des letzten Satzes im Abs. 2 gestattet dagegen dem Stellenvermittler die Stellenvermittlung auch zwischen einem Gewerbetreibenden des Abs. 1 als Arbeitgeber und einem Arbeitsucher gegen Entgelt. Selbstverständliche Voraussetzung ist, daß der Arbeitsucher ernstlich für den Betrieb eines jener Gewerbetreibenden angenommen wird, und nicht etwa nur im Wege sog. verdeckter Stellvertretung für andere Betriebe.

Die den Abs. 2 **ergänzende Strafbestimmung** enthält § 12 Abs. 1 Ziff. 2 (s. auch § 12 Abs. 2).

14. Der Abs. 3 verbietet jede Anpreisung eines eigenen, dem Stellenvermittler gehörigen Gewerbebetriebes, wie eines fremden Gewerbebetriebs, auch wenn dieser nicht zu den im Abs. 1 erwähnten gehört. Eine von dem Angepriesenen vergütete, wie eine unentgeltliche Anpreisung selbst aus ethischen Gründen ist dem Stellenvermittler untersagt, sofern jene in unmittelbarer wie mittelbarer Beziehung zu dem Stellenvermittlungsbetrieb steht.

Auch das Anpreisen des eigenen Stellenvermittlergewerbes ist, wie die ergänzende Strafvorschrift im § 12 Ziff. 3 erläutert, verboten. Dies ist übrigens auch durch Verwaltungsvorschriften noch besonders ausgesprochen worden, und zwar in Preußen durch Ziff. 7 der Vf. vom 19. Aug. 1910 (s. S. 123), und für Stellenvermittler für Bühnenangehörige durch Ziff. 7 der Vf. vom 19. Aug. 1910 (s. S. 139), in Bayern durch Bek. vom 6. Okt. 1910 §§ 17, 21 (s. S. 167, 168); für Sachsen s. §§ 10, 11 (S. 207).

15. Der Abs. 4 ergänzt den Abs. 3, indem er ohne jede Beziehung zu der Stellenvermittlertätigkeit einem Stellenvermittler als solchen verbietet:

Stellensuchende zu verpflichten, d. h. rechtsgeschäftlich zu verpflichten, aus seinem eigenen oder einem von ihm bezeichneten fremden Gewerbebetrieb oder Handelsgeschäfte Waren zu entnehmen;

oder Stellensuchende anzuhalten zu solcher Warenentnahme. „Anhalten" ist hier, wo es sich um ein Handeln außerhalb jeder Beziehung zur Stellenvermittlung handelt, nicht durch „Anpreisen", wie im Abs. 3, schon erfüllt, erfordert vielmehr ein eindringliches Einwirken mit der Wirkung der Möglichkeit mindestens mißfälliger Empfindung auf seiten des Einwirkenden, falls das Anhalten erfolglos (s. auch Anm. 7 § 12).

Das **ergänzende Strafverbot** zu Abs. 4 enthält § 12 Abs. 1 Ziff. 3.

16. Der Abs. 5 will durch sein Verbot eine neutrale, gerechte Stellenvermittlungstätigkeit sichern.

Ein Dienstverhältnis kann hier nur in demselben zivilrechtlichen Sinne wie in den §§ 617, 622—626 BGB. verstanden werden, bedeutet mithin ein auf einem Dienstvertrage im Sinne des § 611 BGB. beruhendes Verhältnis a. M.: Fischer, Anm. 24, auf Grund der unbewiesen gebliebenen Annahme, „die Bezeichnung Dienstvertrag sei offenbar mit Absicht vermieden"; allein auch in den §§ 617, 622—626 BGB. ist die Bezeichnung „Dienstvertrag" nicht enthalten.

Ein Abhängigkeitsverhältnis bezeichnet auch hier wie in den §§ 825, 847 Abs. 2 BGB. eine „wenn auch nur tatsächliche Überlegenheit der Stellung" (vgl. Kom. der Reichsgerichtsräten zum BGB. Anm. 5 § 825), daß diese wie in den §§ 825, 847 Abs. 2 besonders ausgenutzt sein muß, ist nicht erforderlich, aber immerhin muß nach den konkreten Umständen die Möglichkeit einer nachteiligen Folge jener Stellung für den Stellenvermittler nicht ausgeschlossen sein.

Die zivilrechtliche Folge des Verbots im Abs. 5 kann — nach den konkreten Umständen —, also nach der konkreten Einwirkungsmöglichkeit der gedachten Verhältnisse auf den Stellenvermittler, den von diesem geschlossenen Stellenvermittlungsvertrag, unter Umständen auch den vermittelten Vertrag selbst, gemäß § 134 bzw. § 138 BGB. nichtig machen.

Im übrigen s. auch Anm. 15 § 5.

Eine strafrechtliche Folge hat das Reichsgesetz an einen Verstoß gegen das Verbot des Abs. 5 nicht geknüpft. Der Verbotstatbestand kann aber die Anwendung des § 9 rechtfertigen.

§ 4.[1]

Verträge,[2] durch die sich ein Arbeitnehmer oder Arbeitgeber verpflichtet oder verpflichtet hat,[3] sich auch in späteren Fällen[4] der Mitwirkung[5] eines bestimmten gewerbsmäßigen[6] Stellenvermittlers zu bedienen, sind nichtig.

1. **Das Anwendungsgebiet des § 4** ist auf die nach dem 1. Okt. 1910 geschlossenen Verträge nicht beschränkt. Wie die Entstehungsgeschichte und die Fassung des § 4 zeigen, ist in Abweichung von § 3 dem § 4 rückwirkende Kraft beigelegt gl. A.: Hahn Anm. 1, Stenglein, Kommentar zu den strafrechtlichen Nebengesetzen 1, 1071; s. auch nachfolgende Anm. 3.

2. **Die Kontrahenten** der nach § 4 nichtigen Verträge muß ein Arbeitnehmer oder Arbeitgeber auf der einen Seite, kann aber jeder Dritte auf der anderen Seite, braucht mithin nicht der gewerbsmäßige Stellenvermittler zu sein.

3. **Der Wortlaut:** „verpflichtet oder verpflichtet hat" ist nach der klaren Erläuterung in der Entstehungsgeschichte gewählt, um die rückwirkende Kraft der Nichtigkeitserklärung des § 4 auch auf Ansprüche aus denjenigen Verträgen festzustellen, die vor dem Inkrafttreten des Gesetzes, also vor dem 1. Okt. 1910 geschlossen sind (vgl. Anm. 1).

4. **Der Begriff „der späteren Fälle"** ist zweifelhaft und nur aus der rechtlich-wirtschaftlichen Natur eines Falles gewinnbar. Ein Stellenvermittlungsfall aber ist durch die Einheitlichkeit eines wirtschaftlichen Bedürfnisses bedingt, zu dessen Befriedigung eine entsprechende Willenserklärung getätigt wird.

Hieraus ergibt sich: ein Fall — und nicht spätere Fälle — liegt vor, wenn die Stellenvermittlung von einem Arbeitgeber sofort zwecks Nachweises mehrerer Arbeitnehmer begehrt wird;

ein Fall liegt vor, wenn zur Befriedigung eines wirtschaftlichen Bedürfnisses von vornherein eine Mehrzahl von Arbeitnehmern gesucht wird, die bestimmte Höchstzahl aber erst aus dem Entwicklungsgang des einen wirtschaftlichen Bedürfnisses bezifferbar ist.

Es liegt daher ein Fall — und nicht spätere Fälle — vor, wenn z. B. der Unternehmer einer großen Ausschachtung den Nachweis der für die Ausführung dieser Arbeit erforderlichen Arbeiter von einem Stellenvermittler erfordert, zunächst bestimmt etwa 80 Arbeiter wünscht, sofort aber erklärt hat, daß die die Ziffer 80 überschießende letztbestimmte Zahl erst im Verlauf der *einen* Arbeit sich ergeben wird.

A. M.: Fischer Anm. 3 der, nicht berücksichtigend, daß Einheitlichkeit des wirtschaftlichen Bedürfnisses die Einheitlichkeit des dieses befriedigenden Vermittlungsaktes bedingt, annimmt: „Als erste Mitwirkung, die nach ihm immerhin gegeben sein müsse, erscheine eben schon der Abschluß des Vertrages, möge dabei auch ein konkretes Bedürfnis nach Arbeits- oder Arbeiterbeschaffung noch nicht vorgelegen haben; ein späterer Fall sei jeder, der hinter der Vereinbarung liege." Allein ein späterer Fall ist ohne eine ihn regelnde spätere Willenserklärung rechtlich nicht konstruierbar; ist die letztere nicht „eine spätere", sondern noch eine frühere, so ist auch die spätere Arbeitsbeschaffung bereits früher nicht später verlangt.

5. Unter der Begriff der Mitwirkung sind hier die Tätigkeiten, die § 1 Ziff. 1 u. 2 aufzählen, zusammengefaßt.

6. Nur die Vertragsverpflichtung, sich eines **gewerbsmäßigen** Stellenvermittlers auch in späteren Fällen zu bedienen, ist nichtig. Das Gesetz hat dadurch zum Ausdruck gebracht, daß mit nicht gewerbsmäßigen Stellenvermittlern jene Vertragsverpflichtung gültig vereinbar ist; und daß daher für solche Stellenvermittler auch die Landespolizeibehörde nicht auf Grund des § 15 ein entsprechendes Verbot erlassen darf (a. M.: Fischer Anm. 4, der in den Worten „gewerbsmäßiger Stellenvermittler" anscheinend einen Pleonasmus sieht.

7. Die Nichtigkeit ist eine:

absolute im Sinne des § 134 BGB., eine Bestätigung gemäß § 141 BGB. ausgeschlossen.

Die *Wirkung* absoluter Nichtigkeit hat zur Folge:

Der *Pfandvertrag*, der zur Sicherung eines nach § 4 nichtigen Vertrags abgeschlossen, gewährt dem Verpfänder das Recht, das Pfand gemäß § 812 BGB. zurückzufordern, eine *Vertragsstrafabrede* zur Sicherung eines nach § 4 nichtigen Vertrags ist gemäß § 344 BGB. nichtig.

Die Rückforderung einer *Leistung* zur Erfüllung eines dem Nichtigkeitsverbot des § 4 unterliegenden Vertrags durch den Leistenden ist aber gemäß § 817 Satz 2 BGB. ausgeschlossen.

Die *Verbindung* einer nach § 4 nichtigen Vertragsabrede mit einem anderen Vertrage macht diesen nach der Regel des § 139 BGB. nichtig; die Ausnahme, daß der Vertrag auch ohne die nichtige Vertragsabrede vorgenommen worden wäre, hat diejenige Partei, die dies behauptet, zu beweisen (vgl. RGZ. 61, 286).

Die Weiterwirkung eines nach § 4 nichtigen Vertrags auf die Gültigkeit eines aus Anlaß des letzteren später geschlossenen Mäklervertrags ist regelmäßig nach §§ 119—122, 123—124 BGB. dort gegeben, wo die irrige Annahme, daß der gemäß § 4 nichtige Vertrag den Abschluß des Stellenvermittlungsvertrags mit dem einen Stellenvermittler, als Kontrahent des nichtigen Vertrags, erforderte, die Entstehung des Vermittlervertrags veranlaßte. Denn wie ein tatsächlicher Irrtum ist auch ein Rechtsirrtum im Sinne der §§ 119 ff. BGB. beachtlich (RGZ. 62, 201).

Jener nachfolgende Mäklervertrag ist aber nicht nichtig, sondern nur nach §§ 119 ff. anfechtbar, und daher hat der Anfechtende die Anfechtung zu erklären, und die Anfechtungsgründe zu beweisen (a. M.: Fischer, der ohne Begründung ausführt, „die Beweislast dafür, daß der Vertrag für den Kunden, der sich der Mitwirkung des Stellenvermittlers bedient, nicht ursächlich gewesen sei, treffe den Vermittler").

Die Weiterwirkung der Nichtigkeit eines Vertrags aus § 4 und eines anläßlich jenes Vertrags geschlossenen nichtigen Stellenvermittlungsvertrags auf einen durch letzteren vermittelten Arbeitsvertrag hängt von der Lage des Einzelfalls ab. Ein Arbeiter, der einen Vertrag aus § 4 für gültig hält, in ihm ausbedungene hohe Vertragsstrafen für rechtsbeständig erachtet, deshalb eine neue Arbeitsstelle sich durch den betreffenden Stellenvermittler nachweisen läßt, das vortreffliche Angebot eines anderen Vermittlers aber ablehnt, hat zweifellos den minderwertigen Arbeitsvertrag irrtümlich im Sinne der § 119 abgeschlossen und kann diesen deshalb anfechten; er würde, wie § 119 sagt, „bei verständiger Würdigung des Falles die Willenserklärung" — die den Arbeitsvertrag erzeugte — „nicht abgegeben haben." (A. M.: Fischer Anm. 5, der es als „selbstverständlich erachtet, daß niemals der vermittelte Arbeitsvertrag nichtig sei".)

Eine strafrechtliche Ergänzung hat der § 4 nicht erhalten; das Gesetz hat den durch § 4 verbotenen Abschluß eines in diesem Paragraphen gedachten Vertrags nicht unter Strafe gestellt; der Abschluß eines solchen Vertrags kann aber die Anwendung des § 9 rechtfertigen.

§ 5.[1]

Für die den Stellenvermittlern zukommenden Gebühren werden von der Landeszentralbehörde[2] oder den von ihr bezeichneten Behörden nach Anhören[3] des Trägers des öffentlichen Arbeitsnachweises,[4] von Vertretern der Stellenvermittler, der Arbeitgeber und Arbeitnehmer[5] Taxen[6] festgesetzt.

[7] **Eine Gebühr darf nur erhoben[8] werden, wenn der Vertrag infolge der Tätigkeit des Vermittlers zustande kommt.[9][10][11] Haben beide Teile diese Tätigkeit in Anspruch genommen,[12] so ist die Gebühr von dem Arbeitgeber und dem Arbeitnehmer je zur Hälfte zu zahlen; eine entgegenstehende Vereinbarung zu Ungunsten des Arbeitnehmers ist nichtig.[13][14]**

Neben den Gebühren dürfen[15] Vergütungen anderer Art nicht erhoben werden. Die Erstattung barer Auslagen[16] darf nur insoweit gefordert werden, als sie auf Verlangen und nach Vereinbarung mit dem Auftraggeber verwendet und als notwendig[17] hinreichend nachgewiesen sind.

Die Stellenvermittler sind verpflichtet, dem Stellensuchenden vor Abschluß des Vermittlungsgeschäfts die für ihn zur Anwendung kommende Taxe[18] mitzuteilen. Die Taxe ist in den Geschäftsräumen an einer in die Augen fallenden Stelle anzuschlagen.

Die Vorschriften des Abs. 2 gelten nicht für die Herausgabe[19] von Stellen- und Vakanzenlisten.

1. **Die Entstehungsgeschichte** des § 5 ergibt, wie aus der Begründung S. 8 und der Schlußberatung StenB. S. 2890 erhellt, zweifelsfrei, daß für alle gewerbsmäßigen Stellenvermittler Gebühren behördlicherseits festzusetzen sind. Diese Festsetzung kann für die Vermittlung in den einzelnen Zweigen eine verschiedene sein, oder auch ganz allgemein erfolgen.

Nach dem Gesetz hat aber eine behördliche Gebührenfestsetzung vorhanden zu sein, so daß selbst für einen ungewöhnlichen Stellenvermittlungsfall eine festgesetzte Gebühr da sein muß.

Die Bestimmung in § 2 Abs. 3 der Sächs. VO. vom 2. Juni 1910 (s. Anhang S. 190) ist sonach mit § 5 des Gesetzes nicht vereinbar (gl. A.: v. Köhler Anm. 2; Fischer Anm. 2).

Das Fehlen einer behördlichen Gebührenfestsetzung für eine einzelne Stellenvermittlung entzieht diese aber nicht den Vorschriften des Gesetzes. In einem solchen Falle ist vielmehr, da der Stellenvermittlungsvertrag nur ein besonders geregelter Mäklervertrag ist, die „zukommende Gebühr" wie ein gewöhnlicher Mäklerlohn nach § 653 Abs. 1 u. 2 BGB. zu bemessen, im Streitfalle durch richterliches Urteil, das als „üblichen Lohn" die behördliche Gebühr anzunehmen hat, die für die Vermittlung des dem vermittelten Vertrag nächst oder allgemein verwandten Vertrags festgesetzt ist.

2. **Die Behörden**, die für die Gebührenfestsetzung zuständig, sind:
in Preußen:

Der Minister für Handel und Gewerbe rücksichtlich der Gebühren der Stellenvermittler für Bühnenangehörige (s. Vf. vom 19. Aug. 1910, S. 160).

Der Regierungspräsident für gewerbsmäßige Stellenvermittler für Schiffsleute; und zwar ist die Festsetzung desjenigen Regierungspräsidenten entscheidend, in dessen Amtsbezirk der einzelne Stellenvermittler seine Gewerbeniederlassung hat (Vf. vom 17. Juni 1910, S. 157).

Die Ortspolizeibehörde für alle übrigen gewerbsmäßigen Stellenvermittler, und zwar ist die Festsetzung derjenigen Ortspolizeibehörde entscheidend, in deren Bezirk die gewerbliche Niederlassung des einzelnen Stellenvermittlers sich befindet (Vf. vom 17. Juni 1910, S. 157).

in Bayern:

Das Staatsministerium des Kgl. Hauses und des Äußeren für die Gebühren der Stellenvermittler für Bühnenangehörige (Bek. vom 6. Okt. 1910, S. 184).

Die Distriktspolizeibehörde (in München die Polizeidirektion) für die Gebühren der übrigen Stellenvermittler (§ 1 der Bek. vom 6. Okt. 1910, S. 163).

in Sachsen:

Das Staatsministerium des Innern für die Gebühren der Stellenvermittler für Bühnenangehörige (§ 2 Abs. 2 der VO. vom 27. Aug. 1910, S. 190).

Die unteren Verwaltungsbehörden, sofern nicht die Kreishauptmannschaften eingreifen, für die Gebühren aller übrigen Stellenvermittler (§ 2 Abs. 1 der VO. vom 27. Aug. 1910, S. 190).

3. **Der Begriff „Anhören"** besagt — wie auch an anderen Stellen des Rechtssystems — lediglich die Gewährung der Möglichkeit zur Abgabe einer Erklärung (gl. A.: Hahn Anm. 4; — a. M.: Fischer Anm. 4). Unterbleibt daher eine Erklärung der um eine Äußerung angegangenen Stellen, so ist das „Anhören" mit negativem Erfolge geschehen.

Zweifelhaft ist, ob die Gewährung der Möglichkeit zur Äußerung:

a) überhaupt zwingend vorgeschrieben ist. Für die Beantwortung dieser Frage ist bei der Einheitlichkeit des reichsrechtlichen Gesetzgebers die Fassung entscheidend, in die er Muß- und Sollvorschriften kleidet; die ersteren werden regelmäßig durch Worte wie „muß", „ist verpflichtet" gegeben. Nach der im § 5 gewählten Fassung ist daher das Anhören der gedachten Stellen nur eine Sollvorschrift. Ihre Nichtbeachtung berührt daher die Rechtsgültigkeit der trotzdem erlassenen Gebührenfestsetzungen nicht (a. M.: Fischer Anm. 4 Ib; auch Hahn Anm. 6, ist anderer aber unbestimmter Ansicht — Taxen ohne vorgeschriebene Anhörung erlassen, „werden als verbindlich kaum angesehen werden können"). In Preußen ist aber die Anhörung, die § 5 erwähnt, durch Vf. vom 9. Aug. 1910 (S. 117) vorgeschrieben; für Sachsen s. § 3 S. 191 (s. auch nachfolgend unter b).

b) Ob sämtlichen Stellen die Möglichkeit einer Äußerung zu gewähren ist, ist gleichfalls zweifelhaft, aber schon aus dem vorerwähnten Grunde zu verneinen. Vor allem spricht hierfür aber die Entstehungsgeschichte des Gesetzes in der Kommission (StenB. S. 2233, 2237; — a. M.: Fischer Anm. 4; Hahn Anm. 6 hält das Anhören des Trägers des öffentlichen Arbeitsnachweises in den Fällen für entbehrlich, wo es sich um Festsetzung von Gebühren für die Vermittlung von Stellen handele, die jener Arbeitsnachweis nicht vermittelt. Hiermit stimmt für Preußen die Vf. vom 9. Aug. 1910 Ziff. 2 überein (s. S. 117).

4. Die Bestimmung **des Trägers des öffentlichen Arbeitsnachweises** begegnet zweifacher Schwierigkeit.

Wer ist Träger des öffentlichen Arbeitsnachweises? Es läßt sich unter dem juristisch nicht technischen Worte „Träger" nur diejenige Person oder der Kreis derjenigen Personen verstehen, die nach der konkreten Organisation des einzelnen Arbeitsnachweises dessen Rechte auszuüben, dessen Verpflichtungen zu erfüllen haben; a. M.: Fischer, der als Träger diejenigen Subjekte erachtet, welche die finanzielle Last des Unterhalts hauptsächlich tragen. Dies widerspricht dem Zwecke der Vorschrift in § 5, die fachkundige Begutachtung der in öffentlicher Tätigkeit stehenden und daher von eigenen wirtschaftlichen Interessen befreiten Persönlichkeiten erstrebt.

Was unter öffentlichen Arbeitsnachweis zu verstehen ist, erhellt aus der von § 2 abweichenden Bestimmung des § 5. Der erstere spricht von „öffentlichem gemeinnützigen Arbeitsnachweis", der § 5 läßt „gemeinnützig" fort. Das hat entscheidende Bedeutung und bedingt die Folgerung: jeder von einer Gemeinde oder einem anderen öffentlichen Verband eingerichteter Arbeitsnachweis ist hier gemeint, auch wenn er neben dem, durch sein Wesen in erster Linie bedingten gemeinnützigen Zwecken noch gewerbsmäßige Vorteile erstrebt (gl. A. zum Teil: Fischer Anm. 4; — a. M.: Hahn, der als selbstverständlich annimmt, daß auch im § 5 wie im § 2 gemeinnützige öffentliche Arbeitsnachweise gemeint sind).

Der für den Einzelfall zuständige Arbeitsnachweis ergibt sich aus der Begründung S. 7, die unter dem im Gesetz erwähnten Arbeitsnachweis stets nur denjenigen versteht, dessen Tätigkeitsgebiet in dem Amtsbezirk derjenigen Behörde liegt, der je die Taxenfestsetzung obliegt (vgl. Anm. 2).

Hieraus ergibt sich: für die Festsetzung der Taxen für die sog. Theateragenten durch Ministerialbestimmung (vgl. Anm. 2) ist die Anhörung eines Arbeitsnachweises ausgeschlossen, da der § 5 nur die Anhörung lokaler öffentlicher Arbeitsnachweise bezweckt.

5. **Die Anhörung der Vertreter** der Stellenvermittler, der Arbeitgeber und Arbeitnehmer ist nicht nur, wie bereits Anm. 3 erwähnt, eine Sollvorschrift, sondern auch als Alternativvorschrift vorgesehen.

Der zur Taxenfestsetzung berufenen Behörde (vgl. Anm. 2) bleibt überlassen, welche der im § 5 aufgeführten fachkundigen Stellen sie anhören will, ob alle oder nur mehrere. Dies letztere ergibt der Kommissionsbericht S. 2233, 2237 (a. M.: Fischer Anm. 4u, der die erwähnte autorative Kommissionserklärung einfach als „selbstverständlich unrichtig“ bezeichnet).

6. **Taxen** sind Lohnvergütungsbeträge, deren Höchstbetrag durch Gesetz oder kraft gesetzlicher Ermächtigung durch behördliche Verordnung festgesetzt ist, so daß eine Parteivereinbarung jenen Höchstbetrag nicht erhöhen darf (vgl. auch § 653 Abs. 2 BGB. und § 12 Ziff. 4 dieses Gesetzes). Einzelne Taxen s. S. 158, 160, 184, 212.

7. **Die Anwendbarkeit des Abs. 2** ist — wie Abs. 5 zeigt — beschränkt auf die gewerbsmäßigen gewöhnlichen Stellenvermittlung (im engen wie weiten Sinne) des § 1 Ziff. 1, 2 (s. Anm. 6bα). Die besondere gewerbsmäßige Stellenvermittlung der Herausgeber der Stellen- und Vakanzenlisten (s. Anm. 6bα) unterliegt nach Abs. 5 den Vorschriften des Abs. 2 nicht.

8. **Die erste Hauptvoraussetzung jeder Gebührenerhebung** — die Abs. 2 als gegeben annimmt — ist das rechtsgültige Bestehen eines Mäklervertrags zwischen Stellenvermittler und Gebührenpflichtigen bis zu dem Zeitpunkt, wo aus der Mittlertätigkeit des ersteren ein Vertrag zustande kommt. Es sind daher hier zu erörtern:

a) Der allgemeine rechtliche Begriff des gewöhnlichen Stellenvermittlungsvertrags; er ist der eines durch das Reichsgesetz besonders geregelten Mäklervertrags (vgl .auch Kom. der Reichsgerichtsräte zum BGB. Vorm. 2 vor § 652); s. auch Anm. 1 S. 7.

b) Die Allgemeinvoraussetzungen des Zustandekommens und Bestehenbleibens jedes Vertrags sind daher auch hier maßgebend, und soweit sie die Fragen der Geschäftsfähigkeit der Parteien, Anfechtbarkeit, Unmöglichkeit betreffen, bereits Anm. 5 § 1 besprochen.

c) Die Vertragskategorie des Stellenvermittlungsvertrags als besonders gestalteter Mäklervertrag ist, wie dieser selbst, streitig (vgl. Staudinger, Einleitung zu § 652 Ziff. 6). Ganz unbedenklich ist der letztere und daher seine Sonderart, der Stellenvermittlungsvertrag, ein gegenseitiger Vertrag im Sinne der §§ 320 ff. BGB. Entscheidend spricht hierfür der § 653 BGB., der ausdrücklich eine „dem Mäkler übertragene Leistung“ und da für eine Vergütungsgegenleistung ordnet (vgl. auch RG. in SeuffA. 56, 24 Nr. 148; DJZ. 1903, 60).

d) Die vertragliche Leistungspflicht des Stellenvermittlers, d. h. eine Verpflichtung, Vermittlungstätigkeit auszuüben, wird aber, wie durch den Mäklervertrag regelmäßig überhaupt nicht, so auch durch den Stellenvermittlungsvertrag regelmäßig nicht begründet. Der Stellenvermittler hat somit regelmäßig ein unbeschränkt ausübbares Rücktrittsrecht. Und dementsprechend ist auch dem Partner des Stellenvermittlers ein sog. Kündigungsrecht regelmäßig eingeräumt. Der Begriff der Kündigung ist aber die Befugnis, festbestehende Leistungspflichten und Rechte zur Aufhebung zu bringen. Es steht somit hier nicht ein Kündigungsrecht, sondern nur ein beliebig ausübbares Rücktrittsrecht wie vom Mäklervertrag so auch vom Stellenvermittlungsvertrag für den Partner des Vermittlers — wie für den letztereu selbst — in Rede.

Streitig ist nun, ob das beiderseitige Rücktrittsrecht der Parteien von dem Stellenvermittlungsvertrag vertraglich ausschließbar ist, und falls letzteres zu bejahen, unter welchen Voraussetzungen jener Rücktrittsausschluß, also ein Verzicht auf den Rücktritt, als stillschweigend vereinbart zu betrachten ist.

Für den Mäklervertrag hat die Streitfrage eine endgültige Lösung noch nicht erhalten (vgl. Staudinger Vorbem. 4c zu § 652 Anm. II 2a zu § 652).

Die Praxis erachtet in Übereinstimmung mit der Entscheidung in OLG. 1, 236 einen Verzicht auf das Rücktrittsrecht sowohl seitens des Auftraggebers wie seitens des Mäklers für zulässig, wenn er dahin erklärt wird, daß der Mäklerauftrag bis zu einem bestimmten Zeitpunkt fest und unwiderruflich sein soll.

Die Rechtswirkung eines solchen Rücktrittsverzichts beim gewöhnlichen Mäklervertrag sieht die Praxis in dem Entstehen eines Schadenersatzanspruchs für den Vertragspartner, dessen Vertragsgegner vertragswidrig den Rücktritt von dem Mäklervertrag tätigt. Die §§ 652 bis 656 BGB. lassen nirgends eine Bestimmung erkennen, die die Schlüssigkeit der eben gedachten aus §§ 162, 324 BGB. entnommenen Rechtsansicht widerlegt. Der Hinweis (vgl. Staudinger Anm. 2 § 652 BGB.), der Auftraggeber könne ja das zu vermittelnde Geschäft ablehnen, vermischt Rechtslage und Tatfrage; tatsächlich kann es freilich zweifelhaft sein, rechtlich aber ist es zweifellos möglich, daß dem Mäkler der Nachweis gelingt; hätte der Widerruf seine fernere Tätigkeit nicht gehindert, so wäre, bei Würdigung der vorliegenden Umstände unter dem Gesichtspunkt der §§ 157, 242 BGB., ein von dem Mäkler in Aussicht genommenes Geschäft zum Abschluß gelangt (vgl. auch RGZ. 22, 381).

Für den Stellenvermittlungsvertrag ist nun die Frage der Zulässigkeit eines Rücktrittsverzichts von jenem durch die §§ 4, 5 erschwert.

Fischer Anm. 3 § 4 und Anm. 9 I c zu § 5 hält einen Rücktrittsverzicht für unzulässig, „weil sonst auf diesem Umweg teilweise die Bindung des Kunden wieder erreicht werden könnte, die das Gesetz ausschließen wolle." Diese Annahme hängt mit der nicht zutreffenden Fischerschen Bestimmung des Begriffs: „spätere Fälle" im § 4 zusammen und wird daher durch die Darlegung in Anm. 4 § 4 S. 43 widerlegt.

In Frage kann daher nur kommen, hat der § 5 Abs. 2 Satz 1 mit seiner Bestimmung: „Eine Gebühr darf nur erhoben werden, wenn der Vertrag infolge der Tätigkeit des Vermittlers zustande kommt", zum Ausdruck gebracht: bei Nichtzustandekommen des Vertrags ist jeder Anspruch des Stellenvermittlers beseitigt?

Schon der Wortlaut der Vorschrift bedingt zwingend die Verneinung dieser Frage; nur ein „Gebühr"anspruch war bei Nichtzustandekommen des Vertrags durch § 5 ausgeschlossen und daher hat dieser Paragraph Ansprüche anderer Art, die nach den allgemeinen zivilrechtlichen Vorschriften des BGB. anläßlich des Nichtzustandekommens eines Vertrags entstehen, weder beseitigen wollen noch beseitigt.

Hieraus ergibt sich:

Ein ausdrücklich vereinbarter Rücktrittsverzicht läßt bei vertragswidrigem Rücktritt für den vertragstreuen Partner, sei er der Auftraggeber oder der Stellenvermittler, einen Schadenersatzanspruch entstehen.

Ein stillschweigend vereinbarter Rücktrittsverzicht steht einem ausdrücklich vereinbarten völlig gleich.

Ein Hauptfall eines stillschweigend vereinbarten Rücktrittsverzichts liegt in dem ständig wiederkehrenden Tagesvorkommnis, daß ein Arbeitnehmer, der auf seinen Handverdienst ausschließlich angewiesen, zu einem bestimmten Termin eine Stelle sucht, alle für seine Dienstannahme unentbehrlichen Urkunden einem Stellenvermittler übergibt. In diesen Tatsachen liegt, wenn die Regel der §§ 157, 242 BGB. berücksichtigt wird, zweifellos die konkludent erklärte beiderseitige Willenseinigung: der Arbeitsucher will unbedingt von dem bezeichneten Termin ab das Zustandekommen eines Stellenvertrags und zwar ausschließlich und fest durch den angegangenen Stellenvermittler, der Stellenvermittlungsvertrag solle somit unwiderruflich sein. Tritt in einem solche Falle die eine Partei zurück, so kann gegen diese der anderen Vertragspartei ein Schadenersatzanspruch erwachsen.

e) Die Vertragsaufhebungsgründe durch Tod oder Geschäftsunfähigkeit sind bei dem Mäklervertrag und dem Stellenvermittlungsvertrag dieselben: Der Tod des Stellenvermittlers hebt, da dessen persönliche Vermittlungstätigkeit bedungen, den Vermittlungsvertrag auf; dasselbe gilt, soweit der letztere auf die Vermittlung eines Vertrags über persönliche Dienstleistungen eines Arbeitnehmers gerichtet ist und der letztere Auftraggeber ist. Ist der Auftraggeber des Stellenvermittlers aber ein Arbeitgeber, so beendet der Tod oder die Geschäftsunfähigkeit eines solchen Auftraggebers den Stellenvermittlungsvertrag noch nicht, die Ansprüche aus diesem wie die Pflichten gehen vielmehr regelmäßig auf die Erben bzw. Vertreter oder Rechtsnachfolger über (vgl. RGZ. 47, 253; auch Kom. der Reichsgerichtsräte zum BGB. Anm. 2 § 652).

Nur wo der Auftrag des Arbeitgebers auf Vermittlung eines Vertrags über Dienste gerichtet, die für den Auftraggeber von ausschließlich persönlicher Bedeutung, ist der Mäklervertrag gemäß § 323 BGB. aufgehoben.

(Rücksichtlich der besonderen Vertragsaufhebungsgründe s. Anm. 11 S. 57.)

f) Die Frage eines für den Stellenvermittlungsvertrag besonderen Nichtigkeitsgrundes entsteht in dem Falle, wo ein gewerbsmäßiger Stellenvermittler ohne die im § 2 des Gesetzes vorgesehene Erlaubnis tätig ist und anläßlich einer solchen unerlaubten Tätigkeit einen Mäklervertrag abschließt.

Die Beantwortung jener Frage ist in der Literatur streitig; Planck § 652 Nr. 39 und Staub Exkurs vor § 93 IX bejahen, Fischer Anm. 9 B b α verneint die Gültigkeit eines unter dem gedachten Umstande abgeschlossenen Mäklervertrags.

Die Gültigkeit jenes Vertrags ist aber auf Grund des § 134 BGB. in Verb. mit §§ 12 u. 13 des Stellenvermittlungsgesetzes unbedingt zu bejahen.

Zutreffend nach der Entstehungsgeschichte des § 134 BGB. führen die Reichsgerichtsräte in Anm. 3 BGB. zu § 134 aus: „Ob sich aus dem Verbote ein anderer Zweck ergibt, als der, Rechtsgeschäfte entsprechenden Inhalts unmöglich zu machen, ist durch Auslegung und unter Berücksichtigung des gesetzgeberischen Grundes zu ermitteln. Verbote eines Strafgesetzes insbesondere machen ein Rechtsgeschäft nicht nichtig, wenn sie sich nur gegen die Handlungsweise des einen Teils der Vertragschließenden richten (vgl. RGZ. 60, 275)."

Der § 2 des Reichsgesetzes verbietet nur dem gewerbsmäßigen Stellenvermittler, ohne die erhaltene Erlaubnis Stellenvermittlungsverträge abzuschließen, und nur ihn, nicht auch den mit ihm paktierenden Kontrahenten belegen in jenem Falle die §§ 12 u. 13 mit Strafe; und wie die Motive zeigen, ist das Verbot der §§ 2, 12, 13 nur aus dem „gesetzgeberischen Grunde" getroffen, um den Vertragspartner des nicht konzessionierten Stellenvermittlers gegen Unzuverlässigkeiten des letzteren zu schützen.

Lehnt der Auftraggeber den gesetzlichen Schutz gegen Unzuverlässigkeit ab, den die §§ 2, 12, 13 gewähren wollen, und läßt er sich in einen Vertragsschluß mit einem nicht konzessionierten gewerbsmäßigen Stellenvermittler ein, so ist jener Vertrag rechtsbeständig.

Hat aber der Auftraggeber den gewerbsmäßigen Stellenvermittler als einen dem § 2 entsprechend konzessionierten erachtet, dann ist der mit jenem geschlossene Vertrag zwar an sich gültig, aber gemäß § 119 BGB. ev. § 123 BGB. anfechtbar.

Fraglich könnte sein, ob der Gebührenanspruch eines ohne die Erlaubnis des § 2 tätig gewesenen gewerbsmäßigen Stellenvermittlers den Gebührentaxen der rite genehmigten gewerbsmäßigen Stellenvermittler unterliegt.

Es ist dies aber unbedenklich nach § 15 des Gesetzes wie nach § 653 Abs. 2 BGB. zu beantworten. Aus erstgedachtem § 15 ergibt sich, daß auch ein nicht konzessionierter gewerbsmäßiger Stellenvermittler eine höhere als die für genehmigte Vermittler vorgeschriebene Taxgebühr nicht erfordern kann; untersteht doch der Stellenvermittlungsvertrag eines nicht gewerbsmäßigen Stellenvermittlers dem § 15 (s. Anhang S. 153, 185).

9. Die zweite Hauptvoraussetzung des Anspruchs auf Erhebung der Stellenvermittlungsgebühr ist: infolge der Tätigkeit des Stellenvermittlers muß der zu vermittelnde Vertrag zustande gekommen sein. Dieser Rechtserfolg ist wie bei dem gewöhnlichen Mäklervertrag zu beurteilen, und zwar ausschließlich.

Die Tätigkeit, die je nach dem Auftragsinhalt gemäß § 1 in **Ver-**

mittlung des Vertrags (Ziff. 1 § 1) oder nur im **Nachweis** der Gelegenheit zu einer Stellenerlangung (unter gleichzeitigem Sich-in-Beziehung-Setzen zum Arbeitgeber oder -nehmer) besteht (Ziff. 2 § 1), **hat wie die gewöhnliche Mäklertätigkeit** zu erfolgen, unter Wahrung der sog. Treuverpflichtung, die den Mäkler verpflichtet, den Parteien für das abzuschließende Geschäft erhebliche ihm mitgeteilte oder bekannte sachliche wie persönliche Momente (die in den Ausführungsvorschriften — s. S. 125, 140 u. 206 — noch besonders individualisiert sind) mitzuteilen; gegen Dritte über den Auftrag Verschwiegenheit zu wahren; nach Abschluß des vermittelten Vertrags nicht ein seinen Bestand gefährdendes oder beseitigendes Verhalten zu wählen.

In Abweichung von der gewöhnlichen Mäklertätigkeit, die eine sog. Erkundigungspflicht nicht begreift (vgl. Fischer-Henle Anm. 7 § 652; Staudinger Anm. II 1 § 652; RG. im Recht 1907, 377), kann aber und ist auf Grund des § 8 des Gesetzes dem Stellenvermittler eine Erkundigungspflicht auferlegt, die in den Vorschriften (S. 125, 140 u. 206) des Anhangs aufgeführt sind.

Die Begründung des Gebührenanspruchs hat aber den Nachweis der Ausführung der dem Stellenvermittler obliegenden Erkundigungen nicht zur Voraussetzung. Einwandweise, zur Beseitigung des Gebührenanspruchs oder falls sogar ein Schadenersatzanspruch (s. unten 57) aus unterlassener Erkundigung erhoben wird, zur Begründung jenes Schadenersatzanspruchs hat vielmehr der Auftraggeber des Stellenvermittlers das Unterlassen der geboten gewesenen Erkundigung darzutun (a. M. anscheinend Fischer).

Die Ursächlichkeit der Tätigkeit des Stellenvermittlers für das Zustandekommen des in Auftrag gegebenen Vertrags ist aber von dem Mittler darzutun wie von dem gewöhnlichen Mäkler.

a) War dem Stellenvermittler „**die Vermittlung des Vertrags**“ (§ 1 Ziff. 1) übertragen, so ist seine persönliche Einwirkung auf den Vertragsabschluß erforderlich.

Ein sog. Zwischenvermittler ist, da die gewerbsmäßige Stellenvermittlung, wie schon § 2 zeigt, persönliche Dienstleistungen erfordert, ausgeschlossen. Ist ein zweiter Stellenvermittler bei Abschluß eines Vertrags tätig gewesen, so liegt, wenn dies mit Wissen des Auftraggebers geschehen, ein zweiter konkludent geschlossener Stellenvermittlungsvertrag vor, geschah jenes ohne Wissen des Auftraggebers, so ist eine Geschäftsführung ohne Auftrag im Sinne der §§ 677 ff. BGB. getätigt.

Ein Gehilfe kann aber auch bei den Handlungsakten, die zum Abschluß des Vertrags geführt, von dem Stellenvermittler in Anspruch genommen sein.

Der Umfang der für die Vertragsvermittlung kausal gewesenen Tätigkeit ist nach der einzelnen Sachlage verschieden, wesentlich ist nur, daß eine Einwirkung des Stellenvermittlers auf die Willenseinigung der Vertragschließenden stattgehabt.

Das bloße Zusammenbringen der Parteien und der sogleich zwischen ihnen ohne weiteres Mittun des Stellenvermittlers erfolgte Vertragsabschluß kann bereits eine Vermittlung des letzteren erfüllen, insbesondere wenn die Leichtigkeit und Schnelle jenes Vertragschlusses eine Folge der Einfachheit des abzuschließenden Vertrags oder eine Folge vorheriger gründlicher Information der Vertragspartner durch den Stellenvermittler ist (vgl. RGZ. 6, 187).

Ein nach Scheitern des vom Stellenvermittler versuchten Vertragsabschlusses von den Parteien selbst vorgenommener Abschluß eines Vertrags läßt einen Gebührenanspruch nicht entstehen, wenn die Vermittlung des Vertrags dem Vermittler aufgetragen war. Diesem ist in solchem Falle ein Gebührenanspruch aus Ziff. 2 § 1 wegen Gelegenheitsnachweises auch dann nicht entstanden, wenn die Parteien nur auf Grund des Nachweises, den die gescheiterte Tätigkeit des Vermittlers erbracht, schließlich den Vertrag geschlossen; dem Stellenvermittler war eben nur eine Stellenvermittlung im engen Sinne aus Ziff. 1 § 1 übertragen (vgl. auch Staub Anm. im Exkurs zu § 92 HGB.).

Ist aber das Scheitern des vom Vermittler versuchten Vertragschlusses von seinem Auftraggeber dolos veranlaßt, um auf Grund der erhaltenen Nachweise selbständig den Vertrag zu schließen und dadurch die Entstehung des Gebührenanspruchs zu vereiteln, so ist dem Vermittler gegen seinen Auftraggeber ein Schadenersatzanspruch bis zur Höhe der taxmäßigen Gebührensumme aus § 826, § 157, § 242, § 162 BGB. entstanden; denn der durch das Zustandekommen eines Vertrags bedingte Gebührenanspruch gehört als solcher schon zu dem Vermögen des Stellenvermittlers (vgl. Kom. der Reichsgerichtsräte zum BGB. Anm. 2 § 652).

b) Die Ursächlichkeit der Tätigkeit desjenigen Stellenvermittlers, dessen Gebührenanspruch auf den **„Nachweis der Gelegenheit zur Erlangung einer Stelle"** (§ 1 Ziff. 2) sich stützt (vgl. Anm. S. 14), erfordert den Beweis: der dem einen Vertragspartner — dem Arbeitgeber oder Arbeitnehmer — gewährte Nachweis einer Stelle hat ihre Besetzung bzw. Erlangung, also den Vertragsschluß über diese, veranlaßt.

Wie bei dem gewöhnlichen Mäklervertrag erfüllt sonach einerseits die Bezeichnung einer unbestimmten Möglichkeit, eine Stelle zu erlangen, noch nicht den kausalen Gelegenheitsnachweis der tatsächlich mehr oder weniger zufälligen Erlangung jener Stelle (SeuffA. 60, 100), so ist andererseits jener kausale Gelegenheitsnachweis dargetan, wenn rücksichtlich der bestimmt bezeichneten Stellen der Vertragsabschluß tatsächlich erfolgt ist. Dem Kunden des Stellenvermittlers liegt daher ob, einredeweise die Kausalität jenes Gelegenheitsnachweises für den Vertragschluß zu beseitigen (RG. vom 30. Nov. 1902, JW. 1902, 282). Hierbei aber ist zu berücksichtigen, daß, „wenn es sich um den Nachweis der Gelegenheit zum Abschluß eines Vertrags handelt, der vom Mäkler gelieferte Nachweis weder die alleinige, noch die hauptsächliche Ursache des späteren Abschlusses gewesen zu sein braucht, genug, wenn er dazu überhaupt mitgewirkt hat" (Kom. der Reichsgerichtsräte zum BGB. Anm. 2 zu § 652 BGB. und die dort zitierten Entscheidungen).

Für den Stellenvermittlungsvertrag hat aber zu dem Beweis der Kausalität des Gelegenheitsnachweises nach der Fassung des § 1 Ziff. 2 noch der Beweis hinzuzutreten, daß jener Gelegenheitsnachweis erfolgte, indem der Stellenvermittler sich in besondere Beziehung zu dem betreffenden Arbeitgeber oder -nehmer gesetzt (vgl. Anm. 6 α S. 12 und γ S. 14), dem er die Stelle nachgewiesen.

10. Die dritte Hauptvoraussetzung des Anspruchs auf Erhebung der Stellenvermittlungsgebühr ist: derjenige Vertrag, rücksichtlich dessen die Tätigkeit des Stellenvermittlers eintreten sollte, muß zustande gekommen sein.

Ist jener Vertrag unter aufschiebender Bedingung geschlossen, dann gelangt — wie beim gewöhnlichen Mäklervertrag — auch hier der Gebührenanspruch erst mit Eintritt der Bedingung zur Vollexistenz und Fälligkeit.

Ist aber von vornherein nur der Abschluß eines aufschiebend bedingten Vertrags von dem Kunden des Stellenvermittlers in Aussicht genommen und die Tätigkeit des letzteren nur rücksichtlich eines solchen — aufschiebend bedingten — Vertrags in Anspruch genommen, dann ist mit dem Zustandekommen eines solchen Vertrags der Gebührenanspruch entstanden; der Stellenvermittler hat ja dann das erreicht, was er nur erreichen sollte.

Ist der vermittelte oder nachgewiesene Vertrag unter auflösender Bedingung, dem der Vorbehalt eines Rücktritts nach richtiger Ansicht (vgl. SeuffA. 40 Nr. 1116) gleichsteht, geschlossen, dann ist der Gebührenanspruch des Stellenvermittlers entstanden, dessen Anspruchsberechtigung von der Erfüllung des gemäkelten Vertrags nicht abhängt; (Ausnahme: Anm. 11 S. 57).

Ist der vermittelte oder nachgewiesene Vertrag nach der Vertragsabrede des Arbeitgebers und -nehmers zu beurkunden, so ist die Frage, ob er geschlossen und damit der Gebührenanspruch entstanden, nach § 154 Abs. 2 BGB. zu entscheiden.

Ist ein vermittelter Lehrlingsvertrag — dessen schriftlicher Abschluß allerdings, wie Fischer mit Recht Anm. 9 III a hervorhebt, nach §§ 126b, 127d GewO. nicht unbedingte Voraussetzung seiner Gültigkeit ist — nach ausdrücklicher Parteiabrede zu beurkunden, so ist nach § 154 Abs. 2 BGB. im Hinblick auf § 127d GewO. anzunehmen, daß bis zur Vornahme der Beurkundung der Vertrag nicht geschlossen und daher ein Gebührenanspruch nicht begründet.

Ist der vermittelte oder nachgewiesene Vertrag gemäß §§ 119, 123 BGB. erfolgreich angefochten, so erlischt der Gebührenanspruch und die gezahlten Gebühren sind zurückzuzahlen. Wie bei dem gewöhnlichen Mäklervertrag hat aber die Vertragspartei, die die Anfechtung verschuldete, den Stellenvermittler bis zur Höhe der Gebührensumme zu entschädigen (s. § 122 BGB.; vgl. SeuffA. 62 Nr. 251).

Rechtsanalog der Anfechtung steht die Kündigung eines vermittelten oder nachgewiesenen mit einer Ehefrau abgeschlossenen Stellenvertrags auf Grund der Sondervorschrift des § 1328 BGB. Der Gebührenanspruch ist erloschen und die gezahlten Gebühren sind zurückzuzahlen (a. M.: Fischer III c S. 163). Ein Schadenersatzanspruch gegen die Ehefrau steht dem Stellenvermittler gemäß § 254 Abs. 2 BGB. nicht zu, wenn er die ihm auferlegte Erkundigungspflicht (s. Anm. 9) nicht erfüllt hat; aus diesem Grunde ist er in jenem Falle dem Vertragspartner der Ehefrau schadenersatzpflichtig.

Eine erst nach längerem Bestehen des Vertrags erfolgende Kündigung des Ehemannes ist nach dem hier eingreifenden Grundsatz quitacet cum loqui debuit acpotuit (wer schweigt während er reden konnte und mußte) (s. RG. vom 4. Mai 1894, JW. 1894, 318) ausgeschlossen; wo infolge verspäteter Kenntnisnahme von dem Vertrage ausnahmsweise eine späte Kündigung zulässigerweise erfolgt, kann der Stellenvermittler einen der Vertragsdauer entsprechenden quotenmäßigen Betrag der Gebührensumme von der Ehefrau auf Grund des § 812 BGB. erfordern; andererseits kann (!) sich in gleicher Summenhöhe der Schadenersatzanspruch des Vertragsgegners der Ehefrau gegen den Stellenvermittler infolge der Kündigung aus § 1328 BGB. mindern.

11. **Die vierte Hauptvoraussetzung des Anspruchs auf Erhebung der Stellenvermittlungsgebühr** ist, daß kein Tatumstand vorliegt, an den die auf Grund des § 8 des Gesetzes erlassenen Verordnungen die

Wirkung knüpfen, daß der Anspruch „erlischt"; über die hier in Betracht kommenden Voraussetzungen s. S. 129, 130, 142—156; 166, 167, 179, 188; 200, 208.

Zu erwähnen ist hier schließlich: **Gebührenvorschüsse** sind unzulässig; sie sind vor Zustandekommen eines Vertrags vorauszuentrichtende Teile der einzelnen Gebührenansprüche und daher wie letztere selbst gemäß § 5 Abs. 2 Satz 1 nicht erhebbar.

12. **Die Bedeutung der Gesetzesworte: „Haben beide Teile die Tätigkeit in Anspruch genommen,"** ist völlig streitig; wie sonst, so auch hier, kann die richtige Auslegung nur unter Berücksichtigung der ganzen Gesetzesvorschrift gewonnen werden.

Ausdrücklich spricht der Abs. 3 des § 5 von dem Auftraggeber, und hält man den Inhalt dieses Abs. 3 mit dem des Abs. 2 zusammen, so kann es nicht dem mindesten Zweifel unterliegen, daß der „Auftraggeber" im Abs. 3 identisch dem „in Anspruch"-Nehmer des Abs. 2. Hieraus aber ergibt sich, daß das Gesetz für die vorgeschriebene Hälftelung der Gebühren nicht die Tatsache, daß tatsächlich die Tätigkeit des Stellenvermittlers von beiden Teilen in Anspruch genommen ist, als entscheidend betrachtet, sondern daß Inanspruchnehmen der Tätigkeit eines Mittlers hier eine auftragsmäßige Willenserklärung zur Tätigkeit des Mittlers zu bedeuten hat.

„Es mutet daher nicht seltsam an" — wie Fischer Anm. 12 I erklärt —, daß im preußischen Rechtsgebiet die Vf. vom 19. Aug. 1910 Ziff. 3 (s. S. 138) bestimmt: Jede Inanspruchnahme der geschäftlichen Tätigkeit des Stellenvermittlers gilt als Auftrag im Sinne dieser Vorschrift." Die Verfügung hat vielmehr mit dieser Vorschrift die dem Vollinhalt des § 5 des Gesetzes sachgerechte Auslegung der Gesetzesworte „in Anspruch nehmen" erkannt und ausgeführt.

Da sonach die Voraussetzung für die Hälftelung der Gebühren ist, daß beide Parteien eine auftragsmäßige Willenserklärung zur Tätigkeit dem Stellenvermittler gegenüber abgegeben, so ergeben sich für die in Betracht kommenden Hauptfragen der Theorie und der Praxis folgende Entscheidungen:

α. Unstreitig und nach der Entstehungsgeschichte auch klar ist: „Eine Halbierung kann nicht in Frage kommen, wenn der Vermittler nur die Gelegenheit zur Erlangung einer Stelle nachweist und nur mit einem Kontrahenten in Verbindung tritt."

β. Unerheblich ist, ob die auftragsmäßige Willenserklärung zur Tätigkeit von dem Stellenvermittler veranlaßt ist, der den Arbeitgeber oder -nehmer angeht. Denn der historische Anlaß zu jener Willenserklärung ist rechtlich bedeutungslos.

γ. Zweifelfrei ist, daß jene Willenserklärung, wie jede andere, ausdrücklich wie stillschweigend getätigt werden kann.

δ. Der Prüfung bedürftig ist aber, ob die von Hoffmann Anm. 9 und Schmid S. 30 wie in der Praxis vertretene Ansicht richtig ist. „Es sei, damit die Hälftelung eintrete, nicht erforderlich, daß von beiden Teilen ein ausdrücklicher oder stillschweigender Auftrag ausgehe, es genüge vielmehr, daß der Stellenvermittler seine Tätigkeit im Interesse beider Teile ausübe und beide Teile mit dieser Tätigkeit sich vorher oder nachträglich, ausdrücklich oder stillschweigend einverstanden erklärten."

Diese Ansicht entscheidet, wie ohne weiteres ersichtlich, zwei Fragen:

einmal erachtet sie eine nachträgliche Inanspruchnahme für zulässig. Allein da die Inanspruchnahme im Sinne des § 5 ein Auftrag ist, so kann sie wie der letztere nur durch eine dem § 184 BGB. entsprechende Genehmigung (s. die nachfolgende S. 60) nachträglich als erteilt angesehen werden; dies erfordert schon § 181 BGB., der als Regel verbietet, daß der Stellenvermittler als Vertreter eines Dritten ohne Vollmacht seitens des letzteren für diesen sich selbst einen Auftrag zur Vermittlung erteilt hätte.

ferner wird (wie für die unzulässige nachträgliche Inanspruchnahme, so auch) für das Vorliegen einer, als solche nur vorher, d. h. vor Beginn der Stellenvermittlertätigkeit möglichen Inanspruchnahme „die Ausübung der Tätigkeit des Stellenvermittlers im Interesse beider Teile" für entscheidend erachtet. Auch dieses Reat der Inanspruchnahme ist so, wie es bestimmt ist, unrichtig bezeichnet.

Zunächst fragt es sich, was soll hier unter Tätigkeit „im Interesse beider Teile" verstanden werden?

Fischer nimmt nach seiner Ausführung Anm. 12 anscheinend an, daß unter jenen Worten verstanden werden könnte der Stellenvermittler habe, „indem er den Vertrag zustandebringt", nicht „das Interesse der einen Partei ausschließlich berücksichtigt und daher das der anderen verletzt", mithin die Interessen beider Parteien gleichmäßig berücksichtigt. Mit Recht hält Fischer aber das einseitige Berücksichtigen eines Parteiinteresses für belanglos; trotz solchen Vorgangs, werde der Vertrag vermittelt bleiben. Allein unter den Worten: „Ausübung der Stellenvermittlertätigkeit im Interesse beider Teile" wollen hier offensichtlich Literatur (vgl. auch Szczesny Anm. 4 § 5) wie Praxis nur verstehen, daß der Stellenvermittler bei dem Zustandekommen des Vertrags für beide Teile diejenige Tätigkeit ausgeübt hat, die — bei einem ausdrücklichen Auftrag seitens beider Vertragspartner — Gesetz und die auf Grund des § 8 desselben erlassenen

Verordnungen ihm auferlegen, daß also insbesondere der Stellenvermittler sorgfältige Erkundigungen über die Dienstverhältnisse nicht nur des Arbeitnehmers, sondern auch des Arbeitgebers vorgenommen habe, wie dies z. B. die Ziff. 10 der PrVO. vom 16. Aug. 1910 (s. S. 54) vorsieht. Indessen auch bei dieser Bestimmung „der Tätigkeit des Stellenvermittlers im Interesse beider Teile" ist dies Reat für die Frage, ob beide Vertragsparteien die Tätigkeit des Stellenvermittlers in Anspruch genommen haben, rechtlich völlig belanglos.

Wird ein Stellenvermittler vom dem Arbeiter X. beauftragt, ihm bei dem Fabrikbesitzer Y. eine Stelle zu schaffen, erkundigt sich der Mittler selbst persönlich über die Verhältnisse der Stelle, kommt dann, vom Mittler geschickt, X. zu Y., und nimmt Y. den X. an, nachdem dieser selbst erklärt hat, jener Mittler habe ihn gesandt — so hat Y. durch die Annahme des X. niemals stillschweigend genehmigt, daß der Mittler auch für ihn — den Y. — tätig gewesen; insbesondere läßt die Annahme des X. unter den gedachten Umständen noch nicht den Rückschluß zu, daß die Auskunftserteilung über die besetzte Stelle seitens des Y. bereits eine Genehmigung enthält, der Mittler möge auch für ihn, den Y. — die Stellenbesetzung vermitteln.

Beide Teile haben mithin die Tätigkeit eines Stellenvermittlers nur dann in Anspruch genommen, wenn von jedem Teil **vor dem Zustandekommen** des vermittelten Vertrags durch ausdrückliche oder stillschweigend abgegebene Willenserklärung ein auf Zustandebringen des Vertrags gerichteter Auftrag dem Stellenvermittler erteilt ist.

Es ist daher nicht richtig, wenn Fischer Anm. 12 I ausführt, der § 5 Abs. 2 habe „für den Kunden" des Stellenvermittlers „Bedeutung, indem für ihn ganz automatisch bloß infolge des rein zufälligen Umstandes, daß sich der Gegenkontrahent des künftigen Arbeitsvertrags der Tätigkeit des gleichen Stellenvermittlers bediente, die schuldige Gebühr auf die Hälfte ermäßigt wird".

Nach dem Zustandekommen eines vermittelten Vertrags enthält ein bloß tatsächliches Bedienen der Tätigkeit des Stellenvermittlers — also z. B. die Annahme eines von einem Stellenvermittler zugesandten Arbeiters in Kenntnis der Tatsache, daß der Stellenvermittler den Arbeiter sendet, nachdem jener auch die Verhältnisse der zu besetzenden Stelle festgestellt — niemals die Tätigung der Willenserklärung, die Tätigkeit des Stellenvermittlers als auch für sich — für den den Arbeiter annehmenden Arbeitgeber — aufgewendet zu genehmigen.

Nur wenn eine Willens**erklärung** der eben gedachten Art,

ausdrücklich oder zweifelsfrei stillschweigend dem Stellenvermittler gegenüber abgegeben ist, liegt auf seiten einer Partei eine Genehmigung einer, vorher von jener Partei nicht begehrten, Tätigkeit eines Stellenvermittlers gemäß § 184 BGB. vor, die letztere nunmehr ex post als „eine Inanspruchnahme" im Sinne des § 5 erscheinen läßt. Denn die Genehmigung des § 184 BGB. ist eine einseitige, empfangsbedürftige Willenserklärung (vgl. Kom. der Reichsgerichtsräte zum BGB. Anm. 1 § 184).

Im übrigen siehe für das preußische Rechtsgebiet Ziff. 12a der VO. vom 19. Aug. 1910, für das bayerische Rechtsgebiet § 16 der Bek. vom 6. Okt. 1910, für das sächsische Rechtsgebiet § 13 Anlage II der VO. vom 20. Okt. 1910 (Anhang S. 142, 179, 200).

13. **Nichtig** ist jede Vereinbarung, die dem Arbeitnehmer mehr als die Hälfte der Vermittlergebühr für denjenigen Stellenvermittler auferlegt, dessen Tätigkeit von Arbeitgeber und -nehmer in Anspruch genommen ist (über den Begriff vorstehende Anm. 12).

Nach der Gesetzesfassung ist die gedachte Vereinbarung nichtig, sei es, daß der Arbeitgeber mit dem Arbeitnehmer vereinbart, letzterer solle mehr als die Hälfte der Gebühr tragen, oder daß diese Abrede zwischen Stellenvermittler und Arbeitnehmer getroffen ist.

Die Nichtigkeit ist nur eine teilweise; nicht der ganze Vermittlungsvertrag bzw. die ganze Gebührenabrede ist nichtig, sondern diese nur insoweit, als sie von der gesetzlichen Gebührenfeststellung nur bis zur Hälfte für den Arbeitnehmer abweicht; die Stellenvermittler und Arbeitnehmer hätten auch ohne jene teilweise Nichtigkeit der Gebührenabrede den Stellenvermittlungsvertrag mit der gesetzlichen Gebührenpflicht geschlossen (§ 139 BGB.; vgl. RGZ. 52, 4; 64, 40; 65, 393).

Ob letzteres auch für den Vermittlungsvertrag zwischen Arbeitgeber und Stellenvermittler zutrifft, falls ersterer weniger als $1/2$ der Gebühr zu zahlen nur übernommen, und infolge der Nichtigkeit der entsprechenden Abrede zwischen Mittler und Arbeitnehmer über Belastung des letztgenannten mit mehr als $1/2$ der Gebühr, dem Arbeitgeber nun ex lege die Hälfte der Gebühr zufällt, ist Tatfrage des Einzelfalls gemäß § 139 BGB.

Ein Verzicht des Stellenvermittlers auf die Hälfte der Gebühr gegenüber dem Arbeitnehmer (wie natürlich auch dem Arbeitgeber gegenüber) ist zulässig.

Die Übernahme der Gebühr über die Hälfte durch den Arbeitgeber kann gleichfalls zulässig zwischen Arbeitgeber und Stellenvermittler vereinbart werden.

Eine solche Vereinbarung ist, soweit nicht ein anderes vereinbart wird und soweit durch sie der Arbeitnehmer von seiner Gebührenschuld bis zur Gebührenhälfte entlastet ist, eine Schuldübernahme seitens des Arbeitgebers gegenüber dem Stellenvermittler im Sinne des § 414 BGB., die ohne Zustimmung des Schuldners statthaft (vgl. Staudinger Anm. 1 § 414 BGB. und RGZ. 59, 233; a. M.: Fischer Anm. III der in dem gedachten Fall den Arbeitnehmer für die ihm obliegende gesetzliche Gebührenhälfte noch als Gesamtschuldner mit dem Arbeitgeber dem Stellenvermittler gegenüber weiter haften läßt. Eine Gesamtschuldnerschaft ist aber unbedingt ausgeschlossen; die Verpflichtung des Arbeitgebers in jenem Falle zur Zahlung eines Plus über die Gebührenhälfte, und die durch den Arbeitgeber abgenommene Verpflichtung des Arbeitnehmers zur Haftung der Gebührenhälfte beruhen regelmäßig nicht auf einem gemeinschaftlichen Verpflichtungsvertrag (§ 427 BGB.), wo aber ganz ausnahmsweise Arbeitgeber und Arbeitnehmer gleichzeitig und gemeinschaftlich die Vermittlung des Stellenvermittlers angehen und mit diesem gemeinsam den Vermittlungsvertrag und die vorgedachte Art der Gebührenberichtigung vereinbaren, liegt in jener Gebührenabrede ein Erlaß des Vermittlers gegenüber dem Arbeitnehmer vor, insoweit dieser gar nichts oder weniger als die Hälfte Gebühr zahlen soll.

Ob der Arbeitgeber, der über $^1/_2$ der Gebühr dem Vermittler zahlt, insoweit einen Erstattungsanspruch gegen den Arbeitnehmer hat, hängt davon ab, ob eine bezügliche Vereinbarung zwischen dem Arbeitgeber und Arbeitnehmer getroffen, oder die Voraussetzungen der §§ 677 ff. BGB. vorliegen.

14. Eine Ergänzung hat das strikte Gebot der Gebührenhälftelung des Abs. 2 Satz 2 § 5 in einzelnen Verwaltungsvorschriften für gewerbsmäßige Stellenvermittler für Bühnenangehörige gefunden, und zwar in Preußen durch § 12^8 und § 12a der Vf. vom 19. Aug. 1910 (s. S. 142), in Bayern durch § 14^9 und § 16 der Bek. vom 6. Okt. 1910 (s. S. 178, 179), in Sachsen durch § 12^8 Anlage II der VO. vom 20. Okt. 1910 (s. S. 200).

15. Das Verbot des Abs. 3 betrifft alle Arten der Stellenvermittlung, somit die gewerbsmäßige Stellenvermittlung im engen (§ 1 Ziff. 1) wie weiten Sinne (§ 1 Ziff. 2; s. Anm. § 1).

Das Verbot ist zwingend, eine dasselbe ausschließende ausdrückliche Parteiabrede nach dem den Abs. 3 § 5 ergänzenden Strafverbot der Ziff. 4 § 12 nichtig, und zwar vollständig (nicht nur teilweise dem Stellenvermittler gegenüber).

Eine Vergütung anderer Art stellt, von den schon früher verboten gewesenen sog. Einschreibegebühren abgesehen, jeder der vorgeschriebenen Gebührensumme beigefügter Entgelt dar, er mag in einer Dienstleistung, der Versprechung eines Dienstes oder in der Eröffnung eines Kredits oder in irgendeinem anderen wirtschaftlichen Vorteile bestehen. Auch für Auslagen nicht barer Art (deren Erstattungsfähigkeit in Anm. 16 besprochen), z. B. die Benutzung eines eigenen Automobils zu einer Reise zwecks Stellenvermittlung kann daher eine Vergütung nicht gewährt werden.

Der § 12 Ziff. 4 deklariert ergänzend die engere Wortfassung des Satzes 1 Abs. 3 nach zweifacher Richtung:

a) Wie das „Erheben" von Vergütungen ist auch das eine solche Vergütungserhebung bezweckende Versprechen einer Vergütung verboten und nichtig.

b) Das Wort: „erhoben werden" würde nur das Erfordern einer anderen Vergütung neben den Gebühren verwehren; der § 12 Ziff. 4 zeigt aber, daß auch das sich „Gewährenlassen", also das Annehmen einer neben der Gebührensumme freiwillig gewährten Vergütung verboten ist.

Dagegen ist die Bestellung eines Pfandrechts für den bedingten, als solcher bereits zum Vermögen des Vermittlers gehörigen Anspruch zulässig. Ein solcher Pfandvertrag ist noch keine Vergütungserhebung (a. M.: Fischer Anm. 13; s. aber § 6 Anm. 4); aus § 6 ergibt sich, daß der Kunde des Stellenvermittlers ein diesem zunächst rechtsbeständig bestelltes Pfandrecht an einer Sache durch Rückfordern des letzteren wieder gegenstandslos machen kann.

Die Verbindung eines anderen Vertrags mit einem Stellenvermittlungsvertrag ist zweifellos zulässig und nur insoweit unzulässig, als die Schranke des § 3 Abs. 5 einsetzt (s. Anm. 16 § 3).

Insoweit mit dem Stellenvermittlungsvertrag ein anderer Vertrag nach § 3 Abs. 5 zulässigerweise verbunden ist, ist für diesen die Art der Vergütung eine von der Vermittlungsgebühr vollständig getrennte und jene daher auch unbeschränkt zulässig (a. M. ohne Begründung: Fischer Anm. 13).

Ob und inwieweit neben der Vermittlung eines Vertrags (§ 1 Ziff. 1) oder dem Gelegenheitsnachweis nach Maßgabe des § 1 Ziff. 2 noch ein besonderer Vertrag (nicht stellenvermittelnder Art), z. B. ein Werkvertrag, zustande kommt, ist Tatfrage.

16. Die drei Voraussetzungen des Erstattungsanspruchs für bare Auslagen sind:

a) **Auf Verlangen** müssen die baren Auslagen gemacht sein.

Diese Voraussetzung ist nur in Verbindung mit der zweiten Voraussetzung „und nach Vereinbarung mit dem Auftraggeber" richtig zu verstehen. Sie besagt: es genügt nicht nur, daß überhaupt eine Erstattung von Barauslagen vereinbart wurde, auch die Art der Barauslagen muß vereinbart oder ausdrücklich verabredet sein, daß die Art der Barauslagen der Wahl des Stellenvermittlers überlassen wird. Sind z. B. Barauslagen für persönliche Erkundigungen und Gänge des Stellenvermittlers bis zum Höchstbetrage von 10 ℳ vereinbart, so kann diese Summe nicht gefordert werden, wenn der Stellenvermittler statt jener persönlichen Tätigkeiten, Auskünfte von Auskunftsinstituten oder -personen gewählt hat.

A. M.: Fischer Anm. 14 I b, der in den Worten „auf Verlangen" den gesetzlichen Ausdruck der Voraussetzung sieht: „das Verlangen (auf Vereinbarung von Barauslagenerstattung) habe vom Kunden, nicht vom Stellenvermittler auszugehen; eine Vereinbarung, die auf den Antrag des letzteren abgeschlossen werde, sei nichtig." Ein solches „ganz ungewöhnliches Erfordernis" findet aber weder in der Gesetzesfassung noch in den ganz allgemeinen wirtschaftlichen Grundlagen aller Verträge eine ausreichende Begründung.

b) **Nach Vereinbarung mit dem Auftraggeber** müssen die Barauslagen verwendet sein. Das Wort „nach" hat hier wie auch sonst die Bedeutung „gemäß" einer Vereinbarung; nicht aber, wie Fischer Anm. 14 I a annimmt, eine zeitliche Bedeutung, so daß nur bei vorangegangener Vereinbarung auf Barauslagenerstattung diese zulässig wäre. Zweifellos kann eine solche auch nachträglich getroffen werden; anderenfalls wäre ohne ersichtlichen Grund und ohne ausreichende gesetzliche Bestimmung die Anwendbarkeit des § 184 StGB. für den Stellenvermittlungsantrag einfach beseitigt.

c) **Als notwendig hinreichend nachgewiesen müssen endlich die Auslagen sein.** Hahn erklärt Anm. 11: „Ein hinreichender Nachweis liegt nur vor, wenn die Quittungen über die gemachten Auslagen vorgelegt werden." Diese Annahme ist völlig willkürlich; es kann nicht dem mindesten Zweifel unterliegen, daß die Frage, ob ein „hinreichender Nachweis" vorliegt, auch hier gemäß § 286 ZPO., § 260 StPO. (sofern die Feststellung in einem Strafverfahren aus § 12 Ziff. 4 zu treffen ist) völlig freiem richterlichen Ermessen unterliegt (gl. A.: Fischer a. a. O.).

17. **Die Auslagen des § 5** sind, wie in der rechtsanalogen Vorschrift des § 2 RG. betr. die Abzahlungsgeschäfte vom 16. Mai 1894, alle Aufwendungen, die infolge der konkreten Stellenvermittlertätigkeit (hinreichend nachweisbar) notwendig gemacht sind.

Es entfallen daher alle Auslagen, die durch die Geschäftseinrichtung des Stellenvermittlers im allgemeinen veranlaßt sind.

Hierzu gehören aber Schreibgebühren, die anläßlich einer konkreten Stellenvermittlertätigkeit entstanden, ganz zweifellos nicht; sie sind eben nicht durch die allgemeine Geschäftseinrichtung entstanden, sondern anläßlich eines Einzelakts des Geschäftsbetriebs (gl. A.: v. Köhler Anm. 10; — a. M.: Fischer a. a. O.).

Es gehören ferner zu den Auslagen außer den ebenerwähnten Schreibgebühren, Inseraten-, Depeschen-, Porto- und Reisekosten.

Nicht erforderlich ist die Kausalität der entstandenen Auslagen mit dem schließlich mit einer bestimmten Person vermittelten Vertrag. Das Zustandekommen des letzteren hatte zur historischen, wenn auch negativen Voraussetzung, daß zuvor andere Bemühungen und Erkundigungen des Mittlers nach anderer Richtung vorausgegangen sind, ehe der wirklich sachdienliche Vertragsabschluß möglich wurde. Der Stellenvermittler, der für seinen Kunden sich bei drei Arbeitsstellen erkundigt, von diesen eine endlich fand, kann somit Reisekosten zu allen drei Stellen erfordern.

Der Nachweis einer Barauslage für die einzelne Stellenvermittlung wird auch dadurch nicht ausgeschlossen, daß eine Auslage gleichzeitig für mehrere Stellenvermittlungen aufgewendet ist. Eine quotenmäßige Verteilung jener Auslage auf den einzelnen Fall, also z. B. der quotenmäßigen Auslagenberechnung eines Inserats für drei Arbeitsuchende zu Lasten jedes Einzelnen derselben zu einem Quotenbetrage, ist rechtlich konstruktionell völlig bedenkenfrei (a. M. ohne ausreichende Begründung: Fischer Anm. 14 I d).

Auslagenvorschüsse sind zulässig; sie enthalten nicht eine „Vergütung anderer Art" neben der Gebührenforderung und werden daher durch das Verbot § 5 Abs. 1 Satz 1 nicht betroffen; die Vereinbarung eines Auslagenvorschusses ist eine Sicherungsabrede gegen einen Verlust an Auslagen, die das Gesetz nicht verwehrt (gl. A.: Hahn Anm. 11; — a. M.: Fischer Anm. 13).

18. **Das Mitteilen der Taxe** schreibt der Abs. 4 vor:

nur an den Stellesuchenden mit der Festlegung des Zeitpunkts jener Mitteilung dahin, daß diese:

vor Abschluß des Vermittlungsgeschäfts zu erfolgen hat. Unter Vermittlungsgeschäft kann nach dem Wortsinn nur der Stellenvermittlungsvertrag gemeint sein, so daß bis zu dem Zeitpunkt, wo jener zwischen den genannten Personen zustandekommt, der späteste Zeitpunkt jener Mitteilung festlegt ist (gl. A.: Schmid I S. 31; — a. M.: Fischer, Anm. 15 I, der es als „dem vom Gesetze verfolgten Zwecke für vollkommen genügend erachtet, wenn der Stellensuchende die Höhe der Taxe nur erfährt, bevor er den Arbeitsvertrag abschließe"; wäre dies die Gesetzesabsicht, so würde statt der Worte: „vor Abschluß des Vermittlungsgeschäfts“ im Abs. 4 gesagt werden: vor Abschluß des „vermittelten“ Geschäfts.

19. **Die Herausgabe von Stellen- und Vakanzenlisten** erfüllt den Begriff der besonderen gewerbsmäßigen Stellenvermittlung (vgl. Anm. 6b ββ).

Streitig ist die Bestimmung des Begriffsteils „Herausgabe“. Eine Herausgabe eines zur Mitteilung an andere bestimmten Erzeugnisses verlangt sprach- und verkehrsgebräuchlich die Vermittlung und Erwirkung des öffentlichen Erscheinens jenes Erzeugnisses (vgl. auch Oppenhoff Rechtspr. 3, 503). Die Herausgabe von Stellen- und Vakanzenlisten erfordert daher Vervielfältigung durch Buchdruck oder eine diesem gleichstehende Maßnahme (gl. A.: Hoffmann Anm. 12; — a. M.: Fischer Anm. 16).

Die Folge des Wesensunterschieds zwischen dem Herausgeber jener Listen als besondere gewerbsmäßige Stellenvermittler und den gewöhnlichen gewerbsmäßigen Stellenvermittler des § 1 s. Anm. 6b § 1 bedingt die rechtliche Sonderstellung jener Listenherausgeber.

Sie haben weder einen Vertragsabschluß zu vermitteln, noch auch die Gelegenheit zu einer Stellenerlangung nachzuweisen.

Nur die Möglichkeit zur eigenen Auswahl einer der freien Stellen soll der Herausgeber von Listen durch diese einem Arbeitgeber oder -nehmer gewähren.

Die Stellenvermittlungstätigkeit des Listenherausgebers ist mit der Abgabe der einzelnen Listen und sofern auf diese während eines bestimmten Zeitraums abonniert ist, der abonnierten Listen beendet.

Hieraus ergibt sich:

a) Der Gebührenanspruch des Listenherausgebers ist unabhängig von dem Zustandekommen eines Vertrags über eine in den Listen an- oder ausgebotene Stelle.

Eine Inanspruchnahme des Listenherausgebers durch Arbeitgeber und Arbeitnehmer rücksichtlich einer Stelle ist nach der vorgedachten Tätigkeit des Listenherausgebers ausgeschlossen.

Aus diesen Gründen ist im Abs. 5 die Anwendbarkeit des Abs. 2 des § 5 auf jene Herausgeber ausgeschlossen.

b) Die Übergabe der einzelnen Listen beendet zwar die Tätigkeit des Listenherausgebers, erschöpft aber dessen Tätigkeit als gewerbsmäßiger Stellenvermittler nicht.

Das spricht Abs. 5 § 5 ganz zweifellos aus, indem er lediglich den Abs. 2 des § 5 auf jene Listenherausgeber für unanwendbar erklärt;

dem gegenüber auch andere Teile des § 5 für unanwendbar zu erklären — wie Fischer Anm. 16 ausführt —, ist willkürlich, solange solche Ausnahmen dem klaren Gesetzeswortlaut gegenüber nicht schlüssig begründet werden.

Der Abs. 1 des § 5 ist somit zuvörderst auch auf die Listenherausgeber anwendbar und zwingt diese, für die einzelne Liste nur die festgesetzte Taxgebühr zu fordern.

Der Abs. 3 des § 5 ist gleichfalls vollinhaltlich hier, und zwar unstreitig, anwendbar. Dem Listenherausgeber ist daher verboten, neben der Taxgebühr noch eine andere Vergütung zu fordern, wozu ein nur noch knapper Listenvorrat bei besonders starker Nachfrage an einem einzelnen Tage nur zu leicht verführt.

Die Erstattung von Barauslagen neben dem Listenpreis ist auch hier von besonderer Vereinbarung und dem Nachweis ihrer Notwendigkeit abhängig.

Der Abs. 4 des § 5 ist hier anwendbar; er ist legislatorisch nur eine Ergänzung der Schutzvorschrift des Abs. 3. A. M. Fischer, der Satz 1 des Abs. 4 hier für unanwendbar erachtet.

c) Die Vertragsart, unter der zwischen Listenherausgeber und Arbeitgeber oder -nehmer die Abgabe der Listen sich vollzieht, ist nicht nur einfacher Kauf. Dies schon um deswillen nicht, weil hier die Preisbezifferung durch freiwillige Vertragsfestsetzung durch Abs. 1 § 5 ausgeschlossen; es wird ferner auch nicht die einzelne Liste als körperliche Sache gegen die Taxgebühr veräußert, sondern die Aneignungs- und Verwertungsmöglichkeit des Listeninhalts soll nach der wechselseitigen Vertragsabsicht von dem Listenherausgeber seinem Kunden vermittelt werden.

Die Vertragsart des Rechtsgeschäfts zwischen Listenherausgeber und seinem Kunden bleibt somit immer ein Stellenvermittlungsvertrag besonderer Art, und als solcher eine durch das Reichsgesetz besonders geregelte Unterart des Mäklervertrags, der dadurch, daß zugleich eine Liste zu übereignen ist, ein pactum mixtum wird; und zwar in dem Sinne, daß Vorschriften des Stellenvermittlungsvertrags in erster, in zweiter Linie erst Vorschriften über den Kauf, und zwar nur rechtsanalog, anwendbar sind. Dies ist vor allem für die Fragen der Gewährleistung von Bedeutung. A. M.: Fischer a. a. O., der hier nur einen Kauf einer Liste als vorliegend erachtet. Mit der vorerwähnten Darlegung stimmen auch die Verwaltungsvorschriften überein, die den Geschäftsbetrieb der Herausgeber von Stellen- und Vakanzenlisten regeln (s. für Preußen MinVf. vom 18. Aug. 1910, S. 147; für Bayern Bek. vom 6. Okt. 1910 § 21,

S. 169; für Sachsen VO. vom 2. Juni 1910 § 2 Abs. 4, S. 191, und Anlage I der VO. vom 20. Okt. 1910, S. 193).

20. **Eine strafrechtliche Ergänzung** haben die Vorschriften des § 5 durch § 12 Abs. 1 Ziff. 4, Abs. 2, § 13 Abs. 1 Ziff. 1 gefunden.

§ 6.[1]

Die Stellenvermittler dürfen Dienstbücher (Gesindebücher), Arbeitsbücher, Zeugnisse, Ausweispapiere und sonstige Gegenstände,[2] die aus Anlaß der Stellenvermittlung[3] in ihren Besitz gelangt sind, gegen den Willen des Eigentümers[4] nicht zurückbehalten,[5] insbesondere an solchen Gegenständen ein Zurückbehaltungs- oder Pfandrecht nicht ausüben.[6] [7]

1. **Die Stellung des § 6** im Rechtssystem und damit die Tragweite der Vorschrift bedarf für die richtige Auslegung des Paragraphen zuvörderst der Klarstellung.

Schon die erst durch die Reichstagskommission veranlaßte Entstehung des § 6 durch die wörtliche Entnahme aus Ziff. 11 der früheren preußischen Ministerial-Vf. vom 5. März 1907; ferner die Hauptgegenstände der Vorschrift, die diese voranschickt und die körperliche Sachen, nur einem Kunden des Stellenvermittlers gehörige, sind; ferner die Einschiebung des § 6 unmittelbar hinter § 5 — alle diese Momente zeigen: der § 6 will ausschließlich zwischen Vermittler und Kunden der Umgehung der Vorschrift des § 5 Abs. 3 Satz 1 entgegentreten, daß durch „Zurückbehalten" von Gegenständen seitens des Vermittlers diesem neben der Vermittlungsgebühr noch eine andere Vergütung zuteil wird.

Es ist daher schon hiernach völlig ausgeschlossen, daß — wie Fischer Anm. I, II ausführt — der § 6 außerhalb des Rechtsverhältnisses zwischen Stellenvermittler und Kunden „das Bürgerliche Gesetzbuch und die Zivilprozeßordnung abgeändert", insbesondere „in höchst eigenartiger Weise die Zivilprozeßordnung geändert habe".

Eine solche Durchbrechung allgemeiner zivilrechtlichen Vorschriften anläßlich des Abschlusses eines Stellenvermittlungsvertrags zwischen zwei Personen, völlig unbeteiligten Dritten gegenüber, hätte ja auch ganz zweifellos eine ausdrückliche gesetzliche Feststellung gefunden.

2. **Die körperlichen Sachen** die § 6 begreift, sind zuvörderst diejenigen, die im Sinne der §§ 90 und 854 BGB. ein „in Besitz gelangen" zulassen, also nur körperliche Gegenstände. Als namentlich für Arbeitnehmer besonders wichtige körperliche Sachen hebt der

Paragraph die Dienstbücher, Arbeitsbücher, Zeugnisse und Ausweispapiere besonders hervor.

3. **Aus Anlaß der Stellenvermittlung** ist ein Besitz an einer Sache nur erlangt, wenn die Besitzerlangung in ursächlichem Zusammenhange mit der Stellenvermittlungstätigkeit besteht. Hierzu nötigt der Wortsinn „aus Anlaß" der nicht mit dem Wortsinn „gelegentlich" zusammenfällt (gl. A.: Stenglein § 6 Nr. 3; a. M.: Fischer, der jede Besitzerlangung von § 6 als betroffen erachtet, die aus einem Vertrage stammt, zu dem der Abschluß eines Stellenvermittlungsvertrags den zufälligen Anlaß geboten).

4. **Der Eigentümer**, gegen dessen Willen jedes Zurückbehalten einer — anläßlich der Stellenvermittlung von dem Stellenvermittler in Besitz erlangten — Sache unzulässig, ist zuvörderst derjenige, der zu der Zeit Sacheigentümer ist, wo die Zurückhaltung jener Sache seitens des Stellenvermittlers erklärt wird.

Ein Eigentümer, dem die Sache zu der Zeit gehörte, als an ihr der Stellenvermittler den Besitz erlangte, würde wie sonst auch hier zu jener Willenserklärung nicht aktiv legitimiert sein.

A. M.: Fischer Anm. 3b, der den letztgenannten Eigentümer als den im § 6 genannten Eigentümer versteht. Als Hauptgrund für seine Ansicht führt Fischer aus: „Es würde — anderenfalls — die Vorschrift (§ 6) versagen, wenn der Stellenvermittler die Sache erworben habe; es sei aber ganz unmöglich, daß das Gesetz auf der einen Seite Schutz gegen bloße Pfandbestellung gewähre, auf der anderen Seite aber gegen die wirtschaftlich noch viel weiter gehende Eigentumsübertragung wehrlos machen wolle." Allein hierbei ist übersehen, daß jede Eigentumsübertragung an einer körperlichen Sache — sie mag von dem Kunden oder einem Dritten ausgegangen sein — die „aus Anlaß der Stellenvermittlung" (über die richtige Auffassung dieses Begriffs s. vorstehende Anm. 3!) an den Stellenvermittler erfolgte, stets neben der bereits gezahlten oder erst zu zahlenden Gebühr eine „Vergütung anderer Art" enthält; diese ist gemäß § 5 Abs. 3 Satz 3 verboten und daher auch die bezügliche Eigentumsübertragung nichtig.

Aus dem eben gedachten Beispiel in Verbindung mit dem Gesetzeswortlaut erhellt zugleich:

Nicht nur der Kunde des Stellenvermittlers, sondern auch ein Dritter kann der Eigentümer der Sachen sein.

Der Wille des Eigentümers der Sachen zu der Zeit, wo an ihnen der Stellenvermittler den Besitz erlangte, ist rechtswirkungslos, daher nicht geeignet, den Besitz der Sachen dem Stellenvermittler zu belassen, andererseits aber auch unzureichend, den Besitz zu erfordern, wenn rechtserzeugende oder -übertragende Akte in die Verfügungsgewalt des Sacheigentümers eingegriffen haben (vgl. Anm. 1!).

Aus dem Erwähnten ergibt sich ferner als selbstverständlich: Hat nach der Erlangung des Besitzes an den Sachen durch den Stellenvermittler deren Eigentümer das Eigentum an den Sachen gemäß § 931 BGB. an einen Dritten übertragen, so ist dieser ja nunmehr „Eigentümer" und daher nur er berechtigt, die Herausgabe der Sachen zu erfordern.

Hat der Eigentümer ein Pfandrecht an den im Besitz des Stellenvermittlers befindlichen Sachen gemäß § 1205 Abs. 2 BGB. einem Dritten übertragen, so ist — wenn nicht Mitbesitz des Eigentümers vereinbart ist — nur noch der Pfandgläubiger berechtigt zu der Willenserklärung, ob an seiner Stelle der Stellenvermittler den ferneren Besitz der Sachen behalten soll (vgl. Anm. 1!).

Ist ein Pfändungs- und Überweisungsbeschluß ergangen, der den Herausgabeanspruch des Sacheigentümers einem Dritten überträgt (§ 846 ZPO.), so ist nur dieser zu der Willenserklärung berechtigt, ob dem Stellenvermittler der Sachbesitz weiter zu belassen ist oder die Sachen gemäß § 847 ZPO. an den Gerichtsvollzieher herauszugeben sind.

A. M.: Fischer, der in den drei soeben erwähnten Fällen ohne den Willen des Eigentümers zur Zeit der Erlangung des Besitzes an den Sachen durch den Stellenvermittler den Rechtsbestand der vorerwähnten Akte verneint, und zwar auf Grund der — Anm. 1 vorstehend bereits wiederlegten — Annahme, daß der § 6 das Bürgerliche Gesetzbuch, wie die Zivilprozeßordnung ändere.

5. **Ein Zurückbehalten** bedeutet hier nicht nur, das Zurückbehalten auf Grund eines Zurückbehaltungsrechts das § 273 BGB. erwähnt; das Zurückbehalten umfaßt auch eine Leistungsverweigerung aus § 320 BGB., und ferner das Zurückbehalten auf Grund eines Rechts zum Besitz, wie etwa aus § 535 BGB.

Zurückbehaltungsrecht: s. § 273 BGB. und sofern der Stellenvermittler Kaufmann § 369—372 HGB.

Pfandrecht: s. §§ 1204 ff. BGB.

6. **Der Empfangsberechtigte**, der im § 6 gedachten Sachen, wird durch die allgemeinen Vorschriften des BGB. bestimmt; nach diesen hat der Stellenvermittler zu bestimmen, ob anstatt des Eigentümers (Anm. 4) ein Anderer (Anm. 4) zum Empfange der Sachen berechtigt.

Der Wille des Eigentümers bzw. die Zustimmung des letzteren ist daher hier nicht stets ausreichend, und wo Zweifel bestehen über die

Person des Empfangsberechtigten wird daher seitens des Stellenvermittlers gemäß §§ 372—382 bzw. §§ 383—386 BGB. zu verfahren sein.

7. **Die Entscheidung der Frage**, ob der Stellenvermittler nur zur Duldung der Fortnahme der Sachen durch den Empfangsberechtigten oder zur Übersendung der Sachen, im letzten Falle auf seine oder des Berechtigten Kosten, verpflichtet, ist nach dem Vorliegen des Einzelverhältnisses nach den für diese bestehenden allgemeinen Vorschriften zu entscheiden (gl. A. in diesem Punkt: Fischer Anm. 3 Ia). Es ist daher — in dieser Allgemeinheit — nicht zutreffend, wenn Szczesny Anm. 2 und Hoffmann Anm. 9 annehmen: „Der unbefugten Zurückbehaltung sei es gleich zu achten, wenn der Stellenvermittler ohne Einverständnis des Adressaten Gegenstände unter Nachnahme durch die Post zurückschicke."

§ 7.[1]

Stellenvermittler, welche für weibliche Personen Stellen im Ausland[2] vermitteln,[3] haben der für ihren Gewerbebetrieb zuständigen Polizeibehörde[4] ein Verzeichnis der Namen dieser Personen und der ihnen vermittelten Stellen nach näherer Anordnung[5] regelmäßig[6] vorzulegen.[7]

1. **Der legislatorische Hauptzweck** des § 7 ist nach der Entstehungsgeschichte, dem Mädchenhandel nach dem Auslande vorzubeugen.

2. **Ausland** im Sinne der Anwendbarkeit der zivil-, straf- und verwaltungsrechtlichen Vorschriften dieses Gesetzes sind alle Staatsgelände die nicht zum Reichsgebiet einschließlich Elsaß-Lothringen und Helgoland gehören. Die deutschen Schutzgebiete zählen daher hier zum Ausland; jene gehören zum Reichsgebiet allgemein nur völkerrechtlich und im besonderen nur für die Anwendbarkeit derjenigen Reichsgesetze, die ihre einzelnen Vorschriften auch auf die Schutzgebiete erstrecken.

3. **Der Begriff vermitteln** ist hier im allgemeinen Sinne zu verstehen, mithin die gewerbsmäßige Stellenvermittlung im engen Sinne § 1 Ziff. 1 und im weiten Sinne § 1 Ziff. 2 umfassend (vgl. Anm. 3 § 1); hierzu nötigt schon zwingend der Gesichtspunkt, daß (vorstehend Anm. 1) in beiden Fällen der Stellenvermittlung eine Abwehr des Mädchenhandels als notwendig hervortritt, welchem Zwecke der § 7 dient (s. vorstehend Anm. 1). A. M.: Fischer Anm. 3, der unter Vermitteln nur die gewerbsmäßige Stellenvermittlung im engen Sinne des § 1 Ziff. 1 versteht.

Auf die Herausgeber von Stellen- und Vakanzenlisten — die besonderen gewerbsmäßigen Stellenvermittler Anm. 6 b α § 1 — ist der § 7 unanwendbar; ihrer Kenntnisnahme ist ja regelmäßig entzogen, zu welchem Zwecke die einzelne Liste bezogen wird.

4. **Die zuständige Polizeibehörde** des § 7 ist durch Verwaltungsvorschriften bestimmt.

In Preußen bestimmt die VO. vom 9. Aug. 1910 Ziff. 5 (s. S. 118): „Polizeibehörde im Sinne des § 7 des G. ist die Ortspolizeibehörde." Danach ist die zuständige Ortspolizeibehörde diejenige, in deren Amtsbezirk die gewerbliche Niederlassung des einzelnen Stellenvermittlers gelegen ist.

In Bayern ist gemäß § 1 Abs. 4 u. 5 der Bek. vom 6. Okt. 1910 (s. S. 163) die zuständige Polizeibehörde die Distriktspolizeibehörde, für München die Polizeidirektion.

In Sachsen ist gemäß § 4 der VO. vom 27. Aug. 1910 (s. S. 191) und dem in diesem § 4 zitierten § 2 der AusfVO. zur GewO. die zuständige Polizeibehörde regelmäßig die Amtshauptmannschaft oder der Stadtrat.

5. **Die Tragweite und Bedeutung der Worte: nach näherer Anordnung** ist zweifelhaft.

Die Gesetzesvorschrift besagt nicht, daß die durch sie den Stellenvermittlern auferlegte Verpflichtung davon abhängt, daß die zuständige Polizeibehörde eine Anordnung aus § 7 überhaupt erläßt. Der ganz allgemeine öffentlichrechtliche Gesetzeszweck, den Mädchenhandel zu bekämpfen, schließt es völlig aus, die Realisierung jenes Gesetzeszwecks einfach dem freien Belieben jeder einzelnen Ortspolizeibehörde zu überlassen, wie Fischer Anm. 5 annimmt.

Jenem Gesetzeszweck entsprechend wird vielmehr durch § 7 — allerdings in einer wenig geeigneten Wortfassung — zum Ausdruck gebracht: Die zuständigen Polizeibehörden haben Anordnungen aus § 7 zu erlassen; der nähere Inhalt der einzelnen Anordnung ist aber der örtlichen Polizeibehörde überlassen, um jene den lokalen Verhältnissen und Bedürfnissen sachentsprechend anzupassen.

Die Gesetzesvorschrift gestattet aber andererseits den Ortspolizeibehörden nicht, die einzelnen Stellenvermittler in einem einzelnen Ortspolizeibezirk verschieden zu behandeln, neben einer allgemeinen örtlichen Polizeianordnung, noch eine verschiedenartige einzelne Ortspolizeiverfügung an einen einzelnen Stellenvermittler zu erlassen, wie Fischer Anm. 5 annimmt.

Unter Anordnung ist, wie sonst auch hier, nur eine allgemeine Anordnung zu verstehen.

Besondere Anordnungen an einzelne Stellenvermittler können nur auf Grund des § 8 des G. durch allgemeine Verwaltungsvorschrift den Ortspolizeibehörden gestattet werden.

In Bayern ist dies allerdings, und zwar unter ausdrücklicher richtiger Definition des Begriffs „Anordnung" durch § 1 Abs. 4 der Bek. vom 6. Okt. 1910 (s. S. 163) und § 2 Abs. 3 der Bek. vom 6. Okt. 1910 (s. S. 174) geschehen; beide Vorschriften verordnen zu § 7 des G. ausdrücklich, die zuständige Polizeibehörde habe „Anordnungen über die Vorlegung des Verzeichnisses für die Stellenvermittler im allgemeinen oder veranlaßtenfalls besondere Anordnungen für die einzelnen Stellenvermittler zu erlassen".

Der Inhalt der näheren Anordnung kann für den Inhalt des Verzeichnisses die Feststellung aller derjenigen Sachmomente erfordern, die unmittelbar oder mittelbar für eine Entscheidung erheblich sein können, ob ein vermittelter Stellenvertrag nur die Formhülle für die Verdeckung eines unsittlichen Mißbrauchs einer weiblichen Person ist. Zu diesem Zwecke können Verzeichnisangaben erfordert werden, die sowohl die Person der weiblichen Arbeitnehmerin, wie die Person, die Vermögens-, Lebens- und Berufsverhältnisse des ausländischen Arbeitgebers näher beschreiben.

6. **Der Zeitpunkt der regelmäßigen Vorlegung des Verzeichnisses** war von der Reichstagskommission dahin präzisiert worden, daß das Verzeichnis „alsbald nach erfolgter Stellenvermittlung und vor Antritt der Stelle" vorzulegen sei. Eine solche Gesetzesbestimmung ist zwar als undurchführbar wieder fallen gelassen worden; unverkennbar ist auch eine solche ganz allgemeine gesetzliche Vorschrift nicht in allen Stellenvermittlungsfällen durchführbar.

Die soeben gedachte Gesetzesgeschichte schließt aber nicht aus, lokal, namentlich in Polizeibezirken an der Meeresküste, durch allgemeine Polizeianordnung die Vorlegung des Verzeichnisses vor Antritt der Stelle zu erfordern (gl. A.: Hoffmann Anm. 3).

7. **Die strafrechtliche Ergänzung** der Vorschrift des § 7 wird durch § 13 Ziff. 1 gegeben.

Eine analoge Ausdehnung der Gesetzesvorschrift des § 7 ist in Preußen durch Erl. vom 19. Aug. 1910 Ziff. 13 (s. S. 127) für zwei bestimmte Stellenvermittlungsfälle im Inlande erfolgt. Die Ziff. 13 cit. bestimmt: Stellenvermittler, welche Stellen an Kellnerinnen und sonstige in Schankräumen tätige weibliche Angestellte, sowie für Ammen im Inlande vermitteln, haben der Ortspolizeibehörde nach näherer Anweisung regelmäßig Verzeichnisse der vermittelten Stellen dieser Art einzureichen.

§ 8.

Die Landeszentralbehörde[1] kann weitere Bestimmungen[2] über den Umfang der Befugnisse und Verpflichtungen[3] sowie über den Geschäftsbetrieb[4] der Stellenvermittler[5] erlassen.

1. **Die Landeszentralbehörde** ist wie in dem für die Stellenvermittlung aufgehobenen § 38 GewO. diejenige Zentralbehörde des einzelnen Bundesstaats, der nach der Verwaltungseinrichtung des letzteren die Regelung der gewerblichen Staatseinrichtungen als höchster Verwaltungsbehörde obliegen.

In Preußen ist es der Minister für Handel und Gewerbe (s. dessen Verordnungen S. 117 ff.; s. dagegen Anm. 2 § 15).

In Bayern ist es der Minister des Kgl. Hauses und des Äußern (s. dessen Verordnungen S. 163 ff.).

In Sachsen ist es das Ministerium des Innern (s. dessen Verordnungen S. 192 ff.).

Die Abweichung der Gesetzesfassung des § 8 von der des § 5 des G. zeigt, daß eine Übertragung des Rechts, „weitere Bestimmungen" im Sinne des § 8 zu treffen, seitens der Zentralbehörde auf eine ihr untergeordnete Behörde unzulässig ist (gl. A.: Hoffmann Anm. 2, Fischer Anm. 1).

Streitig ist mit Rücksicht darauf, daß in Preußen der König selbst und nicht der Minister die AusfVO. vom 25. Juli 1910 (s. S. 115) erlassen, der Rechtsbestand der letzteren (vgl. Fischer Anm. 4 zu § 2). Der Streit ist gegenstandslos; ein Prüfungsrecht jener Kgl. Verordnung ist den Gerichten durch Art. 106 Abs. 1 u. 2 der preuß. Verfassung entzogen (s. auch Stenglein 1, 1063).

Über das richterliche Prüfungsrecht der Gültigkeit des Inhalts zentralbehördlicher Bestimmungen aus § 8 s. folgende Anm. 2.

2. **Die rechtliche Natur der weiteren Bestimmungen**, die § 8 den Landeszentralbehörden gestattet, ist, wie die Begründung zu § 5 des Entwurfs und der Kommissionsbericht (S. 19) zeigt, die einer „Ermächtigung, die gesetzlichen Beschränkungen zu verschärfen und zu erweitern", soweit sie den Umfang der Befugnisse und Verpflichtungen und den Geschäftsbetrieb des Stellenvermittlers betreffen.

Hieraus ergibt sich:

a) Das Wesen landeszentralbehördlicher Bestimmungen aus § 8 steht dem Wesen einer reichsgesetzlichen Bestimmung gleich. Der § 8 will, daß an Stelle des Reichsgesetzes die Landeszentralbehörde die Bestimmungen des gedachten Inhalts trifft.

Die Folge ist:

Bestehende landesgesetzliche Vorschriften treten mit dem Augenblicke außer Kraft, wo sie aufnehmende oder aufhebende zentralbehördliche Bestimmungen bekanntgegeben sind. Denn auf letztere hat nach der gedachten reichsgesetzgeberischen Ermächtigung Art. 2 der Reichsverfassung entsprechend Anwendung zu finden (vgl. auch Laband, Staatsrecht 1, 595).

Bestehende landesgesetzliche Vorschriften, deren Inhalt von landeszentralbehördlichen Bestimmungen aus § 8 nicht berührt werden, bleiben in Kraft, selbstverständlich unter der Voraussetzung, daß sie durch das Stellenvermittlergesetz nicht inhaltlich aufgehoben sind, und zwar ex argumento des Art. 2 RV. (a. M.: Hoffmann Anm. 7 mit Rücksicht darauf, daß § 38 Abs. 1 in der Fassung von § 8 des Gesetzes abweicht; — gl. A.: Fischer Anm. 3 § 8).

Neue landesgesetzliche Vorschriften können unter denselben soeben gedachten Voraussetzungen, unter denen bisherige fortbestehen, erlassen werden. Auch das ergibt sich aus Art. 2 der Reichsverfassung. Fischer Anm. 4 § 2 macht aber hier zur — beweislos gebliebenen — Voraussetzung, daß bei dem Zustandekommen solcher landesgesetzlichen Vorschriften „die beteiligten zuständigen Ministerien gegengezeichnet sind".

b) Der allgemeine Inhalt der zentralbehördlichen Bestimmungen wird durch die Begründung an die Voraussetzungen einer Verschärfung und Erweiterung der gesetzlichen Bestimmungen des Stellenvermittlergesetzes gebunden.

Jede behördliche Bestimmung ist daher ausgeschlossen, die gesetzliche Bestimmungen des Stellenvermittlergesetzes mildert oder gar einschränkt.

c) Das Rechtsgebiet, dem die zentralbehördlichen Bestimmungen angehören, ist sowohl das zivilrechtliche wie das öffentlichrechtliche; wie § 38 GewO. können daher jene Bestimmungen den Pflichtenkreis des Stellenvermittlers der Behörde wie dem Publikum gegenüber unter Erweiterung und Verschärfung der Vorschriften des Stellenvermittlergesetzes festsetzen (vgl. RGZ. 67, 406 zu § 38 GewO.; gl. A.: Hahn Anm. 1; Szczesny Anm. 1; Fischer Anm. 5).

d) Die Beschränkung der zentralbehördlichen Bestimmungen besteht aber darin, daß § 8 wohl den Pflichtenkreis des Stellenvermittlers als solchen den behördlichen Aufsichtsbestimmungen unterwirft, nicht aber einen Eingriff in den Kreis derjenigen Rechte gestattet, die dem zivilrechtlichen Gegenkontrahenten des Stellenvermittlers aus dem Stellenvermittlungsvertrag als einem besonders geregelten Mäklervertrag zustehen (gl. A.: Anm. 4 § 8).

e) Das richterliche Prüfungsrecht der landeszentralbehördlichen Bestimmungen ist mit der Klarlegung ihres vorstehend unter a bis d besprochenen Wesens derselben zugleich ersichtlich.

Strafvorschriften, die in jenen behördlichen Bestimmungen enthalten, gestatten lediglich die Prüfung, ob die zuständige Behörde, in der für die Bekanntgabe ihrer Verordnung vorgeschriebenen Form jene Bestimmungen bekanntgemacht hat und ob die Strafvorschriften auch „Stellenvermittler" (s. folgende Anm. 5, auch 4) betreffen.

Der Verwaltungszweck jener Bestimmungen ist aber richterlicher, und zwar auch verwaltungsrichterlicher Prüfung entzogen. Die — allerdings ganz einzigartige — Freiheit, die der Reichsgesetzgeber durch § 8 den zuständigen Ministerien der Bundesstaaten gewährt, verwehrt jede richterliche Prüfung der Zweckmäßigkeit der von jenen Ministern erlassenen Bestimmungen.

Es ist daher richterlicher Entscheidung nicht unterstellt, ob die erlassenen einzelnen zentralbehördlichen Bestimmungen „aus gewerbepolizeilichen Erwägungen für notwendig gehalten wurden". A. M.: Hoffmann Anm. 4, der — ohne allerdings die Frage der rechtlichen Nachprüfung zu erörtern — ausführt: „Dem Stellenvermittler dürften keine Verpflichtungen auferlegt werden, die nicht aus gewerbepolizeilichen Erwägungen für notwendig gehalten werden." Fischer Anm. 5 I a aber führt aus — allerdings ebenfalls ohne auf die Frage des richterlichen Prüfungsrechts einzugehen —: „Es sei aus nichts zu ersehen, weshalb nur solche Verpflichtungen auferlegt werden dürften, die gerade aus gewerbepolizeilichen Erwägungen für notwendig gehalten werden."

Die zivilrechtlichen Vorschriften der zentralbehördlichen Bestimmungen unterliegen dagegen der freien richterlichen Prüfung, ob durch sie in die zivilrechtlichen Rechte eingegriffen werden die dem Gegenkontrahenten des Stellenvermittlers aus dem Stellenvermittlungsvertrag, als einem besonders geregelten Mäklervertrag, entstanden sind. (Vorstehend unter d.) Soweit dies in einer zentralbehördlichen Vorschrift geschehen, ist dieselbe rechtsungültig.

3. **Befugnisse und Verpflichtungen der Stellenvermittler zivilrechtlicher Natur** enthalten folgende auf Grund des § 8 erlassene Bestimmungen:

in Preußen: §§ 17, 18, 19, 20 der Vf. vom 19. Aug. 1910 (s. S. 121 ff.);
Ziff. 9, 10, 11, 13 der Vf. vom 19. Aug. 1910 (s. S. 137 ff.);
Ziff. 12 der Vf. vom 19. Aug. 1910 (s. S. 147 ff.);

in Bayern: §13, 14, 15, 16, 17[2] der Bek. vom 6. Okt. 1910 (s. S. 163ff.); § 13, 14 Ziff. 2, 16, 17 der Bek. vom 6. Okt. 1910 (s. S. 174ff.); § 10 der Bek. vom 6. Okt. 1910 (s. S. 185ff).

in Sachsen: §§ 15, 16 der Anlage III der VO. vom 20. Okt. 1910; (S. 205); §§ 13, 14 Anlage II der VO. vom 20. Okt. 1910 (s. S. 197); § 12 Anlage I der VO. vom 20. Okt. 1910 (s. S. 193).

4. **Den Geschäftsbetrieb** können zentralbehördliche Bestimmungen nicht nur in seinen unmittelbaren wesensnotwendigen Tätigkeitsakten regeln, sondern auch in Rücksicht auf die besonderen Treue- und Zuverlässigkeitsanforderungen, die das Gesetz an den Stellenvermittler macht. Diese erfordern und rechtfertigen auch weitergehende Anforderungen behördlicherseits, als die Mindestforderungen, die §§ 3—7 enthalten.

Es erscheint deshalb bedenkenfrei, durch Bestimmungen aus § 8 den Verkehr des Stellenvermittlers mit seinen Kunden, die Verhältnisse seiner nächsten Haus- und Familiengemeinschaft, seiner Gehilfen und Vertreter geschäftsbetrieblichen Bedingungen zu unterstellen.

Die Persönlichkeiten des Kreises des Stellenvermittlers, die mehr oder weniger seinen Geschäftsbetrieb beeinflussen können, kommen aber nur als für die Art des Geschäftsbetriebs nicht unerhebliche Faktoren in Betracht. Daher können gegen jene Persönlichkeiten als solche weder Zwangs- noch Strafvorschriften aus § 8 bestimmt werden (gl. A.: Hoffmann Anm. 5; Fischer Anm. 5 Ib; s. aber S. 90 u. 104).

5. **Die Stellenvermittler, die den Bestimmungen unterstehen, die aus § 8 erlassen werden,** können nur diejenigen sein, denen die Behörden aus § 2 die Genehmigung zum Geschäftsbetrieb erteilt haben. Denn erst mit der Erteilung der Genehmigung ist dem Stellenvermittler die Kontinuität seines Geschäftsbetriebes staatlich garantiert (sofern nicht die Tatbestände des § 9 eintreten), die um deswillen eine fortgesetzte behördliche Überwachung erfordert, wie sie die Bestimmungen aus § 8 „in Verschärfung und Erweiterung der Gesetzesvorschriften" bezwecken (a. M.: Fischer Anm. 6).

§ 9.

Die Erlaubnis[1] zum Gewerbebetriebe des Stellenvermittlers ist[2] zurückzunehmen,[3] wenn sich aus Handlungen oder Unterlassungen des Stellenvermittlers dessen Unzuverlässigkeit[4] in bezug auf den Gewerbebetrieb oder seine persönlichen Verhältnisse ergibt.[5]

Unter der gleichen Voraussetzung ist der Gewerbebetrieb Stellenvermittlern, die ihn vor dem 1. Oktober 1900 begonnen haben, zu untersagen.[6] Die Untersagung wirkt[7] für das ganze Gebiet des Reichs.

Die Unzuverlässigkeit ist stets anzunehmen,[8] wenn der Stellenvermittler wiederholt[8d] bestraft ist, weil er die festgesetzte Gebührentaxe[8f] überschritten oder sich außer den taxmäßigen Gebühren Vergütungen anderer Art[8f] von dem Arbeitnehmer oder dem Arbeitgeber hat gewähren oder versprechen lassen, oder weil er dem Verbote der § 3, § 12 Abs. 1 Ziffer 5 zuwider gehandelt hat.[8f] Der Träger des öffentlichen Arbeitsnachweises ist berechtigt, selbständig Antrag auf Entziehung der Erlaubnis zu stellen.[9]

1. Vgl. Anm. 2 u. 4 zu § 2. **Die zur Zurücknahme zuständige Behörde ist im § 9 nicht ausdrücklich bestimmt.** Allein die nach § 2 durch eine **landesbehördliche** Entscheidung erteilte Erlaubnis kann als solche auch nur durch eine Entscheidung der erlaubenden Landesbehörde zurückgenommen werden. Der § 9 spricht dies zwar nicht wie im § 2 ausdrücklich aus, setzt es vielmehr als selbstverständlich voraus. Die **lokal** zur Erteilung der Erlaubnis bestimmte Behörde (s. S. 20) ist daher ohne weiteres auch zur Zurücknahme jener Erlaubnis berufen (gl. A.: Fischer Anm. 1, soweit nicht abweichende landesgesetzliche Bestimmungen anderes bestimmen).

In Preußen ist durch § 3[a] der Kgl. VO. vom 25. Juli 1910 als die für die Zurücknahme zuständige Behörde der Kreisausschuß, in Stadtkreisen und in den zu einem Landkreise gehörigen Städten mit mehr als 10000 Einwohnern der Bezirksausschuß bestimmt.

In Bayern aber ist durch § 1 Abs. 2 der Bek. vom 6. Okt. 1910 ausdrücklich der Distriktspolizeibehörde wie die Erteilung, so auch die Zurücknahme der Erlaubnis übertragen.

In Sachsen ist, mangels abweichender Vorschrift, stillschweigend den Verwaltungsbehörden des § 2 der VO. vom 2. Juni 1910, die die Erlaubnis zu erteilen haben, auch deren Zurücknahme übertragen.

2. **Die Zurücknahme der Erlaubnis muß erfolgen,** sobald die Feststellung einer Unzuverlässigkeit im Sinne des § 9 (s. folgende Anm.) festgestellt ist.

Die Voraussetzungen einer solchen Feststellung unterliegen freier verwaltungsrechtlicher, der Lage des Einzelfalls zu entnehmender Überzeugung, von den Tatbestandsmomenten des Abs. 3 abgesehen;

zwingend die Zurücknahme der Erlaubnis bewirkend ist aber das Vorliegen der Tatbestandsmomente des Abs. 3.

Die Zurücknahme der Erlaubnis darf aber nicht andererseits aus einem anderen Grunde als aus Unzuverlässigkeit erfolgen. Selbst bei Fortfall jedes Bedürfnisses nach einem Stellenvermittler in dem lokalen Bezirk der Niederlassung des einmal gemäß § 2 mit der Erlaubnis zur Stellenvermittlung versehenen Stellenvermittlers kann jene Erlaubnis nicht zurückgenommen werden.

Eine teilweise Zurücknahme der Erlaubnis ist:

zulässig: soweit einem Stellenvermittler die Erlaubnis nicht zu einer Art, sondern zu mehreren verwaltungsrechtlich auf Grund des § 8 eingeführten Arten gewerbsmäßiger Stellenvermittlung (vgl. Anm. 6 zu § 1) erteilt ist.

In solchem Falle können Unzuverlässigkeitsgründe wohl für die höhere Art der Stellenvermittlung für Bühnenangehörige, nicht aber für die niedere Art der Stellenvermittlung anderer Berufsarten oder für die dritte Art der Stellenvermittlung der Herausgeber von Stellen- und Vakanzenlisten, vorliegen (gl. A.: Fischer Anm. IIIb, wenn auch aus anderen tatsächlich richtigen, rechtlich nicht überzeugenden Gründen, da er jene drei verwaltungsrechtlichen Artunterscheidungen nicht feststellt; — a. M.: Hahn Anm. 5 zu § 9 auf Grund der von ihm zitierten oberverwaltungsgerichtlichen Entscheidungen 26, 286; 31, 301; 46, 355, die aber, wie Fischer zutreffend hervorhebt, das Wesen der Stellenvermittlung nicht berühren);

unzulässig ist eine teilweise Zurücknahme der Erlaubnis, wenn die Erlaubnis zur Stellenvermittlung für mehrere Berufsarten innerhalb derselben verwaltungsrechtlichen Stellenvermittlungsart erteilt ist. In einem solchen Falle ist hervorgetretene Unzuverlässigkeit in quali für alle geschlechtsartig gleichen Berufsarten vorliegend.

Die Wirkungen der Zurücknahme der Erlaubnis sind:

Bestrafung aus § 12 Ziff. 1, wenn die Stellenvermittlung trotz zurückgenommener Erlaubnis fortgesetzt wird.

Verwaltungsrechtliche Zwangsmaßnahmen werden anwendbar, um die Fortsetzung der Stellenvermittlung nach Zurücknahme der Erlaubnis zu verhindern.

In Preußen kann gemäß Erl. vom 19. Aug. 1910 Abs. 6 u. 7 (s. S. 118) insbesondere eine Beseitigung der zur Ausübung dienenden Einrichtungen im Verwaltungszwangsverfahren herbeigeführt werden.

Eine Erneuerung eines Gesuchs um Erlaubnis zur Stellenvermittlung aus § 2, wird durch die Zurücknahme der ersterteilten Erlaubnis nicht unzulässig.

Die Behörde, an die ein solches spätere Gesuch zu richten ist, ist gemäß § 2 diejenige, in deren Amtsbezirk für eine zu erneuernde Stellenvermittlung die gewerbliche Niederlassung begehrt wird.

Die Behörde, die die frühere Erlaubnis erteilt hat, ist sonach hier nicht zur Entscheidung berufen (gl. A.: Fischer Anm. IV, Hoffmann Anm. 7, die gegen Szczesny Anm. 3 zutreffend ausführen, daß § 18 nur auf die nicht gewerbsmäßigen Stellenvermittler anwendbar ist).

Der Ablauf einer bestimmten Frist seit Erlaß der die frühere Erlaubnis zurücknehmenden Entscheidung ist nicht vorgesehen. Tatsächlich aber ergibt sich hier, daß die Annahme wieder eingetretener Zuverlässigkeit, die zur Erteilung einer neuen Erlaubnis aus § 2 erforderlich, die Feststellung zuverlässiger Lebensführung in relativ längerem Zeitabschnitt seit Erlaß jener Entscheidung erfordert.

Über die Zurücknahme der juristischen Personen erteilten Erlaubnis s. S. 104 zu § 151 GewO.

3. **Die Form der Zurücknahme** der Erlaubnis kann nur durch einen schriftlichen Bescheid erfolgen, da dieser nach § 10 die Grundlage eines Verwaltungsstreitverfahrens zu bilden hat (gl. A.: Köhler Anm. 2; — a. M. anscheinend Fischer Anm. II).

4. **Die Unzuverlässigkeitsgründe**, die Zurücknahme der Erlaubnis bedingen, sind und können nur dieselben sein, welche die Versagung der Erlaubnis aus § 2 Ziff. 1 erfordern.

Von dieser Ziff. 1 des § 2 weicht § 9 in Abs. 1 u. 3 nur insofern ab, als die Versagungsgründe des letzten Abs. 3 zwingend, mit ihrer Feststellung die Zurücknahme der Erlaubnis zwingend verbunden werden muß.

Die Abweichung der Gesetzesfassung des Abs. 1 § 9 von derjenigen der Ziff. 1 des § 2:

> „wenn sich aus Handlungen oder Unterlassungen des Stellenvermittlers dessen Unzulässigkeit ergibt" — wie § 9 Abs. 1 bestimmt,

und:

> „wenn Tatsachen vorliegen, welche die Unzuverlässigkeit des Nachsuchenden dartun" — wie § 2 Ziff. 1 bestimmt,

wird durch die historisch-sachliche Verschiedenheit des Zeitpunkts der Erteilung bzw. Versagung und der Zurücknahme der Erlaubnis bedingt.

Wer die Erlaubnis begehrt, hat noch keine Verpflichtung, Unzuverlässigkeitstatsachen zu beseitigen; ihr Vorliegen beseitigt eben nur die Erlaubniserteilung.

Wer die Erlaubnis aber bereits erhalten hat, untersteht dagegen der Verpflichtung einer von Unzuverlässigkeit freien Stellenvermittlungstätigkeit.

Diese Verpflichtung ist öffentlichrechtlicher Natur, als solche unterscheidet sie sich von einer zivilrechtlichen dadurch, daß sie unbedingt zu erfüllen, ihre Nichterfüllung von rechtlicher Bedeutung ist, auch wenn jene Nichterfüllung ohne unmittelbares (S. 82d!) Verschulden geschieht.

Die Folge hiervon ist, daß ein Stellenvermittler, der ohne eigenes Verschulden zu einer zuverlässigen Stellenvermittlung nicht mehr imstande ist, diese aufzugeben hat. Die Nichtaufgabe einer zuverlässig nicht mehr ausführbaren Stellenvermittlung erfüllt daher den „Tatbestand des § 9 Abs. 1, daß sich in ihr eine Handlung oder Unterlassung des Stellenvermittlers", die — je nachdem er positiv oder negativ unzuverlässig verfährt — „dessen Unzuverlässigkeit ergibt".

Diese Rechtslage ergibt den rechtlichen Inhalt der Vorschrift des § 9 Abs. 1 dahin:

a) Die Unzulässigkeitstatsachen, welche die Versagung einer Erlaubnis zur Stellenvermittlung bedingen, nötigen, wenn sie nach erteilter Erlaubnis eintreten, den Stellenvermittler zur Aufgabe seiner Tätigkeit, und wenn er das nicht tut, zur Zurücknahme der Erlaubnis.

A. M. ist Fischer Anm. 2, der aus der Verschiedenheit der Gesetzesfassung des § 9 u. § 2 Ziff. 1 folgert: „daß nicht ganz allgemeine Tatsachen, sondern nur Handlungen zum Beweis der Unzuverlässigkeit hinreichten"; und daß hier „auf subjektiven Gründen beruhende Unzuverlässigkeit und damit die zugehörigen Handlungen gewöhnlich Verschulden (Vorsatz oder Fahrlässigkeit) verlangten". Auf Grund dieser Auffassung gelangt Fischer daher konsequenterweise zu der mit jeder zuverlässigen Stellenvermittlung unvereinbaren Folgerung, daß für die Anwendung des § 9 bloße Zustände, die zu den Tatsachen im Sinne des § 2 Abs. 2 Ziff. 1 gehörten, nicht genügten; „Blindheit oder Taubheit reichten nicht aus, wenn der Stellenvermittler es verstehe, trotzdem seiner Pflicht nachzukommen".

b) Der Kreis der Unzuverlässigkeitstatsachen in bezug auf den Gewerbebetrieb, unter deren Vorhandensein die Ausübung einer Stellenvermittlertätigkeit unzuverlässige Handlungen oder Unterlassungen zeitigt und die daher nach vorstehendem die Versagung der Erlaubnis aus § 9 rechtfertigen, sind daher hier dieselben wie im § 2. Es kann daher hier auf Anm. 8 zu § 2 verwiesen werden (s. aber auch nachfolgende Anm. 5).

Jugendlichkeit des Stellenvermittlers, die vor Erteilung der Erlaubnis des Stellenvermittlers nach der bisherigen Führung desselben als nicht hinderlich erachtet worden, kann sehr wohl als Unzuverlässigkeitsgrund erheblich werden, wenn nach erteilter Erlaubnis Unreife und Unbedachtsamkeit hervortreten.

c) Der Kreis der Unzuverlässigkeitsgründe in bezug auf die persönlichen Verhältnisse des Stellenvermittlers ist nach der vorerwähnten Rechtslage hier gleichfalls derselbe wie im § 2 und wird deshalb hier auf Anm. 9 zu § 2 Bezug genommen (s. auch die nachfolgende Anm. 5).

d) Der subjektive Tatbestand der Handlungen und Unterlassungen einer Unzuverlässigkeit, also die Beantwortung der Frage, ob Handlungen oder Unterlassungen aus § 9 eine Zurücknahme der Erlaubnis nur begründen, wenn sie auf einem Verschulden beruhen, erhellt aus dem eingangs dargelegten rechtlichen Inhalt des § 9 Abs. 1.

Sind objektive, dem Stellenvermittler unabwendbare und unbeseitigbare Unzuverlässigkeitstatsachen eingetreten, z. B. krankhafte Körperfunktionen, so liegt in einer Fortsetzung der Tätigkeit trotz jener Umstände ein mittelbar schuldhaftes Verhalten, das bald positiver Natur, also eine Handlung, bald negativer Natur, also eine Unterlassung, sein kann.

Sind objektive Unzuverlässigkeitstatsachen nicht vorhanden, der Stellenvermittler somit geistig und körperlich zu einer zuverlässigen Tätigkeit imstande, so handelt oder unterläßt er unmittelbar schuldhaft nur insoweit etwas, als er nach allgemeiner Begriffsvoraussetzung vorsätzlich oder ohne die im Verkehr gebotene Sorgfalt, also fahrlässig verfahren ist.

Die Feststellung der Fahrlässigkeit insbesondere ist aber nach dem Einzelfall und der Gesamtheit seiner Umstände nur zu entscheiden. Daher sind hier Feststellungen der Judikatur ohne Bedeutung, da sich die Einzelfälle in ihrer detaillierten Verästelung nicht wiedergeben lassen.

Wie für die zivilrechtliche Vorschrift des § 276 BGB. gilt auch hier, daß den Maßstab für die von dem Stellenvermittler in seiner Tätigkeit zu beobachtenden Sorgfalt diejenige Sorgfalt abgibt, die „ein normaler ordentlicher und gewissenhafter Mensch in den betreffenden Verhältnissen des Verkehrs anzuwenden pflegt" (vgl. RG. in Gruchots-

Beitr. 50, 931). Irrtum und Unwissenheit können daher auf zu vertretendem Fahrlässigkeitsverschulden beruhen.

5. **Zweifelhaft** ist, ob Unzuverlässigkeitstatsachen, die vor der Erteilung der Erlaubnis entstanden waren, bei dieser aber unbekannt und daher unberücksichtigt geblieben, nach erteilter Erlaubnis deren Zurücknahme begründen können.

Die Judikatur hat dies für Fragen im Gebiet der GewO. bisher verneint (vgl. PrOVG. 9, 294; 19, 326).

Die Literatur verneint jene Frage zu § 9 des Gesetzes gleichfalls (vgl. Fischer Anm. 2 III, v. Köhler Anm. 3, Szczesny Anm. 2 und Hahn Anm. 3). Die beiden letzteren rechtfertigen ihre Annahme durch den Hinweis, daß die Vorschrift des § 53 Abs. 2 GewO. im § 9 nicht aufgenommen ist. Der letztgedachte Umstand ist nach der Fassung des Abs. 1 nicht entscheidend; der, wie die Gesetzesbegründung und der Gesamtinhalt des Gesetzes zeigen, zweifelsklare legislatorische Grundsatz des Stellenvermittlergesetzes, das Stellenvermittlungsgewerbe einer schärferen Regelung zu unterstellen, als bisher durch die im § 19 des Gesetzes aufgehobenen Vorschriften der GewO. geschehen, spricht entscheidend dagegen, daß eine so überaus bedeutsame Vorschrift, wie die des § 53 GewO., durch § 9 Abs. 1 einfach beseitigt sein sollte.

Das durchschlagende Moment für die Bejahung der vorgedachten Frage gibt aber das allgemein rechtliche Wesen der Erlaubniserteilung als einer Willenserklärung behördlicherseits nach ganz besonders sorgfältiger Vorprüfung, wie sie der § 2 vorschreibt.

Eine solche behördliche Willenserklärung als solche kann — wie die viel bedeutungslosere zivilrechtliche Willenserklärung — rechtsbeständig nur bleiben, wenn sie von wesentlichem Irrtum frei ist; wie letzterer gemäß § 119 BGB. für die zivilrechtliche bei Anfechtung vernichtend wirkt, muß dies auch für die behördliche Willenserklärung gelten, die in einer Erlaubniserteilung aus § 2 des Ges. getätigt ist.

Es braucht hier nur der Fall berücksichtigt zu werden, daß ein einstiger Ausländer Reichsangehöriger geworden, der im Auslande vor Jahren eine schwer entehrende Strafe erlitten, die im Inlande unbekannt geblieben und um deswillen die sonst zweifellos zu verweigernde Erlaubnis aus § 2 nicht verhindert hat. Zweifellos verlangt in einem solchen Falle der Gesichtspunkt des Schutzes des Publikums gegen gewissenlose Stellenvermittlung, der das ganze Gesetz beherrscht, die nachträgliche Zurücknahme der Erlaubnis aus § 9 auf Grund einer verschwiegen gebliebenen Vorstrafe.

6. **Die Untersagung des Gewerbebetriebes** ist denjenigen Stellenvermittlern gegenüber auszusprechen, die vor dem Inkraft-

treten der Nov. zur GewO. vom 30. Juni 1900, also vor dem 1. Oktober 1900, das Stellenvermittlergewerbe ohne Erlaubnis beginnen konnten und begonnen haben.

Die gesetzliche Grundlage der auf Untersagung des Gewerbebetriebs abzustellenden Entscheidung gibt § 53 GewO.

Die Voraussetzungen dieser Entscheidung sind die „gleichen" wie die der Zurücknahme der Erlaubnis aus Abs. 1.

Die in Anm. 2—5 vorstehend dargelegten Grundsätze gelten daher auch hier.

7. **Die Wirkung der Untersagung** eines Stellenvermittlergewerbebetriebes, der vor dem 1. Oktober 1900 begonnen wurde, ist „für das ganze Gebiet des Reiches" ausgesprochen. Diese Vorschrift ist von der Reichstagskommission geschaffen.

Der Grund der Vorschrift liegt in der Rechtsstellung jener älteren Stellenvermittler, die, weil sie einer Erlaubnis zum Beginn des Gewerbes nicht bedurften, so auch dieses an jedem Orte des Reichsgebiets betreiben konnten.

Die Tragweite der Vorschrift kann nur die sein, daß eine Untersagung des Gewerbebetriebs in einem Bundesstaate zugleich in jedem anderen Bundesstaate den Gewerbebetrieb zu einem untersagten macht.

Der Neubeginn der Stellenvermittlung, deren Betrieb einem Stellenvermittler aus § 9 Abs. 2 untersagt worden ist, in einem anderen Bundesstaate erfordert daher seitens der zuständigen Behörde des letzteren eine Erlaubnis aus § 2. Diese wird nur erteilbar sein unter den Umständen, unter denen nach Zurücknahme der Erlaubnis gemäß § 9 Abs. 1 diese von neuem erteilbar ist (vgl. vorstehende Anm. 2).

8. **Die zwingenden Unzuverlässigkeitsgründe,** die die Versagung der Erlaubnis des Abs. 1 wie die Untersagung des Gewerbebetriebs des Abs. 2 stets erfordern, haben zur Voraussetzung:

a) Ein Bestraftsein wegen der im Abs. 3 gedachten Tatbestände.

b) Die Strafvorschrift, aus der eine Strafe erlassen, kann sowohl in diesem Gesetz (§§ 12, 13) wie in den einzelnen Ausführungsverordnungen enthalten sein. Der Tatbestand z. B. des § 3 Abs. 5, der im Gesetz selbst nicht zu einem Straftatbestand gemacht, kann dies somit durch eine Ausführungsverordnung ordnen; die Anführung des ganzen § 3 einschließlich seines Abs. 5 beruht somit nicht, wie Fischer Anm. 5 annimmt, auf einem Versehen.

c) Die Strafentscheidung kann ein strafrichterliches Urteil, ein amtsrichterlicher Strafbefehl (§ 447 StPO.), aber auch eine polizeiliche Strafverfügung (§ 453 StPO.) sein; die Rechtskraft jener Entscheidung ist selbstverständliche Voraussetzung.

Die Worte: „wiederholt bestraft ist" sind hier nicht im strafformellrechtlichen Sinne des § 73 StGB., somit nicht dahin zu verstehen, daß die Strafvorschrift, aus der die Straffestsetzung ausdrücklich verhängt ist, entscheidend ist. Das Gesetz sieht vielmehr die „wiederholte" also mindestens zweimalige Strafahndung wegen typisch stellenvermittlerischer Delikte als unbedingte Unzuverlässigkeit an.

Hieraus ergibt sich, daß im Falle der sog. Idealkonkurrenz (wo also ein Straftatbestand des Abs. 3 zugleich einen anderen Straftatbestand enthält, der als der schwerere mit einer strengeren Strafvorschrift bedroht ist, und deshalb aus dieser Vorschrift gemäß § 73 StGB. die Strafe verhängt ist) doch eine Bestrafung im Sinne des Abs. 3 erfolgt ist.

Denn die strafrechtliche Feststellung eines Tatbestandes ist erfolgt und der letztere ist für die Bemessung der Strafe nicht ohne rechtlichen Einfluß gewesen, wenn auch formell die Strafverhängung aus einer Strafvorschrift geschehen, die nicht typisch stellenvermittlergewerblicher Art ist (a. M. zum Teil Fischer a. a. O.).

d) Die strafrechtliche Artbezeichnung der Bestrafung ist im Sinne des Abs. 3 gleichfalls unerheblich. Bestraft ist daher der Stellenvermittler, er mag als Täter, Anstifter, und soweit die einzelne Straftat ein Vergehen im Sinne des § 1 Abs. 2 StGB. ist (was die im § 12 des Gesetzes gedachten sind, während die im § 13 aufgeführten nur Übertretungen im Sinne des § 1 Abs. 3 StGB. sind), als Gehilfe (§ 49 StGB.) oder wegen Versuchs (§ 43 StGB.) bestraft sein.

e) Eine wiederholte Bestrafung im Sinne des § 9 Abs. 3 erfordert zeitliches Getrenntsein der mindestens zweimaligen Bestrafung.

Eine Bestrafung wegen zweier selbständigen Taten durch eine Entscheidung in einem Urteil gemäß § 3 StPO. ist keine wiederholte Bestrafung, die hier im öffentlichrechtlichen Verwaltungsgebiete nicht den strafprozessualen Sinn haben kann (a. M.: Fischer a. a. O.).

Ein zeitlicher Zwischenraum zwischen den Straftaten, die zu einer zweimaligen Bestrafung geführt, ist im § 9 Abs. 3 allerdings, bedauerlicherweise, nicht bestimmt.

Die Zurücknahme der Erlaubnis wie die Untersagung des Gewerbebetriebs muß daher formell ausgesprochen werden, sobald zwei selbständige Bestrafungen der im Abs. 3 gedachten Arten vorliegen.

Zeitliche Nähe der jenen Bestrafungen zugrunde liegenden Straftaten wird aber de facto die Neuerteilung einer Erlaubnis aus § 2 früher als in anderen Fällen statthaft erscheinen lassen.

f) Das Vorliegen der Reate der einzelnen Straftatbestände ergibt sich rücksichtlich:

Der Überschreitung der Gebührentaxe aus Anm. 12—17 § 5; zu den Festsetzungen der Gebührentaxe zählen hier auch die Festsetzungen über die baren Auslagen;

die Vergütung anderer Art, deren Sich-Gewähren- oder Versprechen-Lassen verboten, ist gleichfalls in den Anm. 12—17 § 5 klargestellt;

die durch § 3 geschaffenen Verbote erhellen aus den Anmerkungen zu diesem Paragraphen S. 32—42. Der Tatbestand der Verleitung zum Bruche eines eingegangenen Arbeitsvertrags ist Anm. 9 zu § 12 Ziff. 5 S. 94 besprochen.

9. **Das selbständige Antragsrecht auf Entziehung der Erlaubnis** für den Träger des öffentlichen Arbeitsnachweises im letzten Satz des Abs. 3 ist erst durch einen Kommissionsbeschluß geschaffen und, wie bei Kommissionsbeschlüssen nicht selten, ohne gesetzestechnische und organische Ausgestaltung geblieben.

Nach dem Kommissionsbericht S. 20 läßt sich jene Vorschrift als Begründung einer Befugnis für die Träger jener öffentlichen Arbeitsnachweise des Inhalts auffassen, daß sie berechtigt sind, nicht als Anzeigende, sondern als Berechtigte auf polizeiliche Ermittlungen nach Maßgabe des Antragsinhalts diese zu erfordern.

Hahn Anm. 11 und v. Köhler Anm. 10 sehen in jener Vorschrift nur den ausdrücklichen Hinweis auf die Befugnis, die Tätigkeit der Polizeibehörde zu veranlassen, wie solches, wie Hahn ausdrücklich erwähnt, „von jedermann ausgehen könne". Fischer Anm. 6 sieht in der Vorschrift des letzten Satzes des Abs. 3 ein besonders festgelegtes verwaltungsrechtliches Antrags- und Beschwerderecht.

Der Begriff des öffentlichen Arbeitsnachweises ist auch hier, wie im § 5, weitergehend als der des gemeinnützigen öffentlichen Arbeitsnachweises (s. Anm. 4 § 5 gl. A. in diesem Punkte: Fischer a. a. O.; — a. M.: Hahn a. a. O.).

§ 10.

Der Bescheid, durch den die Erlaubnis versagt[1] oder zurückgenommen[2] oder der Gewerbebetrieb untersagt[3] wird, kann im Wege des Verwaltungsstreitverfahrens[4] angefochten[5] werden; wo ein solches nicht besteht, gelten die §§ 20, 21 der Gewerbeordnung.

1. **Die Versagung der Erlaubnis** ist die Entscheidung, welche auf den Antrag eines Stellenvermittlers, ihm den Betrieb eines Stellen-

vermittlergewerbes zu erlauben, diese Erlaubnis auf Grund des § 2 Ziff. 1 u. 2 versagt.

2. **Die Zurücknahme der Erlaubnis** ist die aus § 9 Abs. 1 erlassene Entscheidung.

3. **Die Untersagung des Gewerbebetriebs** ist die aus § 9 Abs. 2 ergangene Entscheidung, die Stellenvermittlern gegenüber — anstatt der Zurücknahme der Erlaubnis, jedoch nur unter deren Voraussetzungen — auszusprechen ist, die vor dem Inkrafttreten der Nov. der GewO. vom 30. Juni 1900, also vor dem 1. Oktober 1900, das Stellenvermittlergewerbe begonnen hatten, dessen Betrieb damals noch nicht von einer Erlaubnis abhängig war (vgl. Anm. 6 § 9).

4. **Das in dem § 10 vorgesehene Verwaltungsstreitverfahren** wird geregelt:

in Preußen durch §§ 1, 3 der Kgl. VO. vom 25. Juli 1910 (s. S. 115) in Verbindung mit den §§ 82, 85, 93, 95 des G. über die allgemeine Landesverwaltung vom 30. Juli 1883 und § 121 des G. vom 1. Aug. 1883;

in Bayern durch die Kgl. VO. vom 5. Mai 1910 (s. S. 162);

in Sachsen, das ein besonderes Verwaltungsstreitverfahren hier nicht eingeführt, durch die §§ 20, 21 GewO.

5. **Streitig ist**, ob Bescheide auf Versagung oder Zurücknahme der Erlaubnis (Anm. 1 u. 2) oder auf Untersagung des Gewerbebetriebs, die im Verwaltungsstreitverfahren unangefochten geblieben, endgültig werden, wenn sie unangefochten bleiben.

a) Als Regel muß, wenn Frist und Art einer Anfechtung besonders vorgeschrieben sind, hieraus die Endgültigkeit und in diesem Sinne die Rechtskraft einer unangefochtenen Entscheidung gefolgert werden. Daraus ergibt sich:

Eine Entscheidung auf **Versagung der Erlaubnis** wird rechtskräftig in dem Umfang, in welchem sie das ihr unterbreitete Tatsachenmaterial festgestellt und auf Grund dieser Feststellung beurteilt hat. Eine Erneuerung des Gesuchs um Erteilung der Erlaubnis ist daher zulässig, aber nur insoweit, als es Nova, neue noch nicht entschiedene Tatsachen nochmals der zuständigen Behörde unterbreitet. Zur Beseitigung eines bestimmten Versagungsgrunds, der die rechtskräftige erste Entscheidung festgestellt hat, können neue Tatsachen nicht angeführt werden. Ein Wiederaufnahmeverfahren wie es die §§ 578 f. ZPO., die §§ 399 f. StPO. gewähren, besteht hier zurzeit nicht. Dagegen kann ein erneutes Gesuch Heilung bzw. Beseitigung der früher gemäß § 2 festgestellten Unzuverlässigkeit oder Eintritt eines früher gemäß § 2 als nicht bestehend festgestellten Bedürfnisses dartun. Regelmäßig werden aber solcher Art begründete neue Gesuche erst nach einem längerem Zeitraum seit Erlaß der ersten Entscheidung auf Versagung der Erlaubnis zulässig sein (s. auch PrOVG. V, 29).

b) Eine auf **Zurücknahme der Erlaubnis** (Anm. 2) oder **auf Untersagung des Gewerbebetriebs** (Anm. 3) ergangene Entscheidung aber wird, sobald sie unangefochten geblieben, eben als solche rechtskräftig. Nach Erlaß dieser Entscheidung ist daher zwar ein Gesuch um erneute Erteilung der Erlaubnis an sich verwaltungsrechtlich möglich, aber nur insoweit zulässig, als es sich auf Tatsachen stützt, die bei der Zurücknahme der Erlaubnis oder der Untersagung des Gewerbebetriebs nicht schon entschieden sind oder diesen nicht entgegenstehen (s. auch Anm. 8e a. E. zu § 9 und das soeben unter a dargelegte; zum Teil übereinstimmend Fischer Anm. 2; s. auch Landmann 1, 204 und PrOVG. V, 291).

§ 11.

Ein Abdruck dieses Gesetzes muß auf jedem deutschen Kauffahrteischiff[1] im Volkslogis zur jederzeitigen Einsicht der Schiffsleute vorhanden sein.[2]

1. **Die Kauffahrteischiffe** werden durch § 1 des RG. vom 22. Juni 1899, betr. das Flaggenrecht der Kauffahrteischiffe (RGBl. S. 319), dahin bestimmt, daß sie die „zum Erwerbe durch die Seefahrt bestimmten Schiffe mit Einschluß der Lootsen-, Hochseefischerei-, Bergungs- und Schleppfahrzeuge“ sind.

2. **Die strafrechtliche Ergänzung** des Gebots des § 11 enthält die Strafvorschrift des § 13 Ziff. 4.

§ 12.

Mit Geldstrafe bis zu sechshundert Mark oder mit Haft wird bestraft[1] ein Stellenvermittler,[2] der

1. den Gewerbebetrieb ohne die vorgeschriebene Erlaubnis[3] unternimmt[4] oder fortsetzt,[3]

2. einen nach § 3 Abs. 1 ihm verbotenen Gewerbebetrieb unternimmt oder fortsetzt,[5] oder der sich von Gewerbetreibenden der dort bezeichneten Art für die Ausübung seiner Tätigkeit verbotene Vergütungen irgendwelcher Art gewähren oder versprechen läßt,[6]

3. seine Tätigkeit zu Anpreisungen für eigene oder fremde Gewerbebetriebe benutzt, oder den Stellensuchenden verpflichtet oder anhält, aus seinem oder einem von ihm bezeichneten Gewerbebetrieb oder Handelsgeschäfte Waren zu entnehmen,[7]
4. die amtlich festgesetzte Taxe überschreitet, oder sich außer den taxmäßigen Gebühren Vergütungen anderer Art von dem Arbeitnehmer oder dem Arbeitgeber gewähren oder versprechen läßt (§ 5 Abs. 1 bis 3),[8]
5. es unternimmt, einen Arbeitnehmer zum Bruche eines eingegangenen Arbeitsvertrags zu verleiten.[9]

Die gleiche Strafe trifft Gewerbetreibende der im § 3 Abs. 1 bezeichneten Art[10], die es unternehmen, einen Stellenvermittler durch Gewährung oder Versprechung von Vergütungen irgendwelcher Art zu einer den Interessen des Arbeitnehmers widerstreitenden Ausübung der Vermittlertätigkeit zu bestimmen.

War der Täter wegen der im Abs. 1, 2 bezeichneten Zuwiderhandlungen rechtskräftig verurteilt worden und begeht er innerhalb fünf Jahren wiederum eine solche Zuwiderhandlung, so wird er mit Geldstrafe von einhundert bis sechshundert Mark oder mit Haft bestraft.[11]

1. **Die allgemeine strafrechtliche Natur** der Tatbestände des § 12, die nach der Höhe der in erster Linie angedrohten Geldstrafe von 600 ℳ Vergehen im Sinne des § 1 Abs. 1 StGB. sind, wird durch ihren Inhalt dahin bestimmt: daß jene Tatbestände dem sog. Polizeiunrecht angehören.

Die subjektive Voraussetzung der Straftaten ist daher, wie bei allen übrigen dem sog. Polizeiunrecht angehörigen, streitig.

Die herrschende Ansicht nimmt mit v. Liszt, Lehrbuch § 42 IV an: „Für das Polizeiunrecht genügt im allgemeinen Fahrlässigkeit; doch bedarf Wortlaut und Sinn des Gesetzes stets genauer Prüfung."

Hiernach können von den Straftaten des § 12:

nur vorsätzlich die Handlungen der Ziff. 1, 2, 3 u. 5 begangen werden;

vorsätzlich wie fahrlässig sind dagegen die Handlungen der Ziff. 4 begehbar;

Die Feststellung einer Fahrlässigkeit insbesondere hat hier nach allgemein strafrechtlichen Grundsätzen zu erfolgen.

Auch hier, und das ist namentlich für fahrlässiges Handeln gegen die Strafvorschrift der Ziff. 4 von Bedeutung, ist fahrlässig und deshalb strafbar nur gehandelt, wenn derjenige Grad der Sorgfalt außer acht geblieben ist, den der einzelne Stellenvermittler nach seiner Fähigkeit zu leisten imstande war; es kann daher dieselbe Handlung, welche einem Stellenvermittler, namentlich demjenigen für höhere Berufszweige, als eine fahrlässige zugerechnet werden muß, einem anderen Stellenvermittler gegenüber überhaupt nicht schuldhaft erscheinen (vgl. auch Lucas, Anleitung z. str. Pr. II, VIII. Abschn. 1).

Ein die Feststellung eines fahrlässigen Handelns gegen Ziff. 1, 2, 4 des § 12 ausschließender entschuldbarer Irrtum kann, wie sonst auch hier, jeder Irrtum sein. Unter besonderen Umständen kann daher hier Unkenntnis einer gesetzlichen Vorschrift die Annahme einer Fahrlässigkeit und damit einer Bestrafung aus § 12 ausschließen.

Die Verjährung der Straftaten des § 12 vollzieht sich gemäß § 145 GewO. in drei Monaten. Die Anwendbarkeit dieses § 145 ergibt sich aus § 14 des Gesetzes in Verbindung mit der in Anm. 1 zu § 1 (s. S. 7) erwähnten Gesetzesbegründung* (gl. A.: Hoffmann Anm. 4 § 14; Szczesny Anm. 1 § 12; Schmidt S. 51; Stenglein S. 1083; — a. M.: Fischer, der hier die dreijährige Verjährung des § 67 Abs. 2 StGB. als eingreifend erachtet).

Das zur Entscheidung aus § 12 zuständige Gericht ist gemäß § 27 Nr. 2 GVG. das Schöffengericht, oder sofern die Entscheidung in Form des amtsrichterlichen Strafbefehls aus § 447 StPO. erfolgt, der Amtsrichter.

2. **Der durch die Strafvorschriften des § 12 betroffene Stellenvermittler** ist der gewerbsmäßige Stellenvermittler, dessen Tätigkeit der § 1 bezeichnet (s. Anm. 2—6 zu § 1).

Auch die Herausgeber der Stellen- und Vakanzenlisten unterstehen somit dem § 12, sie mögen gewöhnliche gewerbsmäßige Stellenvermittler (Anm. 6 α^{aa} zu § 1) oder besondere gewerbsmäßige Stellenvermittler sein (Anm. 6 $\alpha^{\beta\beta}$ zu § 1).

Hilfspersonen der Stellenvermittler können aus § 12 allein nicht bestraft werden, sondern nur aus § 12 in Verb. mit §§ 48, 49 StGB. als Gehilfen.

Über Straftaten von Hilfspersonen der Stellenvermittler als solche s. Anm. 3 § 14 S. 103 (zu § 148 Ziff. 4a GewO.).

---

* Diese Auffassung vertritt jetzt auch das RG. in dem Urt. vom 5. Okt. 1911 (DJZ. 1912, 286), hiergegen wendet sich Rasch in der DJZ. 1912, 743.

3. **Die vorgeschriebene Erlaubnis fehlt** sowohl bei gewerblicher (s. über den Begriff Anm. 4 § 1) Stellenvermittlertätigkeit ohne vorherige Erteilung der Erlaubnis aus § 2, wie bei einer solchen Tätigkeit, nachdem die erteilt gewesene Erlaubnis gemäß § 9 Abs. 1 zurückgenommen worden, oder ein vor dem 1. Oktober 1900, mithin damals ohne Erlaubnis beginnbarer und begonnener Gewerbebetrieb (vgl. Anm. 6 § 9), untersagt worden ist.

Ohne die vorgeschriebene Erlaubnis erfolgt auch die Stellenvermittlung, die nur für einzelne Berufsarten erteilt (Anm. 4 u. 12 § 2), auch auf andere erstreckt wird. Nicht minder ohne Erlaubnis vollzieht sich eine Stellenvermittlung, die etwa ohne jede gewerbliche Niederlassung im Umherziehen erfolgt.

Als persönliche, auf Grund des § 2 begründete Rechtsbefugnis zum gewerbsmäßigen Stellenbetrieb, ist eine Abtretung jener Rechtsbefugnis unzulässig. Ein Stellenvermittlungsgewerbe als solches kann daher niemals veräußert werden.

Ohne die vorgeschriebene Erlaubnis und daher nach § 12 Ziff. 1 strafbar, ist daher, wer den Betrieb einer Stellenvermittlung als angeblicher Rechtsnachfolger eines Stellenvermittlers unternimmt, dem nur persönlich die Erlaubnis aus § 2 erteilt ist.

4. **Der Stellenvermittler unternimmt den Gewerbebetrieb**, wie sonst im Strafrechtsgebiet, wo ein „Unternehmen" schon als strafbar bezeichnet wird, so auch hier mit jeder auf gewerbliche Stellenvermittlertätigkeit gerichteten Handlung, wenn diese auch als Vorbereitungshandlung noch nicht in das Gebiet des strafbaren Versuchs hineingreifen würde (vgl. v. Liszt, Lehrbuch d. St. § 96 IV; Stenglein 1, 485; — a. M.: Fischer Anm. 4 II, der z. B. keinen Verstoß gegen § 12, „sondern nur einen straflosen Versuch als vorliegend erachtet, wenn der Stellenvermittler erst durch Mieten eines Geschäftsraumes den künftigen Gewerbebetrieb vorbereitet"). Allein hätte der Gesetzgeber hier den allgemeinen strafrechtlichen Begriff des Unternehmens abgelehnt, so hätte er in dem Gesetzestext den Worten: „oder fortsetzt" das Wort „beginnt" vorausgestellt. Ist in dem eben gedachten Fall der Geschäftsraum *objektiv erkennbar* als gewerbliche Niederlassung für die Stellenvermittlung gemietet, so ist der Straftatbestand des § 12 Ziff. 1 erfüllt.

5. **Der objektive Tatbestand der ersten der beiden Straftaten** der Ziff. 2: „Unternehmen oder fortsetzen eines nach § 3 Abs. 1 verbotenen Gewerbes" neben dem Stellenvermittlergewerbe, setzt sich zusammen aus einem Tätigkeitsakt der im § 3 Abs. 1 aufgeführten Gewerbe.

Die Voraussetzungen, unter denen ein solcher gewerblicher Tätigkeitsakt vorliegt, erhellen aus Anm. 2—11 zu § 3.

Wie in Ziff. 1 genügt auch hier schon das „Unternehmen“ einer jener gewerblichen Tätigkeiten im allgemein strafrechtlichen Sinne (s. vorstehende Anm. 4).

„Fortgesetzt“ wird hier eines der im § 3 Abs. 1 aufgezählten Gewerbe unter Verstoß gegen diesen § 3 Abs. 1 und Ziff. 2 des § 12 mit dem Momente, wo eine gewerbliche Stellenvermittlertätigkeit auf Grund des § 2 einsetzt; mit diesem Augenblicke wird ein bis dahin betriebenes Gewerbe neben dem nunmehrigen der Stellenvermittlung unerlaubt.

Der subjektive Tatbestand der ersten Straftat der Ziff. 2 verlangt hier nach dem Inhalt der Straftat vorsätzliches Handeln; fahrlässiges genügt nicht (vgl. Anm. 1 vorstehend); dies kann hier auch um deswillen nicht zweifelhaft sein, weil ein hier verbotenes anderes gewerbliches Handeln, als stellenvermittelnder Art, ja stets die Betätigung einer konkret gewerblichen Absicht voraussetzt (gl. A.: Stenglein 1, 1084; — a. M.: Fischer Anm. 5 II).

„Ihm“, dem Stellenvermittler, ist das Unternehmen oder das Fortsetzen eines der Gewerbe des § 3 Abs. 1 persönlich, wie „durch andere“ Personen untersagt; letzteres bringt zwar nur § 3 Abs. 1 zum Ausdruck, nicht aber auch die Ziff. 2 § 12; allein „ihm“ ist ja durch § 3 Abs. 1 eben eine doppelartiges nebengewerbliches Handeln untersagt (s. auch Anm. 12 § 3; gl. A.: Hahn Anm. 5; Fischer Anm. 5).

Gewerbebetriebe, die nicht durch § 3 Abs. 1 verboten sind, sondern deren Verbot durch die auf Grund des § 8 erlassenen Vollziehungsverordnungen erfolgt, ziehen, falls sie trotzdem unternommen oder fortgesetzt werden, nur die Übertretungsstrafe des § 13 Ziff. 1 nach sich.

6. **Der objektive Tatbestand der zweiten der beiden Straftaten der Ziff. 2,** das „Sich-Gewähren oder Versprechen-Lassen“ der im § 3 Abs. 2 verbotenen Vergütung, wird durch die in Anm. 13 zu § 3 festgestellten Voraussetzungen getätigt.

Der subjektive Tatbestand erfordert nach dem Inhalt der unter Strafe gestellten Tätigkeit vorsätzliches Handeln (vgl. Anm. 1 vorstehend, auch Anm. 5).

7. **Die Ziff. 3** faßt, wie Ziff. 2, wieder zwei Straftatbestände zusammen, deren erster das zivilrechtliche Verbot des Abs. 3 des § 3, deren zweiter das zivilrechtliche Verbot des Abs. 4 des § 3 ausführt.

Der **objektive Tatbestand** der ersten Straftat ist in Anm. 14 des § 3, derjenige der zweiten Straftat in Anm. 15 des § 3 erläutert.

Der **subjektive Tatbestand** beider Straftaten erfordert nach der Art ihrer Tätigkeitsinhalte vorsätzliches Handeln (vgl. Anm. 1; — a. M.: Fischer Anm. 6, der hier auch Fahrlässigkeit als subjektives Tatbestandsmerkmal zuläßt).

Die Gesetzesworte: „benutzen, verpflichten, anhalten" in kausalem Zusammenhange mit einer stellenvermittelnden Tätigkeit können nur als vorsätzliche Willensbetätigungen vom Gesetzgeber gemeint sein.

8. **Die Ziff. 4** faßt wie Ziff. 2 u. 3 gleichfalls zwei Straftatbestände zusammen, deren erster das zivilrechtliche Verbot des Abs. 2 § 5, deren zweiter das zivilrechtliche Verbot des Abs. 3 § 5 ausführt.

Der **objektive Tatbestand** der ersten Straftat: das Überschreiten der amtlich festgesetzten Taxe, hat unter dem Worte „Taxe" zum Deliktsobjekt die von den zuständigen Behörden (vgl. Anm. 2 § 5) amtlich bekanntgegebene Gebührenfestsetzung für die Stellenvermittler (Anm. 1 § 5 und § 5 Abs. 4 sowie Anm. 6 dazu).

Die Art der Einzeltatbestände einer Taxüberschreitung ergibt sich aus Anm. 12, 13, 14—17 zu § 5.

Eine Taxüberschreitung im Sinne des § 12 liegt nicht vor, wenn eine taxmäßige Vergütung erfordert wird, obschon ein Vermittlungsgebührenanspruch nicht entstanden oder erloschen ist (Anm. 11 § 5; vgl. Anm. 8, 9; § 5 Abs. 2 Satz 1); in jenem Erfordern kann aber der Tatbestand des § 263 StGB. liegen.

Andererseits liegt eine Taxüberschreitung vor, wenn die Taxhälftelungsvorschrift des § 5 Abs. 2 Satz 2 unbeachtet gelassen ist. Die Voraussetzungen dieser Taxüberschreitung sind in Anm. 12 § 5 dargelegt.

Der Begriff des Überschreitens ist mit dem Erfordern einer taxwidrigen Vergütung erfüllt (gl. A.: Stenglein S. 592 und Fischer Anm. 7a).

Der **subjektive Tatbestand** der ersten Straftat ist nicht nur mit vorsätzlichem, sondern auch fahrlässigem Handeln erfüllbar.

Die besondere Treuverpflichtung des Stellenvermittlers umfaßt auch die Verpflichtung zu sorgsamster taxgerechter Vergütungsberechnung (gl. A.: Fischer a. a. O.; — a. M.: Hahn Anm. 8).

Der **objektive Tatbestand** der zweiten Straftat umfaßt die Einzelvoraussetzungen, die in den Anm. 15—17 zu § 3 dargelegt sind.

Eine Vergütung anderer Art ist auch ein den Voraussetzungen des § 5 Abs. 3 Satz 2 nicht entsprechende Barauslage (Anm. 16 § 5).

Eine solche ist auch ein Gebührenvorschuß, der nicht erfordert werden darf (s. Anm. 11 a. E. zu § 5).

Ist ein anderer Vertrag mit einem Stellenvermittlungsvertrag verbunden, so ist eine Straftat aus Ziff. 4 an die Feststellung geknüpft, daß die einzelne dem § 5 Abs. 3 Satz 2 nicht entsprechende Barauslage nicht im ausschließlichen Zusammenhange mit dem erstgedachten anderen Vertrage steht.

Der **subjektive Tatbestand** der zweiten Straftat ist — wie der der ersten Straftat — mit vorsätzlichem wie fahrlässigem Handeln erfüllbar; und zwar auch hier aus dem Grunde, daß die besondere Treuverpflichtung des Stellenvermittlers zu sorgsamer gesetzmäßiger Berechnung seines Anspruchs verpflichtet.

9. Der Tatbestand der Straftat der Ziffer 5 erfordert: Eine Handlung, die, wenn sie auch als Vorbereitungshandlung noch nicht in das Gebiet des strafbaren Versuchs hineingreifen würde (vgl. vorstehende Anm. 4), die Betätigung des Vorsatzes zeigt, auf den Willen des zu Verleitenden einzuwirken.

Das Verleiten zum Bruche eines eingegangenen Arbeitsvertrags ist durch eine eben gedachte Handlung vollendet; ein Verleiten dieser Art ist aber auch dann erfolgt, wenn der Verleitete seinerseits selbständig zu dem Bruche des Arbeitsvertrags bereits entschlossen gewesen. Denn das „Verleiten = Unternehmen" ist begrifflich von jedem Erfolge unabhängig.

Zum Bruche eines eingegangenen Arbeitsvertrags muß aber das Verleiten unternommen sein.

Das Wort: „Bruche" scheint auf eine rechtswidrige Lösung hinzudeuten. Bei einer solchen Annahme würde das Verleiten zu einer statthaften Kündigung, das Verleiten zur Geltendmachung eines Grundes zur sofortigen Vertragslösung (vgl. § 626 BGB.) nicht ein Verleiten zum Vertrags„bruche" im Sinne der Ziff. 5 enthalten, wie Fischer Anm. 8 I c annimmt.

Allein der Gesetzgeber betrachtet ein Verleiten zum Vertragsbruch hier nicht von dem Gesichtspunkte des Rechtsverhältnisses zwischen Arbeitgeber und Arbeitnehmer, sondern von dem Standpunkte des außerhalb jenes Rechtsverhältnisses stehenden Stellenvermittlers als Dritten. Als solcher verleitet der Stellenvermittler, der in das friedliche Bestehen eines Arbeitsverhältnisses einzugreifen unternimmt, zum Bruche des Arbeitsvertrages, d. h. zum Abbrechen des Arbeitsverhältnisses, das ohne sein Zutun unabgebrochen geblieben wäre.

Nur das Verleiten des Arbeitnehmers bildet eine Strafvoraussetzung der Gesetzesvorschrift im § 12 Ziff. 5.

Durch einzelne aus § 8 des Gesetzes erlassene Verwaltungsvorschriften ist aber auch jede Einwirkung auf Arbeitgeber zwecks Entlassung eines Arbeitnehmers untersagt, so:

in Preußen durch den Erlaß vom 19. Aug. 1910 Ziff. 11 Abs. 2;

in Bayern durch die Bek. vom 6. Okt. 1910 § 12.

in Sachsen durch § 8 Anlage III der VO. vom 20. Okt. 1910.

10. **Die Gewerbetreibenden**, deren Gewerbe ein Stellenvermittler als solcher nach § 3 Abs. 1 nicht ausüben soll, und die hier der Strafvorschrift des Abs. 2 des § 12 unterstehen, sind in Anm. 3—11 zu § 3 besprochen.

Die einzelnen Tatbestandsmerkmale sind:

ein Unternehmen, d. h. eine Handlung, wie sie in vorstehender Anm. 9 dargelegt ist; in Betätigung des Vorsatzes auf

ein Bestimmen des Stellenvermittlers, d. h. eine wenn auch erfolglos gebliebene Einwirkung auf seinen Willen auszuführen, jedoch unter gleichzeitigem Gewähren oder Versprechen von Vergütung. Diese kann hier — wo es sich um Abwehr jeder unlauteren gewerblichen Hantierung handelt — in jeder Zuwendung, mithin auch nichtvermögensrechtlicher Art bestehen (vgl. Anm. 13 § 3).

und endlich der Endzweck des ganzen Handelns muß auf das Veranlassen der Ausübung einer Vermittlertätigkeit gerichtet sein, die den Interessen des Arbeitnehmers nicht auch des Arbeitgebers widerstreitet, mit dem jener Stellenvermittler verhandelt hat.

11. **Die nur in Erhöhung der Mindestsumme der Geldstrafe des Abs. 1 bestehende Rückfallsstrafe** hat zur Voraussetzung:

Rechtskräftige Verurteilung wegen einer der im Abs. 1 bebezeichneten Zuwiderhandlungen. Dies hat schon sprachbegrifflich zur Voraussetzung nicht nur die Feststellung eines der Tatbestände des Abs. 1 u. 2 des § 12, sondern auch die Strafverhängung aus § 12. Eine Vorstrafe, die — wenn auch wegen eines den Tatbeständen des § 12 gleichen Tatbestands — aus einer anderen Strafvorschrift als der des § 12 verhängt worden, hat daher außer Betracht zu bleiben; ist aber eine der Straftaten des Abs. 1 u. 2 in einer Strafentscheidung festgestellt und nur infolge sog. Idealkonkurrenz gemäß § 73 StGB. die Straffestsetzung aus einer anderen Strafvorschrift erfolgt, dann liegt im Sinne des Abs. 3 eine „Verurteilung wegen der im Abs. 1 u. 2 bezeichneten Zuwiderhandlungen vor" vgl. Anm. 8 zu § 9 S. 85 (gl. A. zum Teil: Stenglein 1, 1083; — a. M.: Fischer, Anm. 10).

Eine zweite Begehung „einer solchen Zuwiderhandlung". Die erneute Begehung muß sonach eine der in den Abs. 1, 2 gedachten Straftaten darstellen; nicht erforderlich ist daher für die Feststellung des Rückfalls im Sinne des § 12 eine Wiederholung derselben Straftat. Ein Stellenvermittler, der rechtskräftig aus Ziff. 2 § 12 bestraft worden, wird daher rückfällig, wenn er nunmehr eine gegen Ziff. 3 § 12 verstoßende Handlung vornimmt.

Die Vollstreckung der wegen der ersten Straftat verhängten Strafe ist hier nicht Rückfallsvoraussetzung.

Innerhalb fünf Jahren muß die erneute Straftat seit der rechtskräftigen Verurteilung wegen der ersten Zuwiderhandlung liegen, von dem Tage der Rechtskraft der ersten Strafentscheidung ab beginnt sonach jene fünfjährige Frist zu laufen (gl. A.: Hoffmann Anm. 13; Fischer Anm. 11).

§ 13.

Mit Geldstrafe bis zu einhundertfünfzig Mark oder mit Haft wird bestraft:[1] [2]

1. **ein Stellenvermittler,[3] der den Vorschriften des § 5 Abs. 4, der §§ 6, 7 oder den im § 8 bezeichneten Bestimmungen zuwiderhandelt,**
2. **ein Stellenvermittler oder ein Gewerbetreibender der im § 3 Abs. 1 bezeichneten Art, der im Inland den von einer zuständigen Behörde erlassenen Bestimmungen zur Verhinderung des vorzeitigen Betretens einlaufender Schiffe und des Anbordbringens von geistigen Getränken zuwiderhandelt,[4]**
3. **ein Kapitän, der im Inland den Bestimmungen einer zuständigen Behörde, im Ausland den Anordnungen eines Seemannsamts zuwider[5] Stellenvermittler oder Gewerbetreibende der im § 3 Abs. 1 bezeichneten Art an Bord läßt oder an Bord duldet,**
4. **ein Kapitän, der es unterläßt, dafür zu sorgen, daß ein Abdruck dieses Gesetzes im Volkslogis zugänglich ist (§ 11).**

In den Fällen des Abs. 1 Nr. 3, 4 sind im Ausland für die Festsetzung der Strafe und für das weitere Verfahren die Vorschriften der §§ 5, 122 bis 125 der Seemannsordnung[6] anzuwenden.

1. **Die Strafentscheidungen** aus § 13, deren Tatbestände Übertretungen im Sinne des § 1 Abs. 3 StGB. sind, können von den Schöffengerichten (§ 27 Ziff. 2 GVG.) oder von dem Amtsrichter durch

amtsrichterlichen Strafbefehl (§ 447 StPO.), oder von der Polizeibehörde durch polizeiliche Strafverfügung (§ 453 StPO.) ergehen.

Sämtliche Tatbestände des § 13 sind Übertretungen im Sinne des § 1 Abs. 3 StGB., bei ihnen ist daher Beihilfe (§ 49 StGB.) wie Versuch (§ 43 StGB.) ausgeschlossen.

2. **Die subjektiven Voraussetzungen** der Strafe sind auch hier Vorsatz oder Fahrlässigkeit; und zwar unbedenklich rücksichtlich der Straftaten, die § 13 zum Schutz der Gesetzesvorschriften in Ziff. 1 aufführt, sowie für die Straftaten unter 2—4. Ob nur Vorsatz oder auch Fahrlässigkeit zur Begehung der Straftaten ausreicht, die in den aus § 8 des Gesetzes erlassenen Bestimmungen enthalten sind, ist in den Einzelfällen nach Wortlaut und Sinn der letzteren zu entscheiden (s. Anm. 1 zu § 12).

3. **Der durch Ziff. 1 betroffene Stellenvermittler** ist der gewerbsmäßige, der die Stellenvermittlung auf Grund einer gemäß § 2 erteilten Erlaubnis ausübt, oder ohne eine solche vor dem 1. Okt. 1900 den Gewerbebetrieb begonnen hat (vgl. Anm. 6 § 9).

Die Stellenvermittler, die ohne die Erlaubnis aus § 2, oder nach Entziehung (§ 9 Abs. 1) derselben, oder nach Untersagung des Gewerbebetriebs (§ 9 Abs. 2) die Stellenvermittlung betreiben, sind aus § 12 Ziff. 1, niemals aus § 13, strafbar.

4. **Die einzelnen Tatbestandsmerkmale** der Straftat der Ziff. 2 sind den besonderen Vorschriften in jedem Bundesstaate zu entnehmen, die allgemeine Bestimmungen erlassen und die zur Ausführung derselben zuständigen Behörden bezeichnen können; der einzelne Bundesstaat kann aber auch — sozusagen stillschweigend — seinen Polizeibehörden es überlassen, kraft Ausübung der Polizeigewalt hier Vorschriften zu geben.

Der Begriff „vorzeitigen Betretens“ kann durch die genannten Vorschriften nach den lokalen Verhältnissen allgemein oder für Sonderfälle, wie namentlich für Zeiträume einer Epidemie, näher bestimmt werden.

Der Begriff des „Anbordbringen“ erfordert nicht ein Betreten des Schiffs durch den Stellenvermittler oder Gewerbetreibenden, ist vielmehr erfüllt, wenn letzterer von der Außenseite des Schiffs her die Empfangnahme geistiger Getränke in das Schiff hinein ermöglichen.

Der Begriff: geistige Getränke ist Anm. 5 zu § 3 erläutert.

An Stelle des Kapitäns tritt unter den Voraussetzungen des § 2 der SeemO. vom 2. Juni 1902 sein Stellvertreter. Im übrigen s. vorstehende Anm. 1 letzter Absatz.

5. **Die einzelnen Tatbestandsmerkmale der Ziff. 3** ergeben sich aus der Erläuterung der vorstehenden Anm. 4, sofern eine gegen Ziff. 3 verstoßende Tat im Inlande begangen ist.

Ist eine solche Tat im Auslande begangen, so begründet Ziff. 3 einen der wenigen Ausnahmefälle von §§ 3 u. 4 Reichs-StrafGB., indem die Vorschrift der Ziff. 3 eine im Auslande begangene Übertretung unter Strafe stellt.

Die einzelnen Tatbestandsmerkmale sind hier nach den Anordnungen eines inländischen Seemannsamts, aber auch eines ausländischen Seemannsamts (s. Anm. 6) zu beurteilen.

An Stelle des Kapitäns tritt unter den Voraussetzungen des § 2 der SeemO. vom 2. Juni 1902 sein Stellvertreter.

6. **Die §§ 5, 122—125 der SeemO. vom 2. Juni 1902 bestimmen:**

§ 5. Seemannsämter mit den durch dieses Gesetz ihnen zugewiesenen Befugnissen und Obliegenheiten sind im Reichsgebiete die landesrechtlich, in den Schutzgebieten die vom Reichskanzler bestellten Behörden, im Auslande die Konsulate des Reichs für Hafenplätze.

Die Einrichtung der Seemannsämter im Reichsgebiete steht den Landesregierungen nach Maßgabe der Landesgesetze zu. Ihre Geschäftsführung unterliegt der Oberaufsicht des Reichs.

Bei der Entscheidung in den im § 122 bezeichneten Fällen müssen die Seemannsämter innerhalb des Reichsgebiets mit einem Vorsitzenden und zwei schiffahrtskundigen Beisitzern besetzt sein.

Ist ein Konsul Mitinhaber oder Agent der Reederei des Schiffes, so ist er von der Wahrnehmung der im § 58 bezeichneten Geschäfte eines Seemannsamts in bezug auf dieses Schiff ausgeschlossen, wenn von dem beschwerdeführenden Schiffsoffizier oder der Mehrzahl der beschwerdeführenden Schiffsleute gegen seine Mitwirkung Widerspruch erhoben wird.

§ 122. In den Fällen des § 93 Abs. 1, 2 und der §§ 95, 96, 107, 114 bis 116, 118, 119 erfolgt die Untersuchung und Entscheidung durch das Seemannsamt, im Falle des § 93 Abs. 2 jedoch nur, wenn dieses seinen Sitz außerhalb des Reichsgebiets hat, und in den Fällen der §§ 118, 119 nur, wenn es seinen Sitz im Inlande hat.

§ 123. Das Seemannsamt hat den Angeschuldigten verantwortlich zu vernehmen und den Tatbestand mit möglichster Beschleunigung festzustellen. Eine Vereidigung von Zeugen findet nicht statt. Nach Abschluß der Untersuchung ist ein mit Gründen versehener Bescheid zu erteilen, welcher zu verkünden und dem Angeschuldigten im Falle seiner Abwesenheit in Ausfertigung zuzustellen ist. Wird eine Strafe festgesetzt, so ist die Dauer der für den Fall des Unvermögens an Stelle der Geldstrafe tretenden Freiheitsstrafe zu bestimmen. Der Bescheid wirkt in betreff der Unterbrechung der Verjährung wie eine richterliche Handlung.

Das Verfahren vor dem Seemannsamt ist gebührenfrei.

Im Inlande finden auf dasselbe die Vorschriften der §§ 170, 173 bis 176 des Gerichtsverfassungsgesetzes über die Öffentlichkeit entsprechende Anwendung.

Im übrigen wird das Verfahren vor dem Seemannsamte durch Verordnung des Bundesrats geregelt. Die Verordnung ist dem Reichstage bei seinem nächsten Zusammentritte zur Kenntnisnahme vorzulegen.

§ 124. Gegen den Bescheid des Seemannsamts kann der Beschuldigte innerhalb einer zehntägigen Frist von der Verkündigung oder der Zustellung ab auf gerichtliche Entscheidung antragen. Der Antrag ist bei dem Seemannsamte zu Protokoll oder schriftlich anzubringen. Dasselbe hat dem Antragsteller auf Verlangen eine Bescheinigung über den Antrag zu erteilen.

Verläßt das Schiff vor Ablauf der Frist den Hafen, so kann der Schiffsmann auch bei dem Kapitän zu Protokoll oder schriftlich innerhalb der Frist Einspruch einlegen. Dem Schiffsmann ist auf Verlangen eine Bescheinigung über den erhobenen Einspruch einzuhändigen. Der Kapitän hat, sobald es geschehen kann, den Einspruch in das Schiffstagebuch einzutragen und den Antrag dem Seemannsamte zu übersenden. Die Verjährung ruht von der Einlegung des Einspruchs bis zum Eingange des Antrags beim Seemannsamte.

Hat das Seemannsamt seinen Sitz im Inlande, so ist für das weitere Verfahren dasjenige Gericht örtlich zuständig, in dessen Bezirke dieser Sitz belegen ist. Hat es seinen Sitz im Auslande, so ist dasjenige Gericht örtlich zuständig, in dessen Bezirke sich der inländische Heimatshafen oder in Ermangelung eines solchen der Registerhafen des Schiffes befindet; fehlt es an einem hiernach zuständigen deutschen Gerichte, so wird das Gericht von dem Reichsgerichte bestimmt.

§ 125. Der Bescheid des Seemannsamts ist in betreff der Beitreibung der Geldstrafe vorläufig vollstreckbar.

Die Vollstreckung der Strafbescheide der inländischen Seemannsämter erfolgt durch die landesgesetzlich hierzu bestimmten

Behörden. Die Vollstreckung der von einem Seemannsamt im Ausland erlassenen Strafbescheide erfolgt gebührenfrei durch dieses selbst, wobei der Kapitän den auf Beitreibung der Geldstrafe gerichteten Anordnungen des Seemannsamts Folge zu leisten hat; die Vorschriften der §§ 811, 850 der Zivilprozeßordnung über die Unpfändbarkeit von Sachen und Ansprüchen finden entsprechende Anwendung.

Die im Abs. 2 bezeichneten inländischen Vollstreckungsbehörden haben auf Ersuchen auch die von einem Seemannsamt außerhalb ihres Amtsbereichs erlassenen Strafbescheide gegen die innerhalb ihres Amtsbereichs befindlichen Personen zu vollstrecken. Auf die Erledigung des Ersuchens finden die Vorschriften des Gesetzes über den Beistand bei Einziehung von Abgaben und Vollstreckung von Vermögensstrafen vom 9. Juni 1895 (RGBl. S. 256) entsprechende Anwendung.

§ 14.

Auf den Gewerbebetrieb des Stellenvermittlers finden die Vorschriften der Gewerbeordnung insoweit Anwendung,[1] als nicht in diesem Gesetze[2] besondere Bestimmungen[3] getroffen sind.

1. **Die rechtssystematische Stellung des Stellenvermittlergesetzes,** die nach den Motiven (vgl. Anm. 1 § 1) die eines „die Gewerbeordnung ergänzenden Sondergesetzes" ist, findet im § 14 ihre gesetzliche Bestätigung, im § 19 mit der Aufhebung der in diesem aufgeführten Gesetzesvorschriften der §§ 34, 38, 75a, 148 Ziff. 8, 149 Ziff. 7a für Stellenvermittler ihre sondergesetzliche Begrenzung.

Die gesetzestechnische Konsequenz des § 14 in Verbindung mit der Aufhebung nur der im § 19 aufgezählten GewO.-Paragraphen ist demnach:

Gesetzesvorschriften der GewO., die auf die für Stellenvermittler aufgebobenen Paragraphen verweisen, sind um deswillen nicht aufgehoben. Es treten vielmehr an die Stelle der Tatbestände der aufgehobenen Paragraphen, auf die nicht aufgehobene Paragraphen der GewO. verweisen, die Tatbestände der Paragraphen des Stellenvermittlergesetzes (gl. A.: Fischer Anm. 8 I; — a. M.: Hoffmann I b zu § 47 und § 148).

2. **Den Bestimmungen in dem Gesetze** stehen diejenigen Bestimmungen gleich, die auf Grund seines § 8 durch Verwaltungsvorschriften

getroffen sind, aber nur insoweit, als sie den Rahmen des § 8 nicht überschreiten (vgl. Anm. 2 § 8).

3. **Besondere Bestimmungen sind durch das Gesetz nicht getroffen** und auch durch Verwaltungsvorschriften aus § 8 nicht treffbar, soweit es sich um folgende Vorschriften der GewO. handelt, die somit auch auf Stellenvermittler anwendbar sind und sich finden:

a) **Im Titel I: „Allgemeine Bestimmungen“ der GewO.**

§ 1 Abs. 2 gestattet den Stellenvermittlern, die vor dem Inkrafttreten des Gesetzes das Gewerbe betrieben, es auf Grund der bisherigen Konzession fortzusetzen, und soweit sie ohne eine solche den Gewerbebetrieb vor dem 1. Okt. 1900 begonnen hat, fernerhin ohne jede Erlaubnis das Stellenvermittlergewerbe weiter zu treiben (vgl. § 9 Abs. 2 und Anm. 6 dazu).

Die Zurücknahme der Erlaubnis oder die Untersagung des Gewerbebetriebs ist aber bei Eintritt der Voraussetzungen des § 9 Abs. 1 u. 2 aus diesen Vorschriften gegen alle Stellenvermittler möglich.

§ 11 läßt wie bisher auch fortan weibliche Stellenvermittler zu.

§ 11a in seiner jetzigen durch Art. 36 EGBGB. bestimmten Fassung regelt die zivilrechtliche Verpflichtung einer verheirateten Stellenvermittlerin.

§ 12 regelt die Zulässigkeit des Gewerbebetriebs der Stellenvermittlung durch ausländische juristische Personen (s. Anm. 1 zu § 2!!) nach landesgesetzlicher Vorschrift. In Preußen erfordert jener Gewerbebetrieb nach § 18 des G. vom 22. Juni 1881 ministerielle Genehmigung, soweit nicht Staatsverträge ein anderes bestimmen.

§ 13 bleibt, wie schon in Anm. 12 zu § 2 (s. S. 32) erwähnt, auch auf den Stellenvermittler anwendbar.

b) **Aus Titel II: „Stehender Gewerbebetrieb“** der GewO. sind hier anwendbare Vorschriften die des:

§ 14 Abs. 1 und **§ 15**, in denen die Anzeige des Anfangs des Gewerbebetriebs und die polizeiliche Bescheinigung der Anzeige sowie die polizeiliche Verhinderung eines ungenehmigten Gewerbebetriebs vorgesehen sind. § 15 Abs. 2 ist aber in Preußen durch Erlaß vom 9. Aug. 1910 Ziff. 4 ersetzt (s. S. 117); in Sachsen ist § 14 durch § 1 Anlage I der VO. vom 20. Okt. 1910 geändert (s. S. 193).

§ 15a über Anbringung von Namen oder Firmen an offenem Laden, soweit nicht an Stelle seiner Vorschrift Verwaltungsvorschriften aus § 8 treten, wie in Preußen durch die drei Anlagen des Erl. vom 19. Aug. 1910 Ziff. 6 (s. S. 123), Ziff. 6 (S. 139), Ziff. 10 (S. 149), in Bayern Bek. vom 6. Okt. 1910 §§ 9, 21 (s. S. 165—169), Bek. vom 6. Okt. 1910 § 10 (S. 176), in Sachsen § 10 Anlage I (S. 194), § 2

Anlage II (S. 197), § 1 Anlage III (S. 205) der VO. vom 20. Okt. 1910.

§ 41. Gesellen, Gehilfen, Arbeiter betreffend, soweit nicht seine Vorschrift durch Verwaltungsvorschriften beseitigt bzw. geändert ist, wie in Preußen durch Erl. vom 19. Aug. 1910 Ziff. 9 (S. 124), Erl. vom 19. Aug. 1910 Ziff. 8 (S. 124); in Bayern Bek. vom 6. Okt. 1910 § 13 S. 166; in Sachsen Anlage II § 8 (S. 199), Anlage III § 10 (S. 207) der VO. vom 20. Okt. 1910; in diesen Bundesstaaten ist § 41 GewO. somit hier nur für die Herausgeber von Stellen- und Vakanzenlisten anwendbar.

§ 42. Die Ausübung des Gewerbebetriebs außerhalb des Gemeindebezirks der gewerblichen Niederlassung ist Stellenvermittlern nur so weit gestattet, als Verwaltungsvorschriften aus § 8 es nicht verbieten. In Preußen ist der § 42 nur auf Stellenvermittler für Bühnenangehörige und die Herausgeber von Stellen- und Vakanzenlisten anwendbar; s. Erl. vom 19. Aug. 1910 Ziff. 16 (S. 128). Dasselbe gilt für Bayern, s. Bek. vom 6. Okt. 1910 § 17 Ziff. 6 (S. 168) und Sachsen s. § 10 Anlage III (S. 207).

§§ 45—47, betr. Gewerbebetrieb durch Stellvertreter und Erben, sind nach der klaren Erläuterung der Motive auch für das Stellenvermittlergewerbe anwendbar. Verwaltungsvorschriften aus § 8 können aber jene Vorschriften ändern. Dies ist geschehen: in Preußen durch Erl. vom 19. Aug. 1910 Ziff. 9 (S. 124), Ziff. 8 (S. 140); in Bayern durch Bek. vom 6. Okt. 1910 § 13 Abs. 2 (S. 166); in Sachsen Anlage II § 8 Abs. 2 (S. 199), Anlage III § 13 Abs. 2 (S. 208).

c) **Titel** III: „Gewerbebetrieb im Umherziehen"
Titel IV: „Marktverkehr."
} sind in demselben Umfang wie § 42 des Titel II anwendbar; s. vorstehende Erläuterung zu § 42 GewO.

Titel VI ist, soweit er „Innungen, Innungsausschüsse, Innungsverbände" in seinen §§ 81—99, 100, 104—104h umfaßt, auch auf das Stellenvermittlergewerbe anwendbar.

Titel VII mit seinen Vorschriften über „gewerbliche Arbeiter" erstreckt seine Anwendung auf das Stellenvermittlergewerbe mit den Vorschriften in § 105 (Vertragsabrede), in §§ 105a, 105d, 105e, 105f (diese Paragraphen können sehr wohl auch in Zeitpunkten landschaftlicher Notstände anwendbar sein) Sonntag- und Festtagarbeiten betreffend, in §§ 106, 107 (Beschäftigung Minderjähriger), §§ 107—114a (Arbeitsbuch, Zeugnis, Lohnbücher), §§ 115—119a (Lohnzahlung), § 120 (Fortbildungsschulen), §§ 120a, 120e (Betriebsräume), §§ 121—139b (Gehilfen, Lehrlinge, Abreden über Beschränkung gewerblicher Tätigkeit nach Vertragslösung, Arbeitsordnung).

Titel VIII: „Gewerbliche Hilfskassen", ist für das Stellenvermittlergewerbe selbstverständlich anwendbar.

Titel IX: „Statutarische Bestimmungen", ist schon durch § 8 des Gesetzes für das Stellenvermittlergewerbe die Anwendbarkeit entzogen.

Titel X: „Strafbestimmungen".

§ 143 hat die Ausführung seines Grundsatzes und dadurch zugleich seinen Ersatz durch §§ 9, 10 des Gesetzes erhalten.

§ 144 hat die Ausführung des in ihm enthaltenen Grundsatzes durch §§ 12, 13 des Gesetzes und die Straffestsetzungen gefunden, die in den gemäß § 8 des Gesetzes enthaltenen Verwaltungsvorschriften enthalten sind.

§ 145. Der Abs. 1 dieses § 145 ist anwendbar für alle Straftatbestände die sich aus Zuwiderhandlungen gegen die Vorschriften ergeben, die nach Vorstehendem in den Titeln I—IX auch auf das Stellenvermittlergewerbe sich beziehen.

Der Abs. 2 ist auf die soeben gedachten Straftatbestände zweifellos anwendbar.

Streitig aber ist die Anwendbarkeit des Abs. 2 auf die im Sinne des § 1 Abs. 2 u. 3 StGB. sich als Vergehen charakterisierende Tatbestände des § 12 des Gesetzes.

Die rechtssystematische Stellung des Stellenvermittlergesetzes als eines „die Gewerbeordnung nur ergänzenden Sondergesetzes" (vgl. Anm. 1 § 1) läßt in Übereinstimmung mit den Motiven die Anwendbarkeit des Abs. 2 auch auf die Tatbestände des § 12 des Gesetzes zu (gl. A.: Hahn Anm. 1; Szczesny S. 74; — a. M.: Fischer Anm. I 5 zu § 12 und II 5 zu § 14); s. Anm. 1 zu § 12 S. 90.

Die Straftaten gegen § 12 verjähren somit, obschon sie Vergehen sind, in drei Monaten; die gleiche Verjährungsfrist gilt für die Straftaten gegen § 13 schon um deswillen, weil diese Übertretungen sind.

§ 147 ist in Ziff. 1 durch § 13 Ziff. 1 des Gesetzes ersetzt, die Ziff. 2, 3 sind hier inhaltslos, die Ziff. 4, 5 sind anwendbar.

§ 148 mit seinen einzelnen Vorschriften ist:

in Ziff. 1, 2, 3, 4, 5—7e, 9c inhaltslos für das Stellenvermittlergewerbe;

die Ziff. 8 ist durch § 19 des Gesetzes aufgehoben;

die Ziff. 4a ist rücksichtlich ihrer Anwendbarkeit auf das Hilfspersonal der gewerbsmäßigen Stellenvermittler streitig, weil der in Ziff. 4a in Bezug genommene § 38 GewO. durch § 19 aufgehoben ist.

Diese Aufhebung des § 38 hat hier aber nur die gesetzestechnische Konsequenz, daß der Tatbestand des § 38 durch den entsprechenden Tatbestand der Vorschriften des Stellenvermittlergesetzes ersetzt wird (vgl. Anm. 1 S. 100 und die dort zitierten Literaturstellen).

Angestellte des gewerbsmäßigen Stellenvermittlers, die die für den Gewerbebetrieb des letzteren erlassenen Vorschriften verletzen, sind daher aus § 148 Ziff. 4a GewO. strafbar. Die entsprechende Strafbarkeit der Angestellten nicht gewerbsmäßiger Stellenvermittler setzt § 16 des Gesetzes fest.

Die übrigen Ziffern des § 148 können im Stellenvermittlergewerbe zur Anwendung gelangen.

§ 149 Ziff. 1—7 können innerhalb des Betriebes des Stellenvermittlergewerbes anwendbar werden. Ziff. 7a ist durch § 19 des Gesetzes aufgehoben, da seine Vorschrift durch § 13 Ziff. 1 des Gesetzes ersetzt ist.

§ 150 ist auch hier anwendbar.

§ 151 ist gleichfalls im Steellenvermittlergewerbe anwendbar. Einen Hauptanwendungsfall wird der § 151 auf gesetzliche Vertreter juristischer Personen finden, denen die Erlaubnis des § 2 (s. Anm. 1 § 2) erteilbar, aber da juristische Personen als fingierte Rechtspersonen nicht eine Unzuverlässigkeit erweisen können, aus § 9 nicht entziehbar ist.

§§ 152, 153 sind hier zweifelsfrei anwendbar.

Die Schlußbestimmungen der §§ 154—156 enthalten im § 155 nur rücksichtlich der vorstehend für das Stellenvermittlergewerbe anwendbaren Vorschriften der GewO. eine hier noch erhebliche Bestimmung der zur Ausführung derselben zuständigen Behörden.

§ 15.

[1] Die Landeszentralbehörde[2] kann bestimmen,[3] inwieweit die Vorschriften der §§ 3, 5 auf nicht gewerbsmäßig betriebene Stellen- oder Arbeitsnachweise[4] anzuwenden[5] sind, und weitere Bestimmungen über den Umfang der Befugnisse und Verpflichtungen sowie über den Betrieb dieser Nachweise erlassen.[6] [7] [8]

1. **Der legislatorische Zweck** der Gesetzesvorschrift des § 15 ergibt sich aus der Erklärung der Motive:

> „Es wird darüber Klage geführt, daß unter dem Deckmantel von gemeinnützigen Vereinsbildungen die Vorschriften über den Geschäftsbetrieb der Stellenvermittler umgangen, daß u. a. in der Form von Vereinsbeiträgen hohe Gebühren erhoben werden,

und daß die Versuche, die Gewerbsmäßigkeit der Vereinstätigkeit nachzuweisen, nicht immer gelungen sind. Auch bei einzelnen Körperschaften, die anerkanntermaßen nicht gewerbsmäßig Stellen vermitteln, haben sich Gebräuche eingeschlichen, die es notwendig erscheinen lassen, gewisse Mindestforderungen durchzuführen. Der Stellen- und Arbeitsnachweis solcher Vereine und Körperschaften ist vielfach in Gast- und Schankwirtschaften, deren Besitzer mit dem Leiter des Nachweises in Verbindung stehen, untergebracht. Oft wird die Besetzung einer guten Stelle von der Menge der verzehrten Nahrungs- und Genußmittel abhängig gemacht, oder es findet eine Verleitung zum Genuß alkoholischer Getränke statt. Die Möglichkeit eines Verbots der Unterbringung derartiger Nachweise in Gast- und Schankwirtschaften und einer gewissen polizeilichen Kontrolle über den Geschäftsbetrieb ist nicht zu entbehren. Die im § 12 vorgeschlagene Bestimmung wird es auch ermöglichen, gegenüber den Mißständen, die sich aus der Tätigkeit einseitiger Arbeitgeber- oder Arbeitnehmer-Arbeitsnachweise ergeben sollten, und im Interesse der ungehinderten Wirksamkeit der öffentlichen gemeinnützigen Arbeitsnachweise die etwa erforderlichen Vorkehrungen zu treffen."

2. **Die Landeszentralbehörde** ist hier, wo die Regelung nicht nur des gewerblichen Lebens, sondern auch anderen beruflichen Lebens im Staatsgebiete in Mitleidenschaft steht — in Abweichung von § 8 (s. Anm. 1) —:

In Preußen der Minister für Handel und Gewerbe im Verein mit dem Minister für Landwirtschaft, Domänen und Forsten und dem Minister des Innern (s. deren gemeinsamen Erl. vom 21. Aug. 1910, S. 153).

In Bayern ist dagegen auch hier, wie im § 8, der Minister des Kgl. Hauses und des Äußern die zuständige Landeszentralbehörde (s. Bek. vom 6. Dez. 1910, S. 185).

In Sachsen sind bisher landeszentralbehördliche Bestimmungen aus § 15 nicht erlassen.

3. **Dem freien Ermessen** der Landeszentralbehörde ist es überlassen, ob Bestimmungen aus § 15 überhaupt und, falls dies geschieht, in welchem Umfange und in welcher Art erlassen werden.

4. **Der Begriff der nicht gewerbsmäßig betriebenen Stellen- oder Arbeitsnachweise** zeigt in seiner fünfgliedrigen Zusammensetzung folgende Voraussetzungen:

Als nicht gewerbsmäßige Tätigkeiten kommen nur Nachweise in Betracht, die ohne die Absicht vorgenommen werden, aus ihr einen Gewinn zu erzielen. Unter welchen Bedingungen dies nur zutrifft, ergibt sich aus Anm. 4 zu § 1.

Nicht gewerbsmäßige Tätigkeiten können als solche nicht nur von gemeinnützigen Vereinen, Arbeitgeber- oder Arbeitnehmer-Vereinigungen, sondern auch von jeder Privatperson ausgeübt werden.

Mit nicht gewerbsmäßig „betriebene" Nachweise hat das Gesetz nicht die Voraussetzung einer besonders gestalteten Ausübungsform jener Nachweise aufgestellt. Betreiben ist vielmehr hier in dem sprachlich gewöhnlichen Sinne des fortgesetzten Ausübens einer bestimmten, hier also einer als fortlaufend beabsichtigten, Stellen nachweisenden Tätigkeit zu verstehen, wie z. B. jemand den Sport vielstündiger Spaziergänge „betreibt" (a. M.: Fischer Anm. 3, der unter Betreiben hier versteht, „daß gewisse Veranstaltungen und Einrichtungen gegeben sein müssen").

Die Voraussetzung: Stellen- oder Arbeitsnachweise ist gleichfalls dem allgemein sprachlichen Sinne jener Worte zu entnehmen. Dieser versteht unter „Stelle" eine langzeitigere, fortgesetzte Arbeit, unter Arbeit ein vorübergehendes kurzzeitiges Arbeiten. A. M.: Fischer der in dem Gebrauche beider Worte „eine unnötig schwulstige Ausdrucksweise des Gesetzes" sieht, ein Vorwurf, der dem Reichsgesetzgeber nicht ohne überzeugende Gründe gemacht werden kann; Hahn versteht unter Stellennachweis in der Regel einen Arbeitsnachweis für Gesinde und sonstige mit häuslichen Diensten beschäftigte Personen, während der Ausdruck Arbeitsnachweis in der Regel „Arbeitsnachweis gewerblicher Arbeiter" bekunden soll.

Unter „Nachweise" von Stellen oder Arbeit ist hier wie im § 652 BGB. die fortgesetzte Tätigkeit eines Nachweisens der Gelegenheit zum Abschluß von Verträgen gemeint.

Zweifelhaft aber bleibt, ob eine zu jener Tätigkeit hinzukommende Erweiterung derselben die Anwendbarkeit des § 15 ausschließt. Dies ist jedoch nach der in Anm. 1 erwähnten Gesetzesbegründung unbedingt zu verneinen.

Nach dieser ist § 15 anwendbar auf einen nicht gewerbsmäßigen Stellenvermittler, wenn dieser seine Tätigkeit (natürlich nicht gewerbsmäßig) auch zu einer der Tätigkeiten des § 1 des Gesetzes erweitert, also auch die Vermittlung von Verträgen (§ 1 Ziff. 1) ausführt oder zum Zwecke des Stellen- oder Arbeitsnachweises mit Arbeitgebern oder Arbeitnehmern sich in besondere Beziehungen setzt (§ 1 Ziff. 2; — gl. A.: Fischer a. a. O.).

5. **Die Anwendbarkeit der §§ 3 u.** 5 des Gesetzes, also der gewerblichen Verbote des § 3, der Taxvorschriften des § 5, durch landes-

zentralbehördliche Bestimmung auf nicht gewerbsmäßige Stellenvermittler gestattet § 15. Hiermit ist zugleich andererseits die Anwendung anderer Gesetzesbestimmungen auf jene Stellenvermittler ausgeschlossen. Die in Preußen durch Ziff. 10 des Erl. vom 21. Aug. 1910 (S. 156) ausgesprochene Anwendbarkeit des § 4 des Gesetzes auf jene Stellenvermittler entbehrt daher der reichsgesetzlichen Grundlage.

6. **Weitere Bestimmungen** — außer der Anwendung der §§ 3 u. 5 des Gesetzes — sind landeszentralbehördlichen Bestimmungen nur rücksichtlich des Umfangs der Befugnisse und Verpflichtungen und des Betriebs jener nicht gewerbsmäßigen Nachweise gestattet.

Wird die in Anm. 1 wiedergegebene Gesetzesbegründung beachtet und ferner berücksichtigt, daß nur die Anwendung der §§ 3 u. 5 des Gesetzes hier behördlicher Bestimmung unterstellt ist, so ergibt sich:

Die behördlichen Bestimmungen können Gesetzesvorschriften, die nicht in den §§ 3 u. 5 enthalten, niemals für die nicht gewerbsmäßigen Stellenvermittler treffen. Denn es ist klar, daß anderenfalls dies der Gesetzgeber ausdrücklich gesagt hätte.

Ausgeschlossen sind daher auch behördliche Bestimmungen, welche inhaltlich eine Verschärfung oder Erweiterung der Gesetzesparagraphen (von §§ 3 u. 5 abgesehen) enthalten; wie solches für gewerbsmäßige Stellenvermittler allerdings möglich (vgl. Anm. 2b § 8).

Die behördlichen Bestimmungen können, wie im Falle des § 8, niemals in die Rechtssphäre der Kontrahenten der Stellenvermittler eingreifen (s. Anm. 2d § 8; s. auch nachfolgende Anm. 7).

Die behördlichen Bestimmungen können dagegen sowohl die öffentlichrechtlichen wie zivilrechtlichen Befugnisse und Verpflichtungen (wie im Falle des § 8 regeln, vgl. Anm. 2c u. 3 zu § 8, und ebenso wie die aus § 8 erlassenen Vorschriften) den Geschäftsbetrieb der nicht gewerbsmäßigen Stellenvermittler regeln (Anm. 4 § 8).

7. **Das Rechtsverhältnis zwischen dem nicht gewerbsmäßigen Stellenvermittler und seinem Kunden**, er sei Arbeitgeber oder Arbeitnehmer, ist dasjenige des Auftrags §§ 662—674 (§ 675 ist hier, wo unentgeltliche Stellenvermittlung nur vorliegt, unanwendbar) und § 676 BGB.

Die Rechte und Pflichten des Kunden unterliegen uneingeschränkt den Vorschriften jener §§ 662—676; ihm erwächst insbesondere bei Verletzung der §§ 663, 671 Abs. 2 durch den nicht gewerbsmäßigen Stellenvermittler gegen letzteren ein Schadenersatzanspruch.

Die Rechte und Pflichten des nicht gewerbsmäßigen Stellenvermittlers unterstehen den §§ 662—674, 676 BGB. nur insoweit, als sie nicht durch die landespolizeilichen Vorschriften aus § 15 beschränkt oder ausgeschlossen sind. Insbesondere kann durch letztere, sofern sie hier § 5 des Gesetzes zur Anwendung bringen, ein Anspruch auf Vorschuß (§ 669) ganz, Ansprüche auf Ersatz von Aufwendungen an die Bedingung geknüpft werden, daß der Vertrag über die nachgewiesene Stelle oder Arbeit zustande gekommen (a. M.: Fischer Anm. 4 I).

Über einen Schadenersatzanspruch gegen Arbeitgeberverbände als nicht gewerbsmäßige Stellenvermittler aus grundloser Zurückweisung eines Arbeitsnachweises s. RGZ. 57, 418 und 65, 423.

8. **Erlassen** sind auf Grund des § 15:

in *Preußen*: Erl. vom 21. Aug. 1910 nebst Anlage vom 21. Aug. 1910 (s. S. 153);

in *Bayern*: Bek. vom 6. Okt. 1910 (s. S. 185).

§ 16.

Mit Geldstrafe bis zu einhundertfünfzig Mark oder mit Haft[1] werden Leiter oder Angestellte[2] eines nicht gewerbsmäßigen Stellen- oder Arbeitsnachweises[3] bestraft, welche den auf Grund des § 15 getroffenen Bestimmungen zuwiderhandeln.

1. **Die Strafentscheidungen aus § 16**, dessen Tatbestand eine Übertretung im Sinne des § 1 Abs. 3 StGB. ist, können von den Schöffengerichten (§ 27 Ziff. 2 GVG.) oder von dem Amtsrichter durch amtsrichterlichen Strafbefehl (§ 447 StPO.) oder von der Polizeibehörde durch polizeiliche Strafverfügung (§ 453 StPO.) ergehen.

2. **Leiter** eines nicht gewerbsmäßigen Nachweises ist, wer die durch letzteren bedingte Tätigkeit nach selbständiger Entschließung ausführt. Derselbe kann zugleich Angestellter des Inhabers des Nachweises sein oder diesen von dem Inhaber zu selbständiger Führung übernommen haben. Selbstverständlich ist im Sinne des § 16 wie des nachfolgenden § 17 der Inhaber des Nachweises auch „Leiter" desselben, wenn er selbst die Nachweistätigkeit ausübt.

Angestellter des Nachweises ist wer von dem Inhaber des letzteren zur Ausübung der durch den Nachweis erforderten Tätigkeit angenommen ist, bei seiner Tätigkeit somit den Anweisungen des Inhabers untersteht.

3. **Der Begriff eines nicht gewerbsmäßigen Stellen- oder Arbeitsnachweises** ist in Anm. 4 zu § 15 S. 105 erörtert.

§ 17.

Sind innerhalb zweier Jahre[1] wiederholt Leiter oder Angestellte[2] eines nicht gewerbsmäßigen Stellen- oder Arbeitsnachweises wegen Übertretung nach § 16 rechtskräftig verurteilt,[3] so können[4] die Landeszentralbehörde oder die von ihr bezeichneten Behörden[5] den Betrieb untersagen.[6] § 10 gilt entsprechend.[7]

1. **Die Voraussetzung: „Innerhalb zweier Jahre wiederholt rechtskräftig verurteilt"** weicht von der im § 12 letzter Absatz aufgestellten ab. Wie in letzter Vorschrift genügt hier schon eine zweite Verurteilung; beide müssen aber nicht nur rechtskräftig sein, sondern die Rechtskraft der zweiten Verurteilung muß noch vor Ablauf von zwei Jahren seit Rechtskraft der ersten Verurteilung eingetreten sein.

2. **„Leiter oder Angestellte"** (s. Begriff Anm. 2 § 16) müssen verurteilt sein; nicht erforderlich ist sonach zweimalige Verurteilung eines oder gar desselben Leiters, hinreichend vielmehr, daß innerhalb der in Anm. 1 gedachten Frist ein Leiter und ein Angestellter verurteilt sind (gl. A.: Fischer Anm. 4; Hoffmann Anm. 3).

3. **Der Begriff: „rechtskräftig verurteilt"** ist in Anm. 11 § 12 S. 95 erörtert.

4. **Dem freien behördlichen Ermessen** ist — in Abweichung von der für gewerbsmäßige Stellenvermittler im § 9 Abs. 3 getroffenen Vorschrift — eine Maßregel aus § 17 überlassen.

5. **Als zuständige Behörden sind bezeichnet** (s. Anm. 2 § 15 S. 105):

in Preußen der Kreisausschuß, in Stadtkreisen und in den zu einem Landkreise gehörigen Städten mit mehr als 10000 Einwohnern der Bezirksausschuß des Sitzes des Nachweises auf Klage der Ortspolizeibehörde (§ 3 VO. vom 25. Juli 1910, s. S. 116);

in Bayern die Distriktspolizeibehörde des Sitzes des Nachweises (§ 14 Bek. vom 6. Okt. 1910, s. S. 189).

6. **Das Untersagen des Betriebes aus § 17** braucht aber — wie in Anm. 4 schon erwähnt — nicht stets zu erfolgen. An Stelle dieser Maßregeln kann vielmehr, da die wiederholten Übertretungen der aus § 15 erlassenen Bestimmungen und somit wiederholte Tatbestände des § 16, zugleich eine Unzuverlässigkeit des betreffenden nicht gewerbsmäßigen Nachweises ergeben:

in Preußen: die Ortspolizeibehörde die Entlassung eines Leiters oder Angestellten nur erfordern, und zwar gemäß Ziff. 3 der Anlage des Erl. vom 21. Aug. 1910 (s. S. 154);

in Bayern: die Distriktspolizeibehörde gemäß § 3 der Bek. vom 6. Okt. 1910 (s. S. 186) einen Leiter oder Angestellten als unzulässig bezeichnen und dadurch ihre Entlassung erzielen.

Eine Untersagung des Betriebs aus einer andern Vorschrift als derjenigen des § 17, wird durch diesen Paragraphen nicht ausgeschlossen.

Freilich bedarf es hierzu einer besonderen landesgesetzlichen Vorschrift (gl. A.: Köhler § 17; Fischer a. a. O.).

7. **Durch die entsprechende Anwendung des § 10** ist das Verfahren der Betriebsuntersagung dem Verwaltungsstreitverfahren (s. auch vorstehende Anm. 5) unterstellt. Jenes Verfahren ist bereits in Anm. 4 § 10 erörtert, auf die hier verwiesen werden kann.

§ 18.

Wer[1] den Betrieb nach der Untersagung[2] fortsetzt oder ohne Erlaubnis der untersagenden Behörde[3] wieder aufnimmt, wird mit Geldstrafe bis zu sechshundert Mark oder mit Haft bestraft.[4]

1. **Als Täter** kommt hier, wie die §§ 15—17 in Verbindung mit § 12 Ziff. 1 zeigen, nur der Inhaber eines nicht gewerbsmäßigen Stellen- oder Arbeitsnachweises in Betracht, der als solcher zugleich „Leiter" des Nachweises sein kann, aber es nicht zu sein braucht (vgl. Anm. 2 § 16, auch Ziff. 2 der VO. vom 21. Aug. 1910, S. 154).

2. **Die Untersagung** des Betriebs aus § 17 — nicht auch aus einer anderen Vorschrift (s. Anm. 6 § 17) —, die § 18 zur Straftatvoraussetzung nimmt, ist in ihrem quantitativen Umfang nicht bedenkenfrei. Schon nach der Fassung der §§ 17, 18 ist anzunehmen, daß die Untersagung des Betriebs eines Nachweises bestimmter Art, z. B. für Landarbeiter, nicht den — erlaubnisfreien — Neubetrieb eines nicht gewerbsmäßigen Nachweises, z. B. für städtisches Gesinde, hindert, hierdurch somit eine Straftat gegen § 18 nicht begangen wird. „Fortsetzen" oder „wieder aufnehmen" kann man nur den Betrieb, der bisher ausgeführt wurde (s. auch folgende Anm.; gl. A.: Fischer Anm. 3; Hoffmann Anm. 3).

3. **Die Fortsetzung oder Wiederaufnahme** „des" untersagten Betriebs ist aber nur mit Erlaubnis derjenigen Behörde zulässig, von der die Untersagung ausgegangen (anders im Falle der Anm. 2 § 9).

Streitig ist, ob die Erlaubnis der untersagenden Behörde auch für die Aufnahme des untersagten Betriebs außerhalb des Amtsbezirks jener Behörde erforderlich. Der Umstand, daß behördliche

Anordnungen regelmäßig eine lokale Begrenzung haben und eine Vorschrift, wie sie § 9 Abs. 2 letzter Satz des Gesetzes enthält, hier nicht getroffen, begründet die Schlußfolgerung, daß eine behördliche Betriebsuntersagung der Aufnahme des Betriebs in einem Amtsbezirke einer anderen Behörde nicht entgegensteht (gl. A.: Hoffmann Anm. 3; a. M.: Fischer Anm. 3).

4. **Der Straftatbestand des § 18** ist der des Vergehens im Sinne des § 1 Abs. 2 StGB.; es kommen daher die in Anm. 1 zu § 12 dargelegten Rechtsgrundsätze zur Anwendung.

§ 19.

Dieses Gesetz tritt am 1. Oktober 1910 in Kraft. Gleichzeitig treten außer Kraft:

das Gesetz, betreffend die Stellenvermittlung für Schiffsleute, vom 2. Juni 1902 (Reichs-Gesetzbl. S. 215),

die auf die Gesindevermieter und Stellenvermittler bezüglichen Vorschriften der §§ 34, 38, 53, 75a, § 148 Ziffer 8, § 149 Ziffer 7a der Gewerbeordnung.[1]

Urkundlich unter Unserer Höchsteigenhändigen Unterschrift und beigedrucktem Kaiserlichen Insiegel.

Gegeben Neues Palais, den 2. Juni 1910.

Im Allerhöchsten Auftrage Seiner Majestät des Kaisers und Königs:

(L. S.) **Wilhelm, Kronprinz.**
Delbrück.

1. s. Anm. 1 zu § 14.

Anhang.

Die Ausführungsbestimmungen zum Stellenvermittlergesetz

für

Preußen, Bayern und Sachsen.

A. Preußen.

1. Verordnung zur Ausführung des Stellenvermittlergesetzes vom 2. Juni 1910 (RGBl. S. 860).

Vom 25. Juli 1910.

Wir Wilhelm, von Gottes Gnaden König von Preußen usw., verordnen zur Ausführung des Stellenvermittlergesetzes vom 2. Juni 1910 (RGBl. S. 860) auf Grund des § 121 des Gesetzes über die Zuständigkeit der Verwaltungs- und Verwaltungsgerichtsbehörden vom 1. August 1883 (GS. S. 237), was folgt:

§ 1.[1]

Über die Anträge auf Erteilung der Erlaubnis[2] zum Gewerbebetrieb eines Stellenvermittlers[3] beschließt, vorbehaltlich der Ausnahme im § 2, nach Anhörung der Ortspolizeibehörde der Kreis-(Stadt-)Ausschuß. Wird von der Ortspolizeibehörde Widerspruch erhoben, so darf die Erlaubnis nur auf Grund mündlicher Verhandlung im Verwaltungsstreitverfahren[4] erteilt werden.

Wird die Erlaubnis versagt, so steht dem Antragsteller binnen zwei Wochen der Antrag auf mündliche Verhandlung im Verwaltungsstreitverfahren vor dem Kreis-(Stadt-)Ausschusse zu.

Die Entscheidung des Bezirksausschusses ist endgültig.[5]

In den zu einem Landkreise gehörenden Städten mit mehr als 10000 Einwohnern tritt an die Stelle des Kreisausschusses der Magistrat (kollegialische Gemeindevorstand).

1. s. Anm. 1 § 8 des Gesetzes S. 74.

2. s. Anm. 2 § 2 des Gesetzes S. 19.

3. Mit Ausnahme der Stellenvermittler für Bühnenangehörige, für die der folgende § 2 gilt.

4. s. §§ 82—85 des Gesetzes über die allgemeine Verwaltung vom 30. Juli 1883.

5. Die Revision somit ausgeschlossen.

§ 2.

Über Anträge auf Erteilung der Erlaubnis zum Gewerbebetrieb eines Stellenvermittlers für Bühnenangehörige beschließt der Bezirksausschuß. § 1 Abs. 1, 2 gilt entsprechend.[1]

Im Landespolizeibezirke Berlin tritt an die Stelle des Bezirksausschusses der Polizeipräsident. Gegen seinen versagenden Bescheid findet binnen zwei Wochen die Klage beim Bezirksausschusse statt.

1. Nach Anhörung der Ortspolizeibehörde, und falls diese nicht widerspricht, ohne mündliche Verhandlung, auf Grund einer solchen, sofern ein polizeibehördlicher Widerspruch vorliegt. Die Entscheidung des Bezirksausschusses unterliegt der Berufung an das Oberverwaltungsgericht (§§ 83, 88; G. vom 30. Juli 1883).

§ 3.

Der Kreisausschuß,[1] in Stadtkreisen und in den zu einem Landkreise gehörigen Städten mit mehr als 10000 Einwohnern der Bezirksausschuß,[2] entscheidet auf Klage der Ortspolizeibehörde:

a) über die Zurücknahme der Erlaubnis zum Betriebe des Gewerbes[3] eines Stellenvermittlers;
b) über die Untersagung des Gewerbebetriebs solcher Stellenvermittler, welche ihn vor dem 1. Oktober 1900 begonnen haben;[4]
c) über die Untersagung des Betriebs eines nicht gewerbsmäßigen Stellen- oder Arbeitsnachweises.[5]

1. Rechtsmittel: Berufung an den Bezirksausschuß, Revision an das Oberverwaltungsgericht (§§ 82, 85, 93, 95; G. vom 30. Juli 1883).
2. Rechtsmittel: Berufung an das Oberverwaltungsgericht (§§ 82, 85; G. vom 30. Juli 1883).
3. § 9 des Gesetzes und Anm. 1 S. 78.
4. § 9 Abs. 2 und Anm. 6 S. 83.
5. § 17 und Anm. 6 u. 7 S. 109.

§ 4.

Die Verordnung tritt am 1. Oktober 1910 in Kraft. Zu gleicher Zeit tritt die Verordnung vom 30. Juli 1910 (GS. S. 308), soweit sie das Gewerbe eines Gesindevermieters oder Stellenvermittlers betrifft, außer Kraft.

Urkundlich unter Unserer Höchsteigenhändigen Unterschrift und beigedrucktem Königlichen Insiegel.

Gegeben Molde, an Bord M. Y. „Hohenzollern", den 25. Juli 1910.

(L. S.) **Wilhelm.**

Sydow. v. Dallwitz.

2. Verfügung des Ministers für Handel und Gewerbe.

Vom 9. August 1910.

(HMBl. S. 404.)

Der Minister für Handel und Gewerbe.

Berlin W. 66, den 9. August 1910.

Zur Ausführung des Stellenvermittlergesetzes vom 2. Juni 1910 (RGBl. S. 860) bestimme ich:

1. Als öffentliche Arbeitsnachweise im Sinne des Gesetzes[1] sind nur solche Arbeitsnachweise anzusehen, die von öffentlichen Korporationen errichtet und unterhalten werden — zu vgl. Begründung S. 7 —. Arbeitsnachweise gemeinnütziger Vereine und Verbände sind selbst dann keine öffentlichen Arbeitsnachweise, wenn sie aus öffentlichen Mitteln unterstützt werden. Selbstredend steht nichts im Wege, bei der Durchführung des Gesetzes Wünsche und Gutachten der nichtöffentlichen gemeinnützigen Arbeitsnachweise zu berücksichtigen; insbesondere wird es sich empfehlen, in den Fällen des § 5 Abs. 1 des Gesetzes da, wo ein öffentlicher Arbeitsnachweis nicht besteht, den nichtöffentlichen gemeinnützigen Arbeitsnachweis zu hören.
2. In der Festsetzung der den gewerbsmäßigen Stellenvermittlern zukommenden Gebühren ist zum Ausdruck zu bringen, daß die im § 5 Abs. 1 des Gesetzes vorgeschriebene Anhörung des Trägers des öffentlichen Arbeitsnachweises, der Vertreter der Stellenvermittler, der Arbeitgeber und Arbeitnehmer, stattgefunden hat. Eine Anhörung des Trägers des öffentlichen Arbeitsnachweises ist nur insoweit erforderlich, als es sich um die Festsetzung der Taxen für Berufe handelt, in denen durch den öffentlichen Arbeitsnachweis eine Stellenvermittlung stattfindet. Soweit es ohne besondere Kosten möglich ist, empfiehlt sich eine gelegentliche Veröffentlichung der Taxen in gelesenen Tageszeitungen.
3. Zu den Stellenvermittlern gehören auch die Herausgeber von Stellen- und Vakanzenlisten.[2] Auch für sie sind daher Taxen festzusetzen. Als Gebühren kommen in Frage die Insertionsgebühren und die Bezugskosten (Abonnementsgebühren und Einzelverkaufspreis) der Stellen- und Vakanzenlisten.
4. Fehlt einem Stellenvermittler für den begonnenen Gewerbebetrieb die erforderliche Erlaubnis, so ist, wenn ungeachtet

einer Aufforderung der Ortspolizeibehörde der Betrieb nicht eingestellt wird, die strafrechtliche Verfolgung des Gewerbetreibenden herbeizuführen. Daneben kann die Fortsetzung des Betriebs von der Ortspolizeibehörde durch Anwendung unmittelbaren Zwanges verhindert und die Beseitigung der zur Ausübung des Gewerbebetriebs dienenden Einrichtungen (z. B. Firmenschild) im Verwaltungszwangsverfahren herbeigeführt werden. Unzulässig ist es, den Stellenvermittler zur Einholung der Erlaubnis zwangsweise anzuhalten.

5. Polizeibehörde im Sinne des § 7 des Gesetzes ist die Ortspolizeibehörde.

In Vertretung: Schreiber.

III. 6934.

An die Herren Regierungspräsidenten und den Herren Polizeipräsidenten in Berlin.

1. s. § 2 Ziff. 2 des Gesetzes und Anm. 10c S. 27 und §§ 5, 9 Abs. 3 des Gesetzes.

2. s. Anm. 6 b α zu § 1 S. 12, Anm. 19 zu § 5 S. 66.

---

3. Verfügung des Ministers für Handel und Gewerbe.

Vom 19. August 1910.

(HMBl. S. 454.)

Der Minister für Handel und Gewerbe.

Berlin W. 66, den 19. August 1910.

Auf Grund des § 8 des Stellenvermittlergesetzes vom 2. Juni 1910 — RGBl. S. 860 — habe ich die beiliegenden Vorschriften, und zwar:

Anlage I. a) die Vorschriften über den Geschäftsbetrieb der gewerbsmäßigen Stellenvermittler, mit Ausnahme der gewerbsmäßigen Stellenvermittler für Bühnenangehörige und der Herausgeber von Stellen- und Vakanzenlisten, vom 16. August 1910,

Anlage II. b) die Vorschriften über den Geschäftsbetrieb der gewerbsmäßigen Stellenvermittler für Bühnenangehörige, mit Ausschluß der Herausgeber von Stellen- und Vakanzenlisten, vom 17. August 1910,

c) die Vorschriften über den Geschäftsbetrieb der Herausgeber von Stellen- und Vakanzenlisten vom 18. August Anlage III.

erlassen.

Sie wollen die Vorschriften in einer Beilage zum Amtsblatt veröffentlichen. Die erforderliche Zahl Druckexemplare wird Ihnen die Druckerei Julius Sittenfeld hierselbst zugehen lassen.

Die Ortspolizeibehörden haben sich die sorgfältige Überwachung des Geschäftsbetriebs aller Stellenvermittler angelegen sein zu lassen. Zu dem Zwecke ist unter anderem der Geschäftsbetrieb mindestens einmal, in Städten über 10000 Einwohner mindestens zweimal im Jahre unvermutet zu besichtigen.

Ergeben sich Tatsachen, die eine Entziehung der Erlaubnis[1] oder eine Untersagung des Gewerbebetriebs[2] notwendig erscheinen lassen, so ist der Stellenvermittler zur Einstellung des Gewerbebetriebs aufzufordern. Kommt er dieser Aufforderung innerhalb der gestellten Frist nicht nach, so ist die Klage auf Entziehung der Erlaubnis oder auf Untersagung des Gewerbebetriebs im Verwaltungsstreitverfahren zu erheben.[3]

Die Geschäftsbücher[4] sind auch bei ihrer Ablieferung, soweit dies die Geschäftslage gestattet, auf ihre ordnungsmäßige Führung hin zu prüfen. Ist die Strafverfolgung[5] noch nicht verjährt, so ist bei etwaigen Verstößen die Bestrafung des Stellenvermittlers herbeizuführen. Unabhängig hiervon ist aber in jedem Falle zu prüfen, ob auf Grund der durch die Einsichtnahme der Geschäftsbücher gewonnenen näheren Kenntnis der Geschäftsführung die Entziehung der Erlaubnis oder die Untersagung des Gewerbebetriebs wegen Unzuverlässigkeit[6] in die Wege zu leiten ist.

Fehlt einem Stellenvermittler zu dem begonnenen Gewerbebetriebe die erforderliche Erlaubnis, so ist, wenn ungeachtet einer Aufforderung der Ortspolizeibehörde der Betrieb nicht eingestellt wird, die strafrechtliche Verfolgung des Gewerbetreibenden herbeizuführen. Daneben kann die Fortsetzung des Betriebs von der Ortspolizeibehörde durch Anwendung unmittelbaren Zwanges verhindert und die Beseitigung der zur Ausübung des Gewerbebetriebs dienenden Einrichtung (z. B. Firmenschild) im Verwaltungszwangsverfahren herbeigeführt werden. Unzulässig ist es, den Stellenvermittler zur Einholung der Erlaubnis zwangsweise anzuhalten.[7]

Setzt jemand, dem die Erlaubnis zum Betriebe des Stellenvermittlergewerbes entzogen, oder dem die Ausübung dieses Gewerbebetriebs untersagt ist, den Gewerbebetrieb eines Stellenvermittlers fort,[8] so findet die Bestimmung im vorigen Absatz entsprechende Anwendung. Ist die Zurücknahme der Erlaubnis zum Betriebe des Stellenvermittlergewerbes rechtskräftig erfolgt, so hat die Ortspolizei behörde die Auslieferung der Urkunde über die Erlaubnis nötigenfalls auf dem in LVG. §§ 127 ff. bezeichneten Wege herbeizuführen.

Von jeder Entziehung der Erlaubnis zum Betriebe des Stellenvermittlergewerbes sowie von jeder Untersagung dieses Betriebs hat das Verwaltungsgericht erster Instanz der Ortspolizeibehörde des Geburtsorts Mitteilung zu machen. Zugleich ist derjenigen Stelle, welche die Urkunde ausgefertigt hat, eine Abschrift der rechtskräftigen Entscheidung zu übersenden.

Auf der Rückseite des Ausweises (Muster D, Anlage zu den Vorschriften unter a) ist den Beteiligten anheimgestellt, sich für den Fall, daß der Stellenvermittler die Gebühr nicht zurückzahlt,[9] an die Ortspolizei zu wenden. Diese hat, sofern eine entsprechende Mitteilung eingeht, die Berechtigung der Weigerung des Stellenvermittlers eingehend zu prüfen. Ergibt sich hierbei, daß die Rückzahlung der Gebühren zu Unrecht verweigert wird, so hat die Ortspolizeibehörde dem Stellenvermittler unter kurzer Darlegung des Sachverhalts zu eröffnen, daß die Entziehung der Erlaubnis für den Fall werde in Erwägung gezogen werden, daß durch die ordentlichen Gerichte die Unrechtmäßigkeit der Weigerung zur Erstattung der Gebühren festgestellt werde.

Die auf den Bahnhöfen aufgestellten Exekutivbeamten sind auf die Überwachung der Befolgung der Vorschrift in Ziff. 16 der Vorschriften unter a besonders aufmerksam zu machen.

Sydow.

III. 6921.

An die Herren Regierungspräsidenten und den Herrn Polizeipräsidenten in Berlin.

1. s. § 9 Abs. 1 des Gesetzes.

2. s. § 9 Abs. 2 des Gesetzes. — **3.** s. Anm. 1 zu § 9 des Gesetzes.

4. s. S. 122, 138, 148. — **5.** aus § 13 Ziff. 1 des Gesetzes.

6. § 9 Abs. 1 u. 2 des Gesetzes.

7. Abs. 6 ist eine versehentliche Wiederholung der Ziff. 4 der Vf. vom 9. Aug. 1910 (s. S. 118).

8. s. § 12 Ziff. 1 des Gesetzes.

9. s. S. 136.

Anlage I.

Vorschriften über den Geschäftsbetrieb der gewerbsmäßigen[1] Stellenvermittler, mit Ausschluß der gewerbsmäßigen Stellenvermittler für Bühnenangehörige und der Herausgeber von Stellen- und Vakanzenlisten.

Auf Grund des § 8 des Stellenvermittlergesetzes vom 2. Juni 1910 (RGBl. S. 860) wird über den Umfang der Befugnisse und Verpflichtungen sowie über den Geschäftsbetrieb der gewerbsmäßigen Stellenvermittler, mit Ausschluß der Stellenvermittler für Bühnenangehörige (Theateragenten)[2] und der Herausgeber von Stellen- und Vakanzenlisten[3] folgendes bestimmt:

1. Der Begriff der gewerbsmäßigen Stellenvermittler ergibt sich aus Anm. 4 § 1 des G. (S. 8).

2. Für diese gelten die Vorschriften der Anlage II.

3. Für diese gelten die Vorschriften der Anlage III.

1. Wer das Gewerbe[4] eines Stellenvermittlers betreibt, ist verpflichtet, ein Geschäftsbuch nach dem anliegenden Muster A zu führen. Bei Stellenvermittlern für Schiffsleute[5] tritt an die Stelle des Musters A das beiliegende Muster C. Muster A. Muster C.

Für männliche und weibliche Personen kann je ein[6] besonderes Geschäftsbuch geführt werden. Das Geschäftsbuch muß dauerhaft gebunden, mit fortlaufenden Seitenzahlen versehen sein und vor der Ingebrauchnahme von der Ortspolizeibehörde unter Beglaubigung der Seitenzahl abgestempelt werden. Im Geschäftsbuche dürfen weder Rasuren vorgenommen, noch Eintragungen unleserlich[7] gemacht werden; auch darf das Geschäftsbuch weder ganz noch zum Teil vernichtet werden.

4. s. Anm. 4 § 1 des Gesetzes.

5. Schiffsleute sind die auf Seeschiffen zum Dienst auf den Schiffen während der Fahrt für Rechnung des Reeders angestellten Personen, außer dem Kapitän und den Schiffsoffizieren (SeemO. vom 2. Juni 1902).

6. Statt eines dürfen zwei Geschäftsbücher A eingerichtet werden, aber nur derart angelegt werden, daß Stellenvermittlungen für männliche in das eine, Stellenvermittlungen für weibliche Personen in das andere Geschäftsbuch einzutragen sind; jede andere Einrichtung ist unzulässig.

7. Beseitigung oder Richtigstellung irrtümlicher Eintragungen sind sonach nur durch Rand- oder Nachtragsvermerke zulässig.

2. Der Stellenvermittler hat die abgeschlossenen[8] Dienstverträge[9] unmittelbar im Anschluß an den Vertragsschluß unter fortlaufenden

Nummern vollständig einzutragen. Der Eingang von Zahlungen[10] ist im Laufe des Tages, an dem sie eingehen, zu vermerken.

8. Nur die abgeschlossenen, und zwar sowohl durch Vermittlung (§ 1 Ziff. 1 des Gesetzes) wie infolge Nachweises (§ 1 Ziff. 2 des Gesetzes) seitens des Stellenvermittlers abgeschlossenen Verträge sind einzutragen.

9. Dienstverträge bedeutet hier alle Verträge über eine „Stelle", d. h. Verträge, welche die Möglichkeit der Tätigung einer Dienstleistung ermöglichen (Anm. 8 § 1 des Gesetzes).

10. Zahlungen der Taxsummen wie der Auslagensummen (§ 5 des Gesetzes), Auslagenvorschüsse, die zulässig sind (s. Anm. 17 a. E. zu § 5 des Gesetzes S. 65), bedürfen, da vor Abschluß des Stellenvermittlungsvertrags gezahlt, keiner Eintragung, erfordern aber gemäß der Vorschrift der nachfolgenden Ziff. 17 sofortige Quittierung.

3. Alle Eintragungen und alle Schriftstücke müssen in deutscher Sprache und mit Tinte bewirkt werden. Der Stellenvermittler ist auch dann für die ordnungsmäßige Führung des Geschäftsbuchs persönlich verantwortlich, wenn er sie einem Dritten übertragen hat.

4. Das Geschäftsbuch ist alljährlich sowie bei dem Einstellen des Gewerbebetriebs abzuschließen und binnen 14 Tagen nach Anfang des nächsten Kalenderjahrs oder nach Einstellung des Gewerbebetriebs der Ortspolizeibehörde zur Bestätigung des Abschlusses einzureichen.[10a] Das abgeschlossene Geschäftsbuch ist fünf Jahre lang aufzubewahren. Nach dem Abschlusse dürfen weitere Eintragungen nicht mehr gemacht werden.

Die Ortspolizeibehörde kann die Führung eines Geschäftsbuchs für einen längeren Zeitabschnitt gestatten.

10a. Die fristgerechte, also bis zum 15. Januar jedes Jahres auszuführende, Einreichung des Geschäftsbuchs A an die Ortspolizeibehörde hat ohne Aufforderung seitens der letzteren zu erfolgen. Nicht fristgerechte Einreichung des Geschäftsbuchs macht nach § 13 Ziff. 1 des Gesetzes strafbar.

5. Die Stellenvermittler haben ferner ein Geschäftsbuch nach dem
Muster B. anliegenden Muster B zu führen, in das die Aufträge der Arbeitnehmer[11] im Laufe des Tages, an welchem sie eingehen, in der Reihenfolge des Einganges unter fortlaufenden Nummern vollständig einzutragen sind. Auf dieses Geschäftsbuch finden die Vorschriften unter Ziff. 1, 3 und 4 mit der Maßgabe Anwendung,[12] daß die am Schlusse des Kalenderjahrs nicht erledigten Aufträge in das neue Buch zu übertragen sind.

11. Nur die Aufträge der Arbeitnehmer bedürfen einer Eintragung, die in dem Geschäftsbuch B erfolgen muß. Die Buchung der Aufträge der Arbeitgeber

ist dem Stellenvermittler unbenommen, das von ihm hierfür bestimmte Buch unterliegt aber polizeilicher Kontrolle gemäß Ziff. 21.

12. Die Ordnungsvorschriften der Ziff. 1 u. 3 Abs. 2, 3 u. 4 sind insgesamt auch hier zu beachten; insbesondere ist auch das Geschäftsbuch dauerhaft gebunden, mit fortlaufenden Seitenzahlen, leserlich rasurenfrei in deutscher Sprache mit Tinte zu führen. Auch die verspätete jährliche Vorlegung des Geschäftsbuchs B macht gemäß § 13 Ziff. 1 des Gesetzes strafbar (vgl. Anm. 10a S. 122).

6. Die Stellenvermittler sind verpflichtet, ihren Familiennamen und mindestens einen ausgeschriebenen Vornamen mit dem Zusatze: „gewerbsmäßiger Stellenvermittler" oder „gewerbsmäßige Stellenvermittlerin" in deutlich lesbarer Schrift an der Straßenseite des Hauses auf, über oder neben dem Hauseingang und[12a] am Eingange zu den Geschäftsräumen anzubringen.

An der Außenseite des Hauses dürfen nur noch die Berufe angegeben werden, in denen die Vermittlung von Stellen stattfindet. Weitere Bezeichnungen wie „Stellenvermittlung", „kostenlose Stellenvermittlung", „Mietskontor", „Stellennachweis", „Gesindebörse" usw. sind verboten.

12a. Sind die Geschäftsräume zugleich die zum gewöhnlichen Gebrauche bestimmten Wohnräume, so muß an dem Eingang zu diesen Vor- und Zuname und selbstverständlich auch an der Hausstraßenseite angebracht sein. Jeder Eingang erfordert ein Schild.

7.[13] Die Stellenvermittler haben alle Anzeigen in Zeitungen, Anschlägen, Reklamen und dgl.[14] mit der genauen Angabe des Geschäftslokals, ihrem Vor- und Zunamen und der in Ziff. 6 Abs. 1 angeordneten Bezeichnung zu versehen. Abkürzungen sind unzulässig.

In den Anzeigen dürfen nur Angaben darüber enthalten sein, daß und für welche Berufe die Stellenvermittlung stattfindet. Alle marktschreierischen Angaben (die Hervorhebung besonderer Vorzüge, die Zusage von Vorteilen oder Geschenken usw.) sowie alle Angaben über die Zahl der offenen Stellen oder der stellensuchenden Personen sind verboten.

Jede Reklame durch Verteilung von Geschäftsempfehlungen usw. ist auf öffentlichen Straßen, Wegen, Plätzen oder an anderen öffentlichen Orten (z. B. in Schankwirtschaften, auf Bahnhöfen, in Eisenbahnzügen) verboten.

13. Die Vorschrift der Ziff. 7 führt den § 3 Abs. 3 des Gesetzes aus (s. Anm. 14 zu diesem Paragraphen S. 41).

14. Anzeigen in Stellen- und Vakanzenlisten sind infolge der Vorschrift des § 3 Abs. 3 des Gesetzes nicht erlaubt.

8. Die Stellenvermittler haben im Anschluß an die Vermittlung[14a] in den Gesindebüchern an der vorgezeichneten Stelle, solange aber in den Gesindebüchern eine besondere Spalte für die Eintragungen nicht enthalten ist, in Spalte 7 ihren ausgeschriebenen Vor- und Zunamen unter genauer Angabe des Geschäftslokals und des Datums in deutscher Schrift leserlich einzutragen. Die Verwendung eines Stempels ist zulässig. Im übrigen ist ihnen untersagt, in die Gesindebücher, Dienstbücher, Arbeitsbücher, Seefahrtsbücher, Quittungskarten oder sonstigen Legitimationspapiere Reklamezettel einzulegen oder ihre Adressen oder dergleichen einzutragen.

14a. Die Vermittlung ist hier im allgemeinen Sinne gebraucht, umfaßt daher die Stellenvermittlung nach § 1 Ziff. 1 wie nach § 1 Ziff. 2 des Gesetzes (s. Anm. S. 8).

9. Die Ortspolizeibehörde bestimmt, inwiefern eine Stellvertretung zulässig ist.[15] Die Beschäftigung von Hilfspersonal ist nur mit Erlaubnis der Ortspolizeibehörde gestattet. Als Hilfspersonal gelten einschließlich der Familienangehörigen alle Personen, welche im Betriebe des Stellenvermittlers beschäftigt sind.[16]

Die Erlaubnis darf nur für solche Personen erteilt werden, welche für den Geschäftsbetrieb und hinsichtlich ihrer persönlichen Verhältnisse die erforderliche Zuverlässigkeit[17] besitzen und keins der im § 3 des Stellenvermittlergesetzes aufgeführten Gewerbe betreiben.

Der Antrag auf Erteilung der Erlaubnis ist für jede Hilfsperson schriftlich unter Beifügung einer unaufgezogenen Photographie in Visitkartenformat zu beantragen. In die[18] Bescheinigung über die Erlaubnis ist die Photographie einzukleben und abzustempeln. Ferner sind in der Bescheinigung der Rufname, der Zuname und die Wohnung der Hilfsperson sowie die Bezeichnung des Gewerbetreibenden, bei dem die Beschäftigung stattfinden darf, anzugeben.

Die Erlaubnis ist zu widerrufen, wenn die Voraussetzungen, unter denen sie erteilt wurde, nicht mehr vorliegen oder wenn die betreffende Person den Vorschriften[19] zuwiderhandelt. Der Stellenvermittler hat die Bescheinigung binnen 3 Tagen nach Beendigung des Beschäftigungsverhältnisses oder nach Widerruf der Erlaubnis der Ortspolizeibehörde zurückzureichen.

15. Der Bestimmung der Ortspolizeibehörde unterliegt, ob überhaupt eine Stellvertretung der erbetenen Art zulässig, ob und falls dieses zu bejahen, der einzelne erbetene Stellvertreter statthaft erscheint.

Stellvertreter ist derjenige, der den Stellenvermittlungsinhaber in Ausübung seiner öffentlich- wie zivilrechtlichen Rechte und Pflichten vertreten soll, gleichviel ob jene Vertretung entgeltlich oder unentgeltlich erfolgen soll.

16. Hilfsperson ist jede Person, die der Stellenvermittler in oder anläßlich seiner Stellenvermittlungstätigkeit beschäftigt, auch Boten, Schreiber gehören hierher; eine ausdrückliche Bestimmung als Hilfspersonal ist nicht erforderlich. Eine Tätigkeit als Hilfspersonal liegt vor, wenn diese nur nebenbei mit anderer Tätigkeit, z. B. als Gesinde, ausgeübt wird (gl. A.: Hahn Anm. 18).

17. Die hier erforderliche Zuverlässigkeit hat die Voraussetzungen, die in Anm. 6—9 zu § 2 erörtert sind.

18. stempelpflichtige; Stempeltarif vom 30. Juni 1909 Ziff. 10.

19. den Vorschriften des Stellenvermittlergesetzes, den auf Grund des § 8 desselben erlassenen Verordnungen, den auch für das Stellenvermittlungsgewerbe bestehenden gewerbepolizeilichen Bestimmungen (vgl. Anm. 1, Anm. 2 § 12 S. 74/75, § 14 S. 100).

Gegen die polizeilichen Entscheidungen ist das Rechtsmittel aus §§ 127 f. des G. über die allgemeine Landesverwaltung vom 30. Juli 1883 gegeben.

10. Die Stellenvermittler haben sorgfältige Erkundigungen über die Dienstverhältnisse der Arbeitgeber und Arbeitnehmer sowie über die Brauchbarkeit des Arbeitnehmers für die in Aussicht genommene Beschäftigung einzuziehen.[20] Sie dürfen hinsichtlich solcher Stellen, deren Dienst- oder Arbeitsverhältnisse ihnen nicht bekannt sind, eine Vermittlung[21] überhaupt nicht ausführen.

Die Stellenvermittler dürfen Personen, von denen sie wissen oder den Umständen nach wissen müssen,[22] daß sie ohne Einhaltung der Kündigungsfrist ihre letzte Stellung verlassen haben, keine Dienstleistung gewähren, sofern nicht ein gesetzlicher Grund[23] für das Verlassen der Stelle nachgewiesen[24] wird; die Verwendung solcher Personen zu Dienstleistungen im eigenen Haushalt ist verboten. Dasselbe gilt für Personen, welche sich den gesetzlichen Vorschriften zuwider nicht im Besitz[25] eines ordnungsmäßig ausgestellten und ausgefüllten Gesindebuchs,[26] Arbeitsbuchs[27] oder Seefahrtsbuchs[28] befinden, oder welche die zur Verdingung erforderliche Zustimmung des gesetzlichen Vertreters[29] nicht nachweisen können. Das gleiche Verbot gilt endlich hinsichtlich ausländischer Arbeiter, die sich entgegen den bestehenden Vorschriften nicht im Besitz einer ordnungsmäßigen Inlandslegitimationskarte[30] befinden.

Die Stellenvermittler dürfen nur Ammen, die sich über ihren Gesundheitszustand durch das höchstens 8 Tage alte Zeugnis eines approbierten Arztes ausweisen können, eine Stellung vermitteln.[31]

20. Zieht der Stellenvermittler die Erkundigung nicht persönlich ein, so muß er sich einer hierzu geeigneten Hilfsperson bedienen. Der Stellenvermittler wird für eigenes Versehen wie das jener Hilfsperson schadenersatzpflichtig.

21. Vermittlung ist hier wie in Ziff. 8 (s. Anm. 14a S. 124) im allgemeinen Sinne gebraucht.

22. Wissen müssen bedeutet: bei Anwendung der im Verkehr erforderlichen Sorgfalt (§ 276 BGB.) gewußt hätte.

23. Die gesetzlichen Gründe zum Verlassen einer Stelle ohne Einhaltung einer Kündigungsfrist, ergeben für Gesinde §§ 136—142 der Gesindeordnung und gemäß Art. 95 EGBGB. § 626 BGB.; für Lehrlinge § 127b GewO., für Gesellen und Gehilfen §§ 123, 124, 124a GewO., für Betriebsbeamte §§ 133b bis 133d GewO.; für Handlungslehrlinge §§ 77, 78 HGB.; für Handlungsgehilfen §§ 70—72 HGB.; für Schiffsleute (s. Anm. 5 zu Ziff. 1) §§ 70—77 der SeemO. vom 2. Juni 1902; für Schiffsmannschaften § 25 des G. vom 15. Juni 1895/20. Mai 1898; für Bergleute §§ 83, 83a des G. vom 28. Juli 1909; für andere Arbeitnehmer als die genannten §§ 626, 627 BGB.

24. Wie ein gesetzlicher Grund der in Anm. 23 gedachten Art „nachgewiesen wird" ist zweifelhaft. Neben urkundlichen Nachweisen durch Urteil, ortspolizeilicher Bescheinigung und schriftlicher Erklärung des letzten Arbeitgebers, schriftliche oder mündlicher Erklärungen Dritter zuzulassen, verbietet schon der Umstand, daß die Feststellung eines der gedachten gesetzlichen Gründe nicht nur eine tatsächliche, sondern auch eine rechtliche Beurteilung erfordert.

25. Unmittelbarer nicht mittelbarer Besitz des § 868 BGB.

26. VO. vom 29. Sept. 1846.

27. § 107 GewO., s. auch § 154.

28. § 7 der SeemO. vom 2. Juni 1902.

29. s. Anm. 5a zu § 1 des Gesetzes (S. 10).

30. s. die Erlasse des Ministers für Handel und Gewerbe vom 21. Dez. 1907, 16. Jan. 1908 (HMBl. 1908 S. 33, 37), vom 3. Nov. 1909 (HMBl. 1909, 501), 31. Dez. 1910 (HMBl. 1911, 20).

31. Im Zeitpunkt der Vermittlung hat ein höchstens 8 Tage altes ärztliches Zeugnis vorzuliegen.

11. Den Stellenvermittlern ist jede Vermittlungstätigkeit für eine Person, der sie eine die Erwerbstätigkeit des Arbeitnehmers vollständig in Anspruch nehmende Stellung[32] vermittelt haben, verboten, solange nicht der erste für das bestehende Dienst- oder Arbeitsverhältnis maßgebende Kündigungstermin verstrichen ist; es sei denn, daß von dieser Person offenbar ein gesetzlicher Grund für das vorzeitige Verlassen der Stellung nachgewiesen[33] wird.

Den Stellenvermittlern ist jede Einwirkung[34] auf Arbeitnehmer dahin, daß diese ihre Stellung mit einer anderen vertauschen, sowie jede Einwirkung auf Arbeitgeber wegen Entlassung von Arbeitnehmern untersagt.

32. Auch Arbeitnehmer, die zu vorübergehenden Dienstleistungen oder zur Aushilfe angenommen, unterliegen der Vorschrift (gl. A.: Fischer; — a. M.: Hoffmann Anm. 47), auch für solche kann die Kündigungsfrist des § 623 BGB., freilich auch nur die des § 621 BGB., in Betracht kommen.

33. s. Anm. 24 zu Ziff. 10 S. 126.
34. s. Anm. 9 zu § 12 des Gesetzes (S. 194).

12. Arbeitgeber und Arbeitnehmer, die eine Vermittlungstätigkeit des Stellenvermittlers nicht in Anspruch nehmen oder ablehnen oder sich weigern, die für die Vermittlung oder für die Eintragungen in das Geschäftsbuch erforderlichen Angaben zu machen, sind unverzüglich aus den Geschäftsräumen zu entfernen. Für die von solchen Personen unmittelbar abgeschlossenen Dienstverträge[35] darf weder ein Ausweis (Ziff. 14) erteilt, noch eine Gebühr erhoben werden.

35. s. Anm. 9 zu Ziff. 2.

13. Stellenvermittler, welche Stellen an Kellnerinnen und sonstige in Schankräumen tätige weibliche Angestellte[36] sowie für Ammen im Inlande[37] vermitteln, haben der Ortspolizeibehörde nach näherer Anweisung regelmäßig Verzeichnisse[38] der vermittelten Stellen dieser Art einzureichen.

36. Weibliche Angestellte, die aus Anlaß des Schankgewerbes in Schankräumen tätig sind, ohne direkt Kellnerinnen zu sein; Stuben- und Küchenmägde gehören daher nicht hierher.
37. im Auslande s. § 7 des Gesetzes (S. 71).
38. Ein Verzeichnis über eine „vermittelte Stelle“ erfordert Angabe des Arbeitgebers und Arbeitnehmers.

14. Die Stellenvermittler haben sofort nach Eintragung des Vertragsschlusses in das Geschäftsbuch über jede von ihnen bewirkte Vermittlung sowohl dem Arbeitgeber als auch dem Arbeitnehmer einen Ausweis nach beiliegendem Muster D auszustellen und zu übermitteln.[39] Die Formulare sind mit fortlaufenden Nummern zu versehen, die Nummern der ausgestellten Ausweise sind in Spalte 12 des Geschäftsbuchs A einzutragen. Muster D.

Auf Stellenvermittler für Schiffsleute[40] findet Abs. 1 keine Anwendung.

39. Im Falle eine Zahlung unter der Voraussetzung der Ziff. 17 erfolgte, ist der Ausweis mit einer Quittung zu versehen.

Die Nichtausstellung und Nichtübermittlung ist durch Ziff. 18c und Ziff. 19d mit dem Verlust des Gebührenanspruchs bedroht (s. die Anm. zu diesen Ziffern).
40. S. Anm. 5 Ziff. 1.

15. Der Geschäftsbetrieb darf nicht in Räumen stattfinden, in denen ein anderes Gewerbe[41] ausgeübt wird, auch darf der Zugang zu den Geschäftsräumen des Stellenvermittlers nicht durch Räume erfolgen, in denen ein Gewerbe ausgeübt wird. Die Ortspolizeibehörde kann den Geschäftsbetrieb in Häusern, in denen oder in deren un-

mittelbarer[42] Nähe sich eine Gast- oder Schankwirtschaft[43] oder eine Kleinhandlung mit geistigen Getränken[44] befindet, verbieten.[45]

41. Auch wenn dieses nicht zu den im § 3 des Gesetzes aufgeführten gehört.

42. Tatfrage des Einzelfalls.

43. Anm. 34 zu § 3 des Gesetzes S. 34.

44. Anm. 5 zu § 3 des Gesetzes S. 35.

45. Die polizeiliche Anordnung ist nach § 127 des Allgemeinen Landesverwaltungsgesetzes vom 30. Juli 1883 anfechtbar.

16. Den Stellenvermittlern sowie ihrem Hilfspersonal (Ziff. 9) ist untersagt, ohne vorherigen Auftrag[46] außerhalb ihrer Geschäftsräume, insbesondere auf öffentlichen Straßen, Wegen, Plätzen oder an anderen öffentlichen Orten (z. B. in Schankwirtschaften, auf Bahnhöfen, in Eisenbahnzügen), mit den Arbeitgebern oder Arbeitnehmern für die Zwecke des Gewerbebetriebs in unmittelbaren persönlichen Verkehr zu treten. Sie dürfen weder Dritten (sog. Schleppern) den Auftrag zum unmittelbaren Heranführen[47] von Arbeitnehmern erteilen, noch Arbeitnehmern, die von solchen Personen herangeführt werden, eine Stelle vermitteln.[48] Die Ausübung des Gewerbebetriebs im Umherziehen[49] oder durch Agenten, oder durch Inanspruchnahme[50] anderer Stellenvermittler sowie jede Tätigkeit für den Gewerbebetrieb eines adneren Stellenvermittlers ist verboten. Zweiggeschäfte dürfen nicht errichtet werden.

46. Der „Auftrag“ muß nach der strikten Fassung der Vorschrift der Ziff. 16 dahin gehen, zum Zwecke einer Stellenvermittlung an einem der in der Ziff. 16 genannten öffentlichen Ort in unmittelbaren persönlichen Verkehr mit dem Auftraggebenden (nicht mit einem etwa in Aussicht genommenen Vertragspartner des letzteren) zu treten.

47. Auch das Heranführen in die Geschäftsräume ist untersagt.

48. Selbstverständliche Voraussetzung ist, daß der Stellenvermittler das Heranführen weiß oder wissen muß (vgl. Anm. 22 zu Ziff. 10 S. 126).

49. s. § 55 Abs. 1 GewO.

50. Über den Begriff „Inanspruchnahme“ s. Anm. 12 zu § 5 des Gesetzes (S. 58).

17. Die Stellenvermittler haben über alle ihnen geleisteten Zahlungen sofort Quittungen auszustellen. Sofern die Zahlung bei Abschluß des Dienstvertrags erfolgt, muß die Quittung auf dem Ausweis (Ziff. 14) erteilt werden.

Sie dürfen nur die auf Grund des § 5 des Stellenvermittlergesetzes festgesetzten Gebühren[51] erheben.

51. s. Anm. 5 u. 6 zu § 5 des Gesetzes (S. 49) und Anm. 12—15 zu § 5

18. Der Anspruch[52] des Stellenvermittlers auf die vom Arbeitgeber zu zahlende Hälfte[53] erlischt,[54] wenn[55]

a) der Arbeitnehmer die Stelle nicht antritt,
b) er dem Arbeitgeber bestimmte Eigenschaften des Arbeitnehmers zugesichert hat und der Dienstvertrag zum ersten zulässigen Kündigungstermin gekündigt oder sonst innerhalb vier Wochen nach Beginn der Dienstleistung gelöst wird, weil sich herausstellt, daß der Arbeitnehmer die zugesicherten Eigenschaften nicht besitzt,
c) die Ausstellung und Aushändigung des Ausweises (Ziff. 14) unterblieben ist.

52. Die Vorschrift in Ziff. 18 enthält Voraussetzungen, unter denen der zivilrechtliche Anspruch aus dem Stellenvermittlervertrag erlischt; jene Voraussetzungen, die für den Stellenvermittlervertrag, als besonders gestalteten Mäklervertrag, von ganz ungewöhnlicher Art erscheinen, sind ebenso wie die nachfolgenden Ziff. 19—23 der MinVf. vom 5. April 1907 entnommen, die vor dem Inkrafttreten des Stellenvermittlergesetzes in Anwendung war.

Schon für die Vorschriften dieser Verfügung war die Rechtsgültigkeit der Vorschriften der jetzigen Ziff. 18 sowie 19 u. 20 durch oberverwaltungsgerichtliche und gerichtliche Entscheidungen bejaht. Ihre Rechtsgültigkeit kann jetzt nach § 8 des Gesetzes und der Entstehungsgeschichte keinem Zweifel mehr unterliegen.

53. Die Vorschrift spricht von der „vom Arbeitgeber zu zahlenden Hälfte" und bringt hierdurch zum Ausdruck, daß sie nur bei dem Vorliegen des Tatbestands des § 5 Abs. 2 Satz 2 des Gesetzes, mithin nur bei einer Stellenvermittlung gemäß § 1 Ziff. 1 des Gesetzes anwendbar ist.

In dem Falle des § 1 Ziff. 2 des Gesetzes, wo also der Stellenvermittler dem Arbeitgeber oder Arbeitnehmer nur die Gelegenheit zur Erlangung einer Stelle durch einen Arbeitnehmer, mithin zur Besetzung einer Stelle nachgewiesen, wo also der Stellenvermittler den Vertrag selbst nicht vermittelt hat, ist die Vorschrift der Ziff. 18 nicht anwendbar. In jenem Falle ist ja dem Stellenvermittler auch jede Möglichkeit genommen, dem Eintritt der Umstände unter a und b der Ziff. 18 vorzubeugen (a. M.: Fischer).

54. Der Anspruch „erlischt" bedeutet, der entstandene Anspruch wird mit dem Eintritt einer der Voraussetzungen der Ziff. 18 beseitigt (a. M.: Fischer Anm. 3 ohne ausreichende Begründung).

55. Die Erlöschungsgründe des Anspruchs in Ziff. 18 können durch Vertragsabrede nicht ausgeschlossen werden, wie sich aus Ziff. 20 Abs. 3 ergibt.

19. Der Anspruch[56] des Stellenvermittlers auf die vom Arbeitnehmer zu zahlende Hälfte[57] erlischt,[58] wenn[59]

a) er dem Arbeitnehmer bestimmte Eigenschaften der vermittelten Stelle zugesichert hat und der Dienstvertrag zum ersten zulässigen Kündigungstermin gekündigt oder sonst innerhalb vier Wochen nach Beginn der Dienstleistung gelöst wird, weil sich die Unrichtigkeit der zugesicherten Eigenschaften herausstellt,

b) der Arbeitnehmer aus einem wichtigen Grunde die Stelle nicht antritt,

c) der Arbeitgeber den Antritt der Stelle verhindert,

d) die Ausstellung und Aushändigung des Ausweises (Ziff. 14) unterblieben ist.

56. s. Anm. 52 zu Ziff. 18. — **57.** s. Anm. 53 zu Ziff. 18.
58. s. Anm. 54 zu Ziff. 18. — **59.** s. Anm. 55 zu Ziff. 18.

20. Die bereits gezahlte Gebühr ist in den Fällen der Ziff. 18, 19 auf Ersuchen[60] des Berechtigten binnen drei Tagen zurückzuzahlen.

Ansprüche auf Rückzahlung der Gebühr können nur binnen vier Wochen nach dem Zeitpunkt, zu dem der Arbeitnehmer den Dienst angetreten hat oder hätte antreten müssen oder zu dem der Vertrag gelöst ist, geltend gemacht[61] werden.

Den Stellenvermittlern ist untersagt, den Anspruch auf Rückzahlung durch Vertrag auszuschließen.

60. s. den Formularinhalt des Muster D (S. 136).

61. Der Begriff „geltend machen" bedeutet, wie sonst auch hier, im Wege der Klage geltend machen; recht bezeichnend erhellt dies aus Abs. 2 § 561 BGB., wo vom Klageweg im Gegensatz zu Abs. 1 § 561 a. a. O. die Rede ist. Das einfache Erfordern innerhalb der vierwöchigen Frist des Abs. 2 der Ziff. 20 ist sonach nicht ausreichend (a. M.: Hoffmann und Fischer).

Nach fruchtlosem Fristablauf ist die Rückforderung der Gebühr — auch auf Grund grundloser Bereicherung — unzulässig; dem Rückforderungsanspruch gegenüber ist der Stellenvermittler gemäß § 222 BGB. „berechtigt die Leistung zu verweigern" (a. M.: Fischer, Hoffmann a. a. O.).

21. Die Polizeibehörden und ihre Organe sind befugt, in den Geschäftsbetrieb der Stellenvermittler jederzeit[62] Einsicht zu nehmen. Die Stellenvermittler sind verpflichtet, den Beamten jederzeit[62] den Zutritt zu allen für den Geschäftsbetrieb bestimmten Räumlichkeiten zu gestatten, ihnen alle[63] Geschäftsbücher und Geschäftspapiere auf Verlangen im Dienstraume der Polizeibehörde vorzulegen und jede über den Geschäftsbetrieb verlangte Auskunft wahrheitsgetreu zu erteilen.[64]

Je ein Abdruck des Stellenvermittlergesetzes, dieser Vorschriften und des Gebührentarifs ist in großer Schrift und in deutscher Sprache in den Geschäftsräumen am Eingang an gut zugänglicher Stelle auszuhängen.

Die **Verlegung der Geschäftsräume** und jede auch vorübergehende **Einstellung**[65] **des Geschäftsbetriebs** ist binnen drei Tagen der Ortspolizeibehörde anzuzeigen.

62. Der Zeitpunkt der Einsichtnahme ist von der Polizeibehörde zu bestimmen, an sich auch Nachts bestimmbar, aber nur aus besonderen Umständen — ohne Beschwerde an die Aufsichtsinstanz — in einen außergewöhnlichen Zeitpunkt zu verlegen (gl. A.: Fischer).

63. s. Anm. 11 zu Ziff. 5 S. 122.

64. Ob die Auskunft über Fragen, deren Beantwortung die Gefahr strafgerichtlicher Verfolgung nach sich ziehen kann, erteilt werden muß, ist zweifelhaft. Hahn und Fischer und die von ihnen zitierte kammergerichtliche Entscheidung im GewArch. 9, 580 bejahen die Frage; aus § 153 GVG. ergibt sich die Verneinung der Frage.

65. Eine vorübergehende Einstellung des Geschäftsbetriebs liegt vor, wo der Nichtbetrieb des Geschäfts ohne die Absicht endgültiger Geschäftsaufgabe eingetreten.

22. Diese Vorschriften treten am 1. Oktober 1910 in Kraft; mit dem gleichen Tage verlieren die Vorschriften über den Umfang der Befugnisse und Verpflichtungen sowie über den Geschäftsbetrieb der Gesindevermieter usw. vom 5. März 1907 (HMBl. S. 55) und der Stellenvermittler für Schiffsleute vom 6. März 1903 (HMBl. S. 70) ihre Gültigkeit.

Die Stellenvermittler können die vorgeschriebenen und bisher geführten Geschäftsbücher bis zum 1. Januar 1911 weiterführen und die bisherigen Formulare für Ausweise bis zum gleichen Zeitpunkt weiter benutzen.

23. Jedem Geschäftsbuch A und C ist ein Abdruck dieser Vorschriften vorzuheften.

24. Zuwiderhandlungen gegen diese Vorschriften werden nach § 13 Abs. 1 Ziff. 1 des Stellenvermittlergesetzes mit Geldstrafe bis zu 150 ℳ und im Unvermögensfalle mit Haft bestraft.

Berlin, den 16. August 1910.

Der Minister für Handel und Gewerbe.
Sydow.

Muster A.

Geschäftsbuch.

Lfd. Nr.	Tag des Vertragsschlusses	des Arbeitgebers: Zu- und Vorname	des Arbeitgebers: Stand	des Arbeitgebers: Wohnort, Straße, Nr.	des Arbeitnehmers: Zu- und Vorname	des Arbeitnehmers: bisherige Beschäftigung	des Arbeitnehmers: Familienstand	des Arbeitnehmers: Lebensalter	des Arbeitnehmers: Wohnort oder Aufenthaltsort, Straße, Nr.	Angabe der Behörde, die das Arbeitsbuch oder Gesindebuch ausgestellt hat. — Tag der Ausstellung	Nummer des Ausweises für a) den Arbeitgeber; b) den Arbeitnehmer
1.	2.	3.	4.	5.	6.	7.	8.	9.	10.	11.	12.

Vertragsbedingungen: a) Art der vermittelten Stelle; b) Zahl der im Haushalte befindlichen Personen nur beim Gesinde auszufüllen	Vertragsbedingungen: Tägliche Arbeitszeit — beim Gesinde nicht auszufüllen —	Vertragsbedingungen: Zeitpunkt, zu dem der Dienstantritt erfolgen soll	Vertragsbedingungen: Vereinbarte Geldvergütung	Vertragsbedingungen: Angabe der Zeit, für die der Dienstvertrag geschlossen ist	Vertragsbedingungen: Sonstige Vertragsbedingungen	Vertragsbedingungen: Kündigungsfrist	vom Arbeitgeber gezahlte: Gebühr ℳ	vom Arbeitgeber gezahlte: bare Auslagen ℳ	vom Arbeitgeber gezahlte: Tag der Zahlung	vom Arbeitnehmer gezahlte: Gebühr ℳ	vom Arbeitnehmer gezahlte: bare Auslagen ℳ	vom Arbeitnehmer gezahlte: Tag der Zahlung	Datum der Zustimmung des gesetzlichen Vertreters	Bemerkungen
13.	14.	15.	16.	17.	18.	19.	20.	21.	22.	23.	24.	25.	26.	27.

Muster B.

Geschäftsbuch für Aufträge der Arbeitnehmer.

Lfd. Nr.	Tag des Auftrags	des Auftraggebers						Art der gesuchten Stellung	Zeitpunkt, zu welchem die Stellung gesucht wird	Betrag der beanspruchten Vergütung (Lohn, Gehalt)		Bei nachgewiesener Stellung Nr. des Geschäftsbuchs A	Bemerkungen
		Zu- und Vorname	bisherige Beschäftigung	Familienstand	Alter	Geburtsort	Aufenthaltsort, Wohnung (Straße, Hausnummer)			M	Pf.		
1.	2.	3.	4.	5.	6.	7.	8.	9.	10.	11.		12.	13.

Muster C.

Geschäftsbuch.

Lfd. Nr.	Tag des Vertragsschlusses	Name und Heimathafen des Schiffes	Name und Wohnort des Reeders oder seines Vertreters	Des Arbeitnehmers						
				Zu- und Vorname	bisherige Beschäftigung			Familienstand	Lebensalter	Wohnort oder Aufenthaltsort, Straße, Nr.
					a) Art der Beschäftigung	b) Name des Schiffes sowie Gattung und Heimathafen oder Name und Wohnort des Arbeitgebers	c) Tag der Beendigung des Dienstes			
1.	2.	3.	4.	5.	6.			7.	8.	9.

Angabe der Behörde, die das Seefahrtsbuch ausgestellt hat — Tag der Ausstellung	Vertragsbedingungen						Vom Arbeitgeber gezahlte			Vom Arbeitnehmer gezahlte			Bemerkungen
	Art der vermittelten Stelle	Zeitpunkt, zu dem der Dienstantritt erfolgen soll	Betrag der vereinbarten Heuervergütung	Betrag des gewährten Vorschusses	Angabe der Zeit, für die der Dienstvertrag geschlossen ist	Sonstige Vertragsbedingungen	Gebühr ℳ	bare Auslagen ℳ	Tag der Zahlung	Gebühr ℳ	bare Auslagen ℳ	Tag der Zahlung	
10.	11.	12.	13.	14.	15.	16.	17.	18.	19.	20.	21.	22.	23.

Nr. .... (Vorderseite.) **Muster D.**

Bis zur Beendigung des Dienstverhältnisses aufzubewahren.

Ausweis.

Nummer des Geschäftsbuchs A	Des Arbeitgebers Zu- und Vorname, Stand und Wohnung	Des Arbeitnehmers Zu- und Vorname	Nur beim Gesinde auszufüllen: a) Art der Dienststellung; b) Zahl der im Haushalte befindlichen Personen	Beim Gesinde nicht auszufüllen: a) Tägliche Arbeitszeit; b) Art der Arbeit	Zeitpunkt, zu dem der Dienstantritt erfolgen soll	Vereinbarte Geldvergütung	Gewährleistete Eigenschaften a) des Arbeitnehmers, b) der Stelle, c) sonstige Vertragsabreden	Angabe der Zeit, für welche der Dienstvertrag geschlossen ist	Kündigungsfrist
1.	2.	3.	4.	5.	6.	7.	8.	9.	10.

Gebühr . . . . *M* .... in Buchstaben:
Auslagen . . . . . „ .... „ „
zusammen . . *M* .... in Buchstaben:

Betrag erhalten.

.............................., den .... 19.....

(Rückseite.)

Zur Beachtung.

Der Stellenvermittler darf nur die auf Grund des § 5 des Stellenvermittlergesetzes von der Ortspolizeibehörde festgesetzten Gebühren erheben.

Eine Gebühr darf nur erhoben werden, wenn der Vertrag infolge der Tätigkeit des Vermittlers zustande kommt. Haben beide Teile diese Tätigkeit in Anspruch genommen, so ist die Gebühr von dem Arbeitgeber und dem Arbeitnehmer je zur Hälfte zu zahlen; eine entgegenstehende Vereinbarung zuungunsten des Arbeitnehmers ist nichtig.

Neben den Gebühren dürfen Vergütungen anderer Art nicht erhoben werden. Die Erstattung barer Auslagen darf nur insoweit gefordert werden, als sie auf Verlangen und nach Vereinbarung mit dem Auftraggeber verwendet und als notwendig hinreichend nachgewiesen sind.

Die Stellenvermittler sind verpflichtet, dem Stellensuchenden vor Abschluß des Vermittlungsgeschäfts die für ihn zur Anwendung kommende Taxe mitzuteilen. Die Taxe ist in den Geschäftsräumen an einer in die Augen fallenden Stelle anzuschlagen.

Der Anspruch des Stellenvermittlers auf die vom Arbeitgeber zu zahlende Hälfte erlischt, wenn

a) der Arbeitnehmer die Stelle nicht antritt,
b) er dem Arbeitgeber bestimmte Eigenschaften des Arbeitnehmers zugesichert hat und der Dienstvertrag zum ersten zulässigen Kündigungstermin gekündigt oder sonst innerhalb vier Wochen nach Beginn der Dienstleistung gelöst wird, weil sich herausstellt, daß der Arbeitnehmer die zugesicherten Eigenschaften nicht besitzt,
c) die Ausstellung und Aushändigung des Ausweises unterblieben ist.

Der Anspruch des Stellenvermittlers auf die vom Arbeitnehmer zu zahlende Hälfte erlischt, wenn

a) er dem Arbeitnehmer bestimmte Eigenschaften der vermittelten Stelle zugesichert hat und der Dienstvertrag innerhalb vier Wochen nach Beginn der Dienstleistung gelöst wird, weil sich die Unrichtigkeit der zugesicherten Eigenschaften herausstellt,
b) der Arbeitnehmer aus einem wichtigen Grunde die Stelle nicht antritt,
c) der Arbeitgeber den Antritt der Stelle verhindert,
d) die Ausstellung und Aushändigung des Ausweises unterblieben ist.

Die bereits gezahlte Gebühr ist auf Ersuchen des Berechtigten binnen drei Tagen zurückzuzahlen.

Ansprüche auf Rückzahlung der Gebühr können nur binnen vier Wochen nach dem Zeitpunkt, zu dem der Arbeitnehmer den Dienst angetreten hat oder hätte antreten müssen oder zu dem der Vertrag gelöst ist, geltend gemacht werden.

Den Stellenvermittlern ist untersagt, den Anspruch auf Rückzahlung durch Vertrag auszuschließen.

Erfolgt die Rückzahlung nicht pünktlich, so wende man sich an die Ortspolizeibehörde.

Die Stellenvermittler dürfen Dienstbücher (Gesindebücher), Arbeitsbücher, Zeugnisse, Ausweispapiere und sonstige Gegenstände, die aus Anlaß der Stellenvermittlung in ihren Besitz gelangt sind, gegen den Willen des Eigentümers nicht zurückbehalten, insbesondere an solchen Gegenständen ein Zurückbehaltungs- oder Pfandrecht nicht ausüben.

Die Stellenvermittler haben über alle ihnen geleisteten Zahlungen sofort Quittungen auszustellen. Sofern die Zahlung bei Abschluß des Dienstvertrags erfolgt, muß die Quittung auf dem Ausweis erteilt werden.

Anlage II.

Vorschriften über den Geschäftsbetrieb der gewerbsmäßigen Stellenvermittler für Bühnenangehörige, mit Ausschluß der Herausgeber von Stellen- und Vakanzenlisten.

Auf Grund des § 8[1] des Stellenvermittlergesetzes vom 2. Juni 1910 (RGBl. S. 860) wird über den Umfang der Befugnisse und Verpflichtungen sowie über den Geschäftsbetrieb der gewerbsmäßigen[2] Stellenvermittler für Bühnenangehörige folgendes bestimmt:

1. Stellenvermittler im Sinne dieser Vorschriften ist, wer gewerbsmäßig für gewerbsmäßig oder nicht gewerbsmäßig betriebene Unternehmungen, durch welche theatralische Vorstellungen, Singspiele, Instrumentalkonzerte, Gesangs- und deklamatorische Vorträge, Schaustellungen von Personen oder Tieren dargeboten werden, Vertragsabschlüsse zwischen Unternehmern[3] und Stellensuchenden vermittelt oder Gelegenheit zur Erlangung von Stellen nachweist. Ob bei den Unternehmungen oder Veranstaltungen ein höheres Interesse der Kunst oder Wissenschaft obwaltet oder nicht, ist für die Anwendung dieser Vorschriften ebenso unerheblich wie die Zeit, auf welche die Verträge abgeschlossen werden.

1. s. Anm. 1, 2 S. 74.

2. s. Anm. 3 u. 4 zu § 1 des Gesetzes S. 8. Für nicht gewerbsmäßige Stellenvermittler für Bühnenangehörige sind Ausführungsvorschriften gemäß §§ 14, 15 des Gesetzes nicht erlassen.

3. Unter „Unternehmer", der hier nicht etwa den Unternehmer im Sinne des § 631 BGB. bedeutet, wird der Veranstalter der in Ziff. 1 u. 11 gedachten Unternehmungen verstanden, der für diese als Arbeitgeber Stellen besetzt. Im übrigen s. Anm. 7γ zu § 1 des Gesetzes (S. 15).

2. Der Stellenvermittler ist verpflichtet, Geschäftsbücher[4] nach den beigefügten Mustern A, B und C zu führen. Für männliche und weibliche Personen können getrennt Bücher geführt werden. Die Bücher müssen dauerhaft gebunden und mit fortlaufenden Seitenzahlen versehen sein; sie müssen vor ihrer Ingebrauchnahme von der Ortspolizeibehörde unter Beglaubigung der Seitenzahl abgestempelt werden. In den Büchern dürfen weder Rasuren vorgenommen, noch Eintragungen unleserlich gemacht werden; auch dürfen die Bücher weder ganz noch zum Teil vernichtet werden. Muster A, B, C.

4. Ist der Stellenvermittler Kaufmann im Sinne des § 1 HGB., so sind neben den zum § 38 HGB. zu führenden Handelsbüchern noch die Geschäftsbücher der Ziff. 2 zu führen.

3. Die dem Stellenvermittler erteilten Aufträge[5] sind in die Bücher A und B, die Abschlüsse von Vermittlungen und die eingegangenen Zahlungen in das Buch C im Laufe des Tages, an welchem die Aufträge oder Zahlungen[6] eingehen oder die Abschlüsse erfolgen, in der Reihenfolge des Eingangs oder des Abschlusses unter fortlaufenden Nummern vollständig und übersichtlich einzutragen. Bei Abschlüssen für länger als einen Monat brauchen nur die Zahlungen für den ersten Monat oder das erste Vierteljahr eingetragen zu werden.

In den Büchern A und B können besondere Abteilungen für die einzelnen Beschäftigungsarten (Fächer), in dem Buche C solche für die einzelnen Bühnen eingerichtet werden. Alsdann hat die Eintragung der fortlaufenden Nummern innerhalb jeder Abteilung besonders zu erfolgen. An den Anfang des Buches ist ein Inhaltsverzeichnis mit Angabe der Seitenzahlen zu setzen.

Die Ortspolizeibehörde kann den Stellenvermittlern die Anlegung von Interimsbüchern für Aufträge gestatten, bei denen es dahinsteht, ob der Stellenvermittler ihnen nähertreten kann. Sobald der Stellenvermittler wegen dieser Aufträge etwas weiteres veranlaßt, sind sie unverzüglich in die Bücher A oder B umzuschreiben.

Jede Inanspruchnahme der geschäftlichen Tätigkeit des Stellenvermittlers gilt als Auftrag[7] im Sinne dieser Vorschrift. Eine Abschrift jedes von dem Stellenvermittler vermittelten Vertrags ist aufzubewahren und mit der Nummer des Buchs C zu versehen.

5. s. letzten Absatz dieser Ziff. 3.

6. Auslagenvorschüsse — die im Gegensatz zu Gebührenvorschüssen (s. Anm. 11 a. E. zu § 5 des Reichsgesetzes, S. 58) — zulässig sind (s. Anm. 17 a. E. zu § 5, S. 65), können in Spalte Bemerkung der Bücher A und B eingetragen werden, bedürfen aber einer Eintragung nicht (gl. A.: Hahn Anm. 15).

7. S. Anm. 12 zu § 5 des Reichsgesetzes (S. 58).

4. Geschäftsbücher, welche nicht mehr benutzt werden sollen, sind unter Angabe des Datums abzuschließen, der Ortspolizeibehörde zur Bestätigung des Abschlusses vorzulegen und sodann zehn Jahre aufzubewahren. Nach dem Abschlusse dürfen weitere Eintragungen nicht mehr gemacht werden.

Dasselbe gilt, wenn der Geschäftsbetrieb eingestellt[8] wird.

8. s. Anm. 65 zu Ziff. 21 (S. 131).

5. Die Art der zu vermittelnden Stellen (für Bühnenangehörige im engeren Sinne, für Zirkus, Varieté, Konzerte usw.) ist binnen 8 Tagen nach Eröffnung des Betriebs, bei bestehenden Unterneh-

mungen binnen 8 Tagen nach Inkrafttreten dieser Vorschriften der Ortspolizeibehörde anzugeben und von dieser festzusetzen.[9]

9. Die der Ortspolizeibehörde übertragene Festsetzung der ihr anzugebenden Arten der zu vermittelnden Stellen hätte in der Ziff. 5 eine nähere Klarlegung erhalten müssen.

Die in der behördlichen Entscheidung aus § 2 Abs. 3 des Gesetzes erfolgte Bezeichnung der Berufe, für die eine Stellenvermittlung erlaubt wird, darf die Polizeibehörde nicht einschränken. Ihre Festsetzung beschränkt sich daher darauf, daß, falls die Erlaubnis aus § 2 Abs. 3 die einzelnen Berufe unter einem Kollektivnamen bezeichnet (vgl. Anm. 12 zu § 2 des Gesetzes, S. 31), und nur für einzelne der unter solchem Namen bezeichneten Berufe der Stellenvermittler vermitteln will und dies der Polizeibehörde angibt, diese die vom Stellenvermittler selbst gewählte Beschränkung festzusetzen. Wählt der Stellenvermittler eine solche Beschränkung, so verzichtet er damit auf die Stellenvermittlung in dem ihm gemäß § 2 Abs. 3 des Gesetzes gewährten größeren Umfang, und zwar endgültig (vgl. Ziff. 6 u. 9 nachfolgend).

6. Der Stellenvermittler ist verpflichtet, seinen Familiennamen und mindestens einen ausgeschriebenen Vornamen mit der Bezeichnung „gewerbsmäßiger Stellenvermittler" und einem Zusatze, der die Art der zu vermittelnden Stellen erkennen läßt (z. B. gewerbsmäßiger Stellenvermittler für Bühnenangehörige, für Zirkus- und Schaubühne usw.) in deutlich lesbarer Schrift an der Straßenseite des Hauses auf, neben oder über dem Hauseingang und[10] am Eingange zu den Geschäftsräumen anzubringen. Die Annahme der Bezeichnung „Theateragent" oder „Theateragentur" an Stelle der Bezeichnung „gewerbsmäßiger Stellenvermittler" ist nur solchen Stellenvermittlern gestattet, welche ausschließlich Stellen für Bühnenangehörige im engeren Sinne, d. h. für diejenigen Personen vermitteln, welche bei der Aufführung dramatischer Werke künstlerisch oder technisch mitwirken.

Die Geschäftsbezeichnung bedarf der Genehmigung[11] der Ortspolizeibehörde.

10. s. Anm. 12 zu Ziff. 6 der Anlage I (S. 123).

11. s. vorstehende Anm. 9. Die Genehmigung kann ebenso wie die „Festsetzung" der vorstehenden Ziff. 5 nicht willkürlich verweigert bzw. beschränkt werden.

7. Die Stellenvermittler haben alle Anzeigen in Zeitungen, Anschlägen, Reklamen u. dgl. sowie die von ihnen bei der Vermittlung benutzten Vertragsformulare mit der genauen Angabe des Geschäftslokals, ihrem Vor- und Zunamen und der behördlich genehmigten Bezeichnung zu versehen. Wahrheitswidrige Angaben[12] über die

Zahl der offenen Stellen oder der Stellung suchenden Personen sind verboten.

12. In Abweichung von Ziff. 7 Abs. 2 der Anlage I (s. S. 123) ist hier die Angabe der Zahl der offenen Stellen oder der Stellung suchenden Personen gestattet; verboten ist nur, daß jene Angabe wahrheitswidrig gemacht wird.

8. Die Ortspolizeibehörde bestimmt, inwiefern eine Stellvertretung zulässig ist.[13] Bei Beschäftigung von Hilfspersonal[14] einschließlich der Familienangehörigen sind der Ortspolizeibehörde nach näherer Anweisung regelmäßig Verzeichnisse der beschäftigten Personen einzureichen.

Von der Beschäftigung sind Personen ausgeschlossen, welche für den Geschäftsbetrieb und hinsichtlich ihrer persönlichen Verhältnisse nicht die erforderliche Zuverlässigkeit[15] besitzen oder eines der in § 3 des Stellenvermittlergesetzes oder in Ziff. 12 dieser Vorschriften aufgeführten Gewerbe betreiben oder Tätigkeiten ausüben.

13. s. Anm. 15 zu Ziff. 9 der Anlage I (S. 124).
14. s. Anm. 16 zu Ziff. 9 der Anlage I (S. 125).
15. s. Anm. 17 zu Ziff. 9 der Anlage I (S. 125).

9. Die Stellenvermittler für Bühnenangehörige dürfen nur Stellen der auf Grund der Ziff. 6[16] festgesetzten Art vermitteln. Personen, welche die zum Vertragsabschluß erforderliche Zustimmung des gesetzlichen Vertreters[17] nicht nachweisen können, darf eine Dienstleistung nicht gewährt werden.

16. Muß heißen Ziff. 5.
17. s. Anm. 5a zu § 1 des Gesetzes (S. 10).

10. Für Unternehmer, die weder im Besitz der erforderlichen Erlaubnis[18] noch einer besonderen behördlichen Ermächtigung sind, darf eine Stellenvermittlung nicht betrieben werden.

Der Stellenvermittler darf dem Stellensuchenden etwaige ihm bekannt gewordene Tatsachen, welche die Zuverlässigkeit[19] des Unternehmers zweifelhaft erscheinen lassen, nicht verschweigen.

18. s. §§ 32, 33, 33a GewO.
19. Nach finanzieller wie sittlicher Richtung.

11. Die Stellenvermittler dürfen auch bei Aufträgen, welche die Besorgung von Personen,[20] die bei nicht gewerbsmäßigen Privatveranstaltungen mitwirken, bezwecken, für die eigene Mühewaltung[21] nur Gebühren und bare Auslagen in Rechnung stellen, die nach § 5 des Stellenvermittlergesetzes statthaft sind.

20. Diese mögen gewerbsmäßig oder nicht gewerbsmäßig auch bei Privatveranstaltungen mitwirken.

21. Ist dem Stellenvermittler die ganze Herstellung der Privatveranstaltung gegen ein Honorar versprochen, so darf für die stellenvermittlerische Mühewaltung, d. h. Tätigkeit, nur ein dem § 5 des Gesetzes entsprechender Entgelt berechnet werden.

12. Die Stellenvermittler dürfen ihre Geschäftsräume weder in Theaterbureaus noch in Räume, welche der Gast- oder Schankwirtschaft[22] dienen, oder in Räume, welche mit solchen Räumen im Zusammenhange stehen, verlegen.

Abgesehen von den Vorschriften im § 3 des Stellenvermittlergesetzes ist den Stellenvermittlern untersagt:

a) Unternehmungen der in Ziff. 1 dieser Vorschriften bezeichneten Art zu betreiben, an solchen Unternehmungen sich geschäftlich zu beteiligen, den Unternehmern Darlehen zu gewähren, mit ihnen besondere auf Geschäftsbesorgung gerichtete Verträge als Impressarien, Soloagenten usw. einzugehen,[23] sowie in irgend einer anderen Art mit ihnen in vertragliche Verbindung zu treten, die eine unparteiische Stellenvermittlung in Frage stellt;[24]

b) die Tätigkeit eines Schauspielers oder eines sonstigen Angehörigen der in Ziff. 1 bezeichneten Gewerbe auszuüben, sich an einer solchen Tätigkeit geschäftlich zu beteiligen oder mit Bühnenangehörigen in der unter a bezeichneten Art in Verbindung zu treten;[25]

c) Bühnenwerke zu verlegen oder eine auf die Aufführung solcher Werke abzielende Tätigkeit auszuüben;

d) Fachschulen, welche die Vorbereitung für die in Ziff. 1 bezeichneten Berufe bezwecken, zu betreiben, oder sich an dem Betriebe solcher zu beteiligen;

e) mit auswärtigen Stellenvermittlungen, die von den Regierungspräsidenten (im Landespolizeibezirke Berlin von dem Polizeipräsidenten) als unzuverlässig bezeichnet sind, in Verbindung zu treten;

[26]f) Verträge zu vermitteln, in denen der Bühnenleiter die den Bühnenangehörigen versprochene Gage von vornherein durch bestimmte Abzüge (Rabatt, Prozentabzüge, Regiespesen usw.) kürzt. Hiervon werden etwaige Festsetzungen von Abzügen für Tage, an denen der Bühnenangehörige nicht auftritt, nicht berührt;

[26]g) mit Bühnenleitern in geschäftliche Beziehungen zu treten, von denen sie wissen oder den Umständen nach annehmen müssen, daß sie Kürzungen des Gagenbetrages in der Absicht vornehmen, aus diesen Abzügen die ihnen zur Last fallenden Vermittlergebühren zu bestreiten.

22. s. Anm. 4 zu § 3 (S. 34).

23. s. Anm. 7 γ zu § 1 (S. 15).

24. Jede vertragliche Verbindung, auch eine solche, die mit den Unternehmungen der Ziff. 1 außer Berührung, ist untersagt, sofern jene Verbindung nach Lage des Einzelfalles die Unparteilichkeit des Stellenvermittlers zu beeinflussen vermag.

25. s. Anm. 23, 24.

26. Die Vorschriften unter f, g sind durch den Erlaß vom 29. Sept. 1910 als Zusätze der Ziff. 12 geschaffen worden.

12a.[27] Die Stellenvermittler haben, sofern ihre Tätigkeit von beiden Seiten in Anspruch genommen ist,[28] in die von ihnen vermittelten Verträge die Bestimmung aufzunehmen, daß die eine Hälfte der Gebühren von dem Bühnenleiter und die andere Hälfte von dem Bühnenangehörigen aus eigenen Mitteln zu zahlen ist, es sei denn, daß sich der Bühnenleiter freiwillig zur Übernahme der ganzen Gebühr bereit erklärt hat.

Der Betrag der an den Bühnenangehörigen tatsächlich[29] auszuzahlenden Gage ist im Vertrag anzugeben.

27. Die Ziff. 12a ist durch Erl. vom 29. Sept. 1910 eingefügt.

28. s. Anm. 12 zu § 5 des Gesetzes (S. 58).

29. Nach Abzug aller Nebenkosten.

13. Der Stellenvermittler ist, abgesehen von der Bestimmung im § 5 Abs. 2 Satz 1[30] des Stellenvermittlergesetzes, zur Erhebung von Gebühren nicht befugt:

a) wenn der vermittelte Vertrag gelöst ist,[31] es sei denn,[32] daß die Lösung durch Vertragsbruch oder ohne Mitwirkung des Stellenvermittlers zu einer Zeit erfolgt, wo der Vertrag unkündbar ist;

b) für die Zeit, während welcher der Bühnenangehörige eine Vergütung (Gehalt, Spielgeld usw.) nicht erhält;

c) bei Gastspielen zum Engagementszweck, wenn der unterlegte Vertrag nicht zustande kommt.

30. s. Anm. 9 u. 10 zu § 5 des Gesetzes (S. 53 ff.).

31. Unter Verschärfung der Vorschriften in Ziff. 18 u. 19 (S. 129) schließt Ziff. 13 den Gebührenanspruch des Stellenvermittlers für Bühnenangehörige

schon dann aus, wenn „der vermittelte Vertrag gelöst ist". Einerseits kommt hier nur eine Lösung des Vertrags vor dem Termin seines Inkrafttretens in Betracht, andererseits ist aber der Grund der Vertragslösung, d. h. seine Aufhebung durch beiderseitige Willenserklärung der Vertragsparteien, unerheblich; dies um deswillen, weil die Voraussetzungen, ob eine beiderseitige sachgemäße Vertragserfüllung zu erwarten ist, für das Bühnenfach so feingeartet sind, daß hier die Feststellung bestimmter Rücktrittsgründe vom Vertrage vor dessen Erfüllung unangemessen erschien.

32. Ist der Vertrag gelöst, so hat der Stellenvermittler, der trotzdem einen Gebührenanspruch erhebt, zu beweisen, daß die Vertragslösung nur zufolge Vertragsbruchs geschehen.

14. Die Polizeibehörden und ihre Organe sind befugt, in den Geschäftsbetrieb des Stellenvermittlers für Bühnenangehörige jederzeit[33] Einsicht zu nehmen. Die Stellenvermittler sind verpflichtet, den Beamten jederzeit den Zutritt zu allen für den Geschäftsbetrieb bestimmten Räumlichkeiten zu gestatten, ihnen die Geschäftsbücher und Geschäftspapiere auf Verlangen im Dienstraume der Polizeibehörde vorzulegen und jede über den Geschäftsbetrieb verlangte Auskunft[34] wahrheitsgetreu zu erteilen.

33. s. Anm. 62 (S. 130).
34. s. Anm. 64 (S. 131).

15. Die Vorschriften treten am 1. Oktober 1910 an die Stelle der Vorschriften vom 31. Januar 1902 (HMBl. S. 66) und vom 3. Februar 1909 (HMBl. S. 85). Die im Gebrauche befindlichen Geschäftsbücher dürfen bis zum 1. Januar 1911 benutzt werden.

16. Ein Abdruck dieser Vorschriften ist jedem im Gebrauche befindlichen Geschäftsbuche vorzuheften. Außerdem ist ein Abdruck in großer Schrift in den Geschäftsräumen am Eingang an gut zugänglicher Stelle aufzuhängen.

Berlin, den 17. August 1910.

Der Minister für Handel und Gewerbe.
Sydow.

Muster A.

Geschäftsbuch für Aufträge der Bühnenangehörigen.
(Auftragsbuch.)

Lfd. Nr.	Tag des Auftrags	Des Bühnenangehörigen				Beanspruchte Vergütung (Gehalt, Spielgeld usw.) *)	Art der gesuchten Beschäftigung	Zeit, für welche Beschäftigung gesucht wird *)	Nummer des Abschlußbuchs (C), unter welcher der Abschluß nachgewiesen ist	Bemerkungen
		Vor- und Zuname	Bühnenname	Geburtsort	Aufenthaltsort					
1.	2.	3a.	3b.	4.	5.	6.	7.	8.	9.	10.

*) Diese Spalten sind nur dann auszufüllen, wenn von dem Auftraggeber entsprechende Angaben gemacht werden.

Muster B.

Geschäftsbuch für Aufträge der Bühnenleiter.
(Auftragsbuch.)

Lfd. Nr.	Tag des Auftrags	Des Bühnenleiters a) Vor- und Zuname b) Stand c) Wohnort (Straße)	Bezeichnung der Stellung, für welche der Bühnenangehörige gesucht wird	*) Zeitpunkt, zu welchem bzw. Zeit, für welche der Bühnenangehörige gesucht wird	*) Betrag der zugesicherten Vergütung (Gehalt, Spielgeld usw.)	Nummer des Abschlußbuchs (C), unter welcher der Abschluß nachgewiesen ist	Bemerkungen
1.	2.	3.	4.	5.	6.	7.	8.

*) Diese Spalten sind nur dann auszufüllen, wenn von dem Auftraggeber entsprechende Angaben gemacht werden.

Muster C.

Geschäftsbuch für abgeschlossene Vermittlungen.
(Abschlußbuch.)

Lfd. Nr.	Tag des Abschlusses	Des Bühnenangehörigen: Vor- und Zuname	Des Bühnenangehörigen: Bühnenname	Des Bühnenangehörigen: Geburtsort	Des Bühnenangehörigen: Aufenthaltsort	Unternehmung, für welche abgeschlossen wird	Art der Beschäftigung	Vereinbarte Zeit des Antritts	Vereinbarte Zeit des Endes der Beschäftigung	Betrag der vereinbarten Vergütung (Gehalt, Spielgeld usw.)	Vermittlungsgebühr (in %)	a) von dem Bühnenangehörigen b) von dem Bühnenleiter geleistete Zahlungen: 1. Gebühr ℳ | ₰	2. bare Auslagen ℳ | ₰	3. Summe der Spalten 12, 13 ℳ | ₰	4. Tag der Zahlung	Nummer des Auftragsbuchs A. B.	Bemerkungen
1.	2.	3a.	3b.	4.	5.	6.	7.	8.	9.	10.	11.	12.	13.	14.	15.	16.	17.

Anlage III.

Vorschriften über den Geschäftsbetrieb der Herausgeber von Stellen- und Vakanzenlisten.

Auf Grund des § 8 des Stellenvermittlergesetzes vom 2. Juni 1910 (RGBl. S. 860) bestimme ich über den Umfang der Befugnisse und Verpflichtungen sowie über den Geschäftsbetrieb der Herausgeber von Stellen- und Vakanzenlisten[1] folgendes:

1. Gewerbetreibende, die durch Herausgabe von Stellen- und Vakanzenlisten Stellenvermittlung betreiben,[1] haben die Verlegung[2] der Geschäftsräume und jede auch nur vorübergehende Einstellung[3] des Geschäftsbetriebs binnen 3 Tagen der Ortspolizeibehörde anzuzeigen.

2. In die Stellen- und Vakanzenlisten dürfen nur solche Beschäftigungsangebote und Beschäftigungsgesuche aufgenommen werden, welche dem Gewerbetreibenden von dem Beteiligten schriftlich oder telephonisch mit dem Ersuchen um Aufnahme in die Stellen- oder Vakanzenliste zugehen. Jedes telephonisch eingehende Gesuch hat der Stellenvermittler auf ein besonderes Blatt niederzuschreiben. Beschäftigungsangebote und Beschäftigungsgesuche, die in Zeitungen oder Zeitschriften enthalten sind, dürfen nur auf Grund eines schriftlichen Gesuchs des Inserenten aufgenommen werden.

1. Die Vorschriften in der vorstehenden Anlage III beziehen sich nur auf die Herausgeber von Stellen- und Vakanzenlisten, die als solche lediglich besondere gewerbsmäßige Stellenvermittler sind (s. Anm. 6b α zu § 1 des Gesetzes, S. 12).

Sind jene Herausgeber, indem ihre Tätigkeit, entgegen dem Verbot der nachfolgenden Ziff. 13, zugleich die Voraussetzungen der Ziff. 1 oder 2 des § 1 des Gesetzes erfüllt, gewöhnliche gewerbsmäßige Stellenvermittler, so unterliegen sie den Vorschriften der Anlage I (S. 121, s. auch S. 91), vgl. Anm. 6b α, αα zu § 1 (S. 12).

2. Die Eröffnung des Gewerbebetriebs ist gemäß § 14 GewO. in Verbindung mit § 14 des Gesetzes anzuzeigen.

3. s. Anm. 65 S. 131.

3. Die Stellenvermittler haben ein Geschäftsbuch nach dem anliegenden Muster A zu führen. Das Geschäftsbuch muß dauerhaft gebunden, mit fortlaufenden Seitenzahlen versehen sein und vor der Ingebrauchnahme von der Ortspolizeibehörde unter Beglaubigung der Seitenzahlen abgestempelt werden. Im Geschäftsbuche dürfen weder Rasuren vorgenommen noch Eintragungen unleserlich gemacht werden; auch darf das Geschäftsbuch weder ganz noch zum Teil ver- **Muster A.**

nichtet werden. Für Beschäftigungsangebote und Beschäftigungsgesuche kann je ein besonderes Geschäftsbuch geführt werden.[4]

4. Vgl. die Vorschrift in Ziff. 1 der Anlage I und die Anmerkungen dazu (S. 121).

4. Die Stellenvermittler haben die eingehenden Gesuche um Aufnahme von Beschäftigungsangeboten oder Beschäftigungsgesuchen in die Stellen- und Vakanzenliste im Laufe des Tages, an dem sie eingehen, in das Geschäftsbuch unter fortlaufender Nummer einzutragen.

In gleicher Weise ist der Eingang von Zahlungen zu vermerken.

5. Alle Eintragungen und alle Schriftstücke müssen in deutscher Sprache und mit Tinte bewirkt werden.[5] Der Stellenvermittler ist auch dann für die ordnungsmäßige Führung des Geschäftsbuchs persönlich verantwortlich, wenn er sie einem Dritten[6] übertragen hat.

5. s. die Vorschrift in Ziff. 3 der Anlage I und die Anmerkung zu Ziff. 2 (S. 137).

6. Die Herausgeber der Stellen- und Vakanzenlisten können Stellvertreter und Hilfspersonen ohne behördliche Genehmigung annehmen und beschäftigen.

6. Das Geschäftsbuch ist alljährlich sowie beim Einstellen des Gewerbebetriebs abzuschließen und binnen 14 Tagen nach Anfang des nächsten Kalenderjahrs oder nach Einstellung des Gewerbebetriebs der Ortspolizeibehörde zur Bestätigung des Abschlusses einzureichen. Das abgeschlossene Geschäftsbuch ist 5 Jahre lang aufzubewahren. Nach dem Abschluß dürfen weitere Eintragungen nicht mehr gemacht werden. Die Ortspolizeibehörde kann die Führung eines Geschäftsbuchs für einen längeren Zeitraum gestatten.[7]

7. s. die Vorschrift in Ziff. 4 der Anlage I und die Anmerkung 10a dazu (S. 122).

7. Die Gesuche um Aufnahme von Beschäftigungsangeboten und Beschäftigungsgesuchen in die Stellen- und Vakanzenliste sind mit dem Datum des Eingangs und der Nummer des Geschäftsbuchs zu versehen. Auch sind auf ihnen die Nummern der Stellen- und Vakanzenliste, in denen sie veröffentlicht sind, und die Insertionsgebühren zu vermerken. Die Gesuche sind, nach der Nummer geordnet, 2 Jahre lang[8] aufzubewahren.

8. Von dem Zeitpunkt ab, in welchem sie dem Listenherausgeber zugegangen sind.

8. In den Inseraten der Stellen- und Vakanzenlisten ist die Nummer des Geschäftsbuchs anzugeben. Die Listen sind mit fortlaufenden

Nummern zu versehen; dabei ist in jedem Kalenderjahr mit der Nummer 1 zu beginnen.

Stellen- und Vakanzenlisten müssen in Einzelnummern, Wochen- oder Monatsabonnements beziehbar sein.[9] Eine andere Bezugsweise ist unzulässig.[10] Auf den Listen sind der Name und Wohnort (Straße und Hausnummer) des Herausgebers sowie der Preis der Einzelnummer und der Abonnementspreis zu vermerken.

9. s. Anm. 19c zu § 5 des Gesetzes (S. 67).

10. Abonnements mit der Verpflichtung, die Liste länger als einen Monat zu beziehen, sind unzulässig. Nach Ablauf von einem Monat bedarf es daher des Abschlusses eines neuen Vertrags über ein ferneres Listenabonnement.

9. Die Stellenvermittler haben ferner über die Einnahmen an Abonnementsgebühren ein Abonnentenbuch nach dem anliegenden Muster B zu führen. Auf dieses Geschäftsbuch finden die Vorschriften unter Ziff. 3, 4 Abs. 2, Ziff. 5 und 6 entsprechende Anwendung. Muster B.

10. Die Stellenvermittler sind verpflichtet, ihren Familiennamen und mindestens einen ausgeschriebenen Vornamen mit dem Zusatz „gewerbsmäßiger Stellenvermittler", in deutlich lesbarer Schrift an der Straßenseite des Hauses auf, über oder neben dem Hauseingang und am Eingang zu den Geschäftsräumen anzubringen.[11]

11. s. die Vorschrift in Ziff. 6 der Anlage I und die Anmerkungen dazu (S. 123).

11. Die Stellenvermittler haben alle Anzeigen in Zeitungen, Anschlägen, Reklamen und dergleichen mit der genauen Angabe des Geschäftslokals, ihren Vor- und Zunamen und der in Ziff. 10 angeordneten Bezeichnung zu versehen. Abkürzungen sind verboten.

12. Die Stellenvermittler haben über alle ihnen nicht durch die Post zugehenden Zahlungen sofort Quittungen auszustellen. Sie dürfen nur die auf Grund des § 5 des Stellenvermittlergesetzes festgesetzten Gebühren erheben.

13. Den Stellenvermittlern ist jede Tätigkeit, die auf die Zuweisung einer bestimmten Stelle an einen Stellensuchenden oder auf die Zuweisung eines Stellensuchenden an einen bestimmten Arbeitgeber abzielt, verboten.[12]

12. s. Anm. 6b zu § 1 des Gesetzes (S. 12).

14. Die Polizeibehörden und ihre Organe sind befugt, in den Geschäftsbetrieb der Stellenvermittler jederzeit Einsicht zu nehmen. Die Stellenvermittler sind verpflichtet, den Beamten jederzeit den Zutritt zu allen für den Geschäftsbetrieb bestimmten Räumlichkeiten zu gestatten, ihnen alle Geschäftsbücher und Geschäftspapiere auf

Verlangen im Dienstraume der Polizeibehörde vorzulegen und jede über den Geschäftsbetrieb verlangte Auskunft wahrheitsgetreu zu erteilen.[13]

15. Diese Vorschriften treten am 1. Oktober 1910 in Kraft. Jedem Geschäftsbuch ist ein Abdruck des Stellenvermittlergesetzes und dieser Vorschriften vorzuheften.

Zuwiderhandlungen gegen diese Vorschriften werden nach § 13 Abs. 1 Ziff. 1 des Stellenvermittlergesetzes mit Geldstrafe bis zu 150 *M* und im Unvermögensfalle mit Haft bestraft.

Berlin, den 18. August 1910.

Der Minister für Handel und Gewerbe.
Sydow.

13. S. die Vorschrift in Ziff. 21 der Anlage I und die Anmerkungen dazu (S. 131).

Muster A.

Geschäftsbuch.

Laufende Nr.	Tag des Eingangs	Des Bestellers des Inserats			Kurze Inhaltsangabe des Inserats	Nummer der Stellen- und Vakanzenliste in der das Inserat veröffentlicht ist	Gebühr		Bemerkungen
		Zu- und Vorname	Stand	Wohnort (Straße, Hausnummer)			Betrag	Tag der Zahlung	
1.	2.	3.	4.	5.	6.	7.	8.	9.	10.
							ℳ | ₰		

Muster B.

Abonnentenbuch.

Laufende Nr.	Des Abonnenten			Dauer des Abonnements	Gebühr		Bemerkungen
	Zu- und Vorname	Stand	Wohnort (Straße, Hausnummer)		Betrag	Tag der Zahlung	
1.	2.	3.	4.	5.	6.	7.	8.
					ℳ | ₰		

4. Verfügung des Ministers für Handel und Gewerbe.

Vom 28. September 1910.

(HMBl. S. 508.)

Der Minister für Handel und Gewerbe.

Berlin, den 28. September 1910.

Auf Grund des § 8 des Stellenvermittlergesetzes vom 2. Juni 1910 (RGBl. S. 860) bestimme ich:

1. Die Ziff. 12 Abs. 2 der Vorschriften über den Geschäftsbetrieb der gewerbsmäßigen Stellenvermittler für Bühnenangehörige, mit Ausschluß der Herausgeber von Stellen- und Vakanzenlisten, vom 17. August 1910 (HMBl. S. 465) erhält folgende Zusätze:

„f) Verträge zu vermitteln, in denen der Bühnenleiter die den Bühnenangehörigen versprochene Gage von vornherein durch bestimmte Abzüge (Rabatt, Prozentabzüge, Regiespesen usw.) kürzt. Hiervon werden etwaige Festsetzungen von Abzügen für Tage, an denen der Bühnenangehörige nicht auftritt, nicht berührt;[1]

g) mit Bühnenleitern in geschäftliche Beziehungen zu treten, von denen sie wissen oder den Umständen nach annehmen müssen, daß sie Kürzungen des Gagenbetrags in der Absicht vornehmen, aus diesen Abzügen die ihnen zur Last fallenden Vermittlergebühren zu bestreiten."[1]

2. Hinter die Ziff. 12 a. a. O. wird folgende Ziff. 12a eingefügt:

„12a. Die Stellenvermittler haben, sofern ihre Tätigkeit von beiden Seiten in Anspruch genommen ist, in die von ihnen vermittelten Verträge die Bestimmung aufzunehmen, daß die eine Hälfte der Gebühren von dem Bühnenleiter und die andere Hälfte von dem Bühnenangehörigen aus eigenen Mitteln zu zahlen ist, es sei denn, daß sich der Bühnenleiter freiwillig zur Übernahme der ganzen Gebühr bereit erklärt hat.

Der Betrag der an den Bühnenangehörigen tatsächlich auszuzahlenden Gage ist im Vertrag anzugeben."[1]

Die vorstehenden Bestimmungen treten am 1. Oktober 1910 in Kraft.

Sie wollen die Bestimmungen alsbald durch das Regierungsamtsblatt veröffentlichen.

Sydow.

An die Herren Regierungspräsidenten und den Herrn Polizeipräsidenten hier.

1. Die Bestimmungen der vorstehenden Verfügung sind S. 141, 142 eingefügt.

5. Verfügung der Minister für Handel und Gewerbe, für Landwirtschaft, Domänen und Forsten und des Innern.

Vom 21. August 1910.

(HMBl. S. 474.)

Berlin W. 66, den 21. August 1910.

Auf Grund des § 15 des Stellenvermittlergesetzes vom 2. Juni 1910 (RGBl. S. 860) haben wir über den Geschäftsbetrieb der nicht gewerbsmäßigen Stellenvermittlungen, die Stellen für das Gesinde oder für die in der Landwirtschaft oder im Gast- und im Schankwirtschaftsgewerbe beschäftigten Personen vermitteln, die anliegenden Vorschriften erlassen. Sie wollen diese Vorschriften als Beilage zum Amtsblatt sogleich veröffentlichen.

Die erforderliche Zahl Druckexemplare wird Ihnen die Buchdruckerei Julius Sittenfeld hierselbst zugehen lassen.

Die Deutsche Feldarbeiterzentralstelle in Berlin, die sich bekanntlich mit der Vermittlung ausländischer Wanderarbeiter befaßt, würde, obwohl die einzelnen Landwirtschaftskammern, also öffentliche Körperschaften, Träger der Einrichtung sind, an sich durch die Ausnahmevorschrift in Ziff. 12 Satz 2 nicht getroffen werden. Wir bestimmen daher, daß die anliegenden Vorschriften bei der Deutschen Feldarbeiterzentrale außer Anwendung bleiben.

Die Ortspolizeibehörden haben sich die sorgfältige Überwachung der bezeichneten nicht gewerbsmäßigen Stellenvermittlungen angelegen sein zu lassen und hierbei nach den für die gewerbsmäßigen Stellenvermittler ergangenen Anweisungen entsprechend zu verfahren.

Der Minister für Handel und Gewerbe.
Sydow.

Der Minister für Landwirtschaft, Domänen und Forsten.
Im Auftrage: Schroeter.

Der Minister des Innern.
In Vertretung: Holtz.

III. 7191 M. f. H. — I. A. Ia 4025 M. f. L. — IIe 2019 M. d. J.

An die Herren Regierungspräsidenten und den Herrn Polizeipräsidenten hier.

Anlage.

Vorschriften über den Betrieb nicht gewerbsmäßiger Stellenvermittlungen.

Auf Grund des § 15 des Stellenvermittlergesetzes vom 2. Juni 1910 (RGBl. S. 860) bestimmen wir über den Geschäftsbetrieb der nicht gewerbsmäßigen Stellenvermittlungen, die Stellen für das Gesinde oder für die in der Landwirtschaft oder im Gast- und im Schankwirtschaftsgewerbe beschäftigten Personen vermitteln,[1] folgendes:

1. Die Eröffnung[2] des Betriebes ist binnen 3 Tagen der Ortspolizeibehörde, in deren Bezirk sich die Geschäftsräume befinden, anzuzeigen. Bei bestehender Stellenvermittlung ist diese Anzeige bis zum 4. Oktober 1910 zu erstatten.

1. Die nicht gewerbsmäßige Stellenvermittlung für andere als die im ersten Absatz aufgeführten Berufsarten ist bisher ungeregelt geblieben.

2. Die Verlegung des Betriebes ist gemäß folgender Ziff. 10 nach Ziff. 21 der Anlage I (S. 131) anzuzeigen.

2. Wer eine Stellenvermittlung eröffnet, hat einen Geschäftsleiter[2a] zu bestellen, der für die Erfüllung der polizeilichen Vorschriften verantwortlich ist. Der Name des Geschäftsleiters ist der in Ziff. 1 bezeichneten Ortspolizeibehörde spätestens 3 Tage nach der Eröffnung anzuzeigen; für bestehende Stellenvermittlungen ist diese Anzeige bis zum 4. Oktober 1910 zu erstatten. Änderungen in der Person des Geschäftsführers sind spätestens 3 Tage nach Eintritt des Wechsels anzuzeigen.

2a. s. die Anm. 2 zu § 16 (S. 108) und Anm. 1 zu § 18 des Gesetzes (S. 110). Ist der Inhaber des nicht gewerbsmäßigen Stellenvermittlungsbetriebs eine physische Person so kann er sich selbst als Geschäftsleiter bestellen.

3.[3] Die Ortspolizeibehörde hat die Entlassung von Geschäftsleitern die für die Stellenvermittlung oder hinsichtlich ihrer persönlichen Verhältnisse unzuverlässig sind, herbeizuführen. Die Beschäftigung von Hilfspersonal ist nur mit Erlaubnis der Ortspolizeibehörde gestattet. Als Hilfspersonal gelten einschließlich der Familienangehörigen des Geschäftsleiters alle Personen, welche im Betriebe der Stellenvermittlung beschäftigt sind. Die Erlaubnis darf nur solchen Personen erteilt werden, welche für den Geschäftsbetrieb und hinsichtlich ihrer persönlichen Verhältnisse die erforderliche Zuverlässigkeit besitzen und keins der im § 3 des Stellenvermittlergesetzes aufgeführten Gewerbe betreiben.

Der Antrag auf Erteilung der Erlaubnis ist für jede Hilfsperson schriftlich unter Beifügung einer unaufgezogenen Photographie in Visitkartenformat zu beantragen.

In die Bescheinigung über die Erlaubnis ist die Photographie einzukleben und abzustempeln. Ferner sind in der Bescheinigung der Rufname, der Zuname und die Wohnung der Hilfsperson sowie die Bezeichnung der Stellenvermittlung, in deren Betriebe die Beschäftigung stattfinden darf, anzugeben.

Die Erlaubnis ist zu widerrufen, wenn die Voraussetzungen, unter denen sie erteilt wurde, nicht mehr vorliegen oder wenn die betreffende Person den Vorschriften zuwiderhandelt.

Der Geschäftsleiter hat die Bescheinigung binnen 3 Tagen nach Beendigung des Beschäftigungsverhältnisses oder nach Widerruf der Erlaubnis der Ortspolizeibehörde zurückzureichen.

3. s. die entsprechende Ziff. 9 der Vf. vom 19. Aug. 1910 Anlage I und die Anmerkungen zu jener Ziff. 9 (S. 124, 125).

4. Auf die Führung der Geschäftsbücher finden die Ziff. 1 bis 5 der Vorschriften über den Geschäftsbetrieb der gewerbsmäßigen Stellenvermittler vom 16. August 1910 (HMBl. S. 455) entsprechende Anwendung.[4]

5. An der Straßenseite des Hauses auf, über oder neben dem Hauseingang und am Eingange zu den Geschäftsräumen ist in deutlich lesbarer Schrift die nähere Bezeichnung der Stellenvermittlung mit dem Zusatze: „nicht gewerbsmäßige Stellenvermittlung", sowie der Name des Vereins, der Gesellschaft, der Firma usw., von denen die Stellenvermittlung unterhalten wird, und der Name des Geschäftsleiters anzubringen. Weitere Bezeichnungen sowie Abkürzungen sind unzulässig.[5]

4. s. S. 121, 122.

5. s. Ziff. 6 und die Anmerkungen dazu (S. 123).

6. Anzeigen in Zeitungen, Anschlägen, Reklamezetteln und dergleichen sind mit der genauen Angabe der Geschäftsräume und mit der Bezeichnung „nicht gewerbsmäßige Stellenvermittlung" zu versehen. Abkürzungen sind unzulässig. Im übrigen findet Ziff. 7 Abs. 2, 3 der Vorschriften für gewerbsmäßige Stellenvermittler entsprechende Anwendung.[6]

6. s. Ziff. 7 und die Anmerkungen dazu (S. 123).

7. Die Geschäftsräume dürfen sich nicht in Räumen befinden, in denen ein Gewerbe ausgeübt wird, auch darf der Zugang zu den Geschäftsräumen der Stellenvermittlung nicht durch Räume erfolgen, in denen ein Gewerbe ausgeübt wird. Die Ortspolizeibehörde kann den Geschäftsbetrieb in Häusern, in denen oder in deren unmittelbarer Nähe sich eine Gast- oder Schankwirtschaft oder eine Kleinhandlung mit geistigen Getränken befindet, verbieten.[7]

7. s. Ziff. 15 (S. 127).

8. Dem Geschäftsleiter und seinem Hilfspersonal (Ziff. 3) ist der Betrieb der im § 3 des Stellenvermittlergesetzes bezeichneten Gewerbe untersagt.

9. Vereine,[8] deren Zweck ausschließlich oder vorwiegend auf die Stellenvermittlung gerichtet ist, dürfen weder Eintrittsgelder noch Beiträge [9] erheben.

8. s. Anm. 4a bb zu § 1 des Gesetzes (S. 8).

9. Die Erhebung einer bestimmten Summe zur Erstattung der im einzelnen Falle entstandenen baren Auslagensumme ist nach der Fassung der Vorschrift nicht verboten.

10. Die Gebühren werden von der Ortspolizeibehörde festgesetzt; sie dürfen nur so bemessen werden, daß sie lediglich zur Bestreitung der Unkosten der Stellenvermittlung ausreichen.[10] Im übrigen finden § 4[10a] des Stellenvermittlergesetzes und Ziff. 17 bis 21 der Vorschriften für gewerbsmäßige Stellenvermittler Anwendung.

11. Für den Geschäftsleiter und sein Hilfspersonal (Ziff. 3) gelten die Ziff. 8, 10 bis 14, 16 der Vorschriften für gewerbsmäßige Stellenvermittler entsprechend.

10. Die Festsetzung der Gebühren hat für jedes einzelne nicht gewerbsmäßiges Stellenvermittlungsunternehmen zu erfolgen.

10a. Die Bestimmung über die Anwendbarkeit des § 4 des Gesetzes im zweiten Absatz der Ziff. 10 ist rechtsungültig; s. Anm. 5 zu § 15 (S. 106).

12. Diese Vorschriften treten am 1. Oktober 1910 in Kraft. Sie finden keine Anwendung auf gemeinnützige Stellennachweise öffentlicher Körperschaften und andere gemeinnützige Stellennachweise, die aus öffentlichen Mitteln unterstützt werden. Der Regierungspräsident (im Landespolizeibezirke Berlin der Polizeipräsident) kann weitere nicht gewerbsmäßige Stellenvermittlungen von der Beobachtung der Vorschriften widerruflich entbinden.[11]

Berlin, den 21. August 1910.

Der Minister für Handel und Gewerbe.
Sydow.

Der Minister für Landwirtschaft, Domänen und Forsten.
Im Auftrage: Schroeter.

Der Minister des Innern.
In Vertretung: Holtz.

III. 7191. M. f. H. — I. A. Ia 4025 M. f. L. — IIe 2019 M. d. J.

11. Zu der Vorschrift der Ziff. 12 ist folgende MinVf. vom 24. Aug. 1911 (MinBl. d. Hand. und GewVerw. Nr. 17) ergangen:

„Auf Grund der Nr. 12 der Vorschriften über den Betrieb nicht gewerbsmäßiger Stellenvermittlungen vom 21. Aug. 1910 (HMBl. S. 474) haben wirtschaftliche Verbände und deren Zweigstellen auf Entbindung von der Beachtung dieser Vorschriften für die von ihnen betriebenen Stellenvermittlungen bei den Regierungspräsidenten, in deren Bezirk der Verband oder die Zweigstellen ihren Sitz haben, gestellt. Diese Anträge sind für die Stellenvermittlungen desselben Verbandes nicht immer gleichmäßig entschieden worden. Da die Zweigstellen als von der Verbandsleitung abhängige, nicht aber als selbständige Stellenvermittlungen anzusehen sind, so übertragen wir dem Regierungspräsidenten (im Landespolizeibezirk Berlin dem Polizeipräsidenten), in dessen Bezirk die Zentralstelle des Verbandes ihren Sitz hat, die Entscheidung. Vorher sind die Regierungspräsidenten (für den Landespolizeibezirk Berlin der Polizeipräsident) in deren Bezirk sich die Zweigstellen des Verbandes befinden, zu hören; die Entscheidung ist ihnen mitzuteilen."

---

6. Verfügung des Ministers für Handel und Gewerbe.

Vom 17. Juni 1910.

(HMBl. S. 262.)

Der Minister für Handel und Gewerbe.

Berlin W 66, den 17. Juni 1910.

Auf Grund des § 5 Abs. 1 des Stellenvermittlergesetzes vom 2. Juni 1910 (RGBl. S. 860) übertrage ich die Festsetzung der Gebührentaxen für Stellenvermittler, mit Ausnahme der Gebührentaxen der Stellenvermittler für Bühnenangehörige,

a) hinsichtlich der gewerbsmäßigen Stellenvermittler für Schiffsleute den Regierungspräsidenten,
b) hinsichtlich der übrigen gewerbsmäßigen Stellenvermittler den Ortspolizeibehörden.

Die Taxen sind als Gesamttaxen festzusetzen.

Als Anhalt für die Festsetzung der Taxen unter b können die Gebührentarife gelten, die die Stellenvermittler auf Grund des § 75a der Gewerbeordnung aufgestellt haben. Dabei ist jedoch zu beachten, daß bei der Beratung des Stellenvermittlergesetzes allgemeines Einverständnis darüber geherrscht hat, daß die gegenwärtigen Gebührentarife viel zu hoch seien und zu einer Ausbeutung der die Tätigkeit der Stellenvermittler in Anspruch nehmenden Personen führen. Es sind daher die jetzigen Sätze erheblich zu mindern, namentlich in den Fällen, wo in Hinblick auf gemeinnützige Stellennachweise ein Bedürfnis für eine gewerbsmäßige Stellenvermittlung nicht anerkannt werden kann.

Da das Stellenvermittlergesetz am 1. Oktober 1910 in Kraft tritt, ist das Erforderliche alsbald zu veranlassen.

Die Herren Regierungspräsidenten der Seeschiffahrtsbezirke haben Anlage. die Gebührentarife für Stellenvermittler für Schiffsleute, die auf Grund des Erlasses vom 6. März 1903 (IIb 1730) erlassen waren, mit den bisherigen Gebührensätzen von neuem zu erlassen, wobei darauf zu achten ist, daß der von den Bundesseestaaten vereinbarte und den beteiligten Herren Regierungspräsidenten seinerzeit übermittelte Maximalgebührentarif nicht überschritten werden darf.

III. 5271. IIb 6472. Sydow.

An die Herren Regierungspräsidenten und den Herrn Polizeipräsidenten in Berlin.

Anlage.

Gebührentarif

für Stellenvermittler für Schiffsleute,

vereinbart von den Bundesseestaaten 1903.

1. Für Jungen (Schiffs- und Kochjungen) und die diesen gleich zu erachtenden Personen sowie für Aufwäscher bis zu 3 ℳ.

2. Für Leichtmatrosen (Halbmann, Jungmann) und Kochsmaate bis zu 4 ℳ.

3. Für Vollmatrosen, Bestleute, Quartiermeister, Stewards, Stewardessen, Pantryleute, Heizer, Schmierer, Trimmer, Segelmacher, Netzmacher, 2. Bäcker und alle übrigen, nicht besonders aufgeführten Schiffsleute bis zu 6 ℳ.

4. Für Bootsleute, Köche, Zimmerleute, Oberheizer, Maschinistenassistenten, Bäcker, Konditoren, Schlächter, Klempner, Schmiede, Tischler bis zu 8 ℳ.

5. Für Maschinisten III. und IV. Klasse, Oberköche, Oberstewards bis zu 10 ℳ.

6. Für Maschinisten II. Klasse, Steuerleute, Zahlmeister, Proviantmeister, Verwalter bis zu 12 ℳ.

7. Für Maschinisten I. Klasse bis zu 18 ℳ.

Wird dem Schiffsmann nach Beendigung einer Reise und im unmittelbaren Anschluß an dieselbe die Anheuerung auf demselben Schiffe vermittelt, so ermäßigt sich die Gebühr auf die Hälfte der unter 1 bis 7 festgesetzten Beträge.

7. Verfügung der Minister für Handel und Gewerbe und des Innern.

Vom 6. Juli 1910.

(HMBl. S. 339.)

Berlin, den 6. Juli 1910.

Im Einverständnis mit den Vorschlägen des hiesigen Polizeipräsidenten halten wir es für zweckmäßig, daß die Bezirksausschüsse vor Erteilung von Konzessionen für ein Theaterunternehmen oder eine Theateragentur (§§ 32 und 34 der Gewerbeordnung bzw. § 2 des am 1. Oktober d. J. in Kraft tretenden Stellenvermittlergesetzes vom 2. Juni 1910, RGBl. S. 860) jedesmal bei der Theaterabteilung des Polizeipräsidiums in Berlin Erkundigungen darüber einziehen, ob über die betreffenden Antragsteller etwas Nachteiliges bekannt geworden ist. Ebenso erscheint es angezeigt, daß die Polizeibehörden an die Theaterabteilung des hiesigen Polizeipräsidiums zur Vervollständigung des Materials für die Auskunfterteilung von allen Fällen Nachricht geben, in denen Theaterleiter und Stellenvermittler für Bühnenangehörige sich bei Ausübung ihres Gewerbebetriebs als unzuverlässig erwiesen haben, mag nun eine Konzessionsentziehung erzielt worden sein oder nicht.

Die Anordnungen meines, des Ministers des Innern, Runderlasses vom 27. April 1904 (IIb 1741) wegen der Beteiligung des „Deutschen Bühnenvereins" und der „Genossenschaft deutscher Bühnenangehöriger" bei der Prüfung von Konzessionsanträgen aus § 32 der Gewerbeordnung bleiben daneben bestehen.

Wir ersuchen, den dortigen Bezirksausschuß und die Ihnen unterstellten Polizeibehörden entsprechend zu verständigen.

Der Minister für Handel und Gewerbe.
In Vertretung: Schreiber.

Der Minister des Innern.
In Vertretung: Holtz.

M. d. J. IIe. 1489. — M. f. H. III. 5911.

An die Herren Regierungspräsidenten.

8. Verfügung des Ministers für Handel und Gewerbe.

Vom 19. August 1910.

(HMBl. S. 473.)

Gebührentarif der Stellenvermittler für Bühnenangehörige.

Auf Grund des § 5 Abs. 1 des Stellenvermittlergesetzes vom 2. Juni 1910 (RGBl. S. 860) bestimme ich nach Anhörung von Vertretern der Stellenvermittler, der Arbeitgeber und Arbeitnehmer, daß Stellenvermittler für Bühnenangehörige im Sinne der Vorschriften vom 17. August 1910 (HMBl. S. 465) für die Vermittlung einer Stelle nicht mehr als folgende Bruchteile der Gesamtvergütung (Gehalt, Spielgeld usw.) eines Bühnenangehörigen als Gebühr erheben dürfen:

I. Stellenvermittlung für Bühnenangehörige im engeren Sinne, d. h. für Personen, die bei der Aufführung dramatischer Werke künstlerisch oder technisch mitwirken:

A. bei Engagementsabschlüssen:

3% wenn die monatliche Vergütung bis 150 ℳ,

4% wenn die monatliche Vergütung mehr als 150 ℳ bis 300 ℳ,

5% wenn die monatliche Vergütung mehr als 300 ℳ

beträgt.

B. bei Verträgen für Gastspiele, mit Ausnahme der Gastspiele mit unterlegtem Engagementsvertrage:

10% wenn der Bühnenangehörige für die einzelne Vorstellung eine Vergütung von mindestens 200 ℳ erhält,

5% wenn er weniger als 200 ℳ erhält.

II. Stellenvermittlung für sonstige Bühnenangehörige bei Engagementsabschlüssen sowie bei Gastspielen:

5% wenn die monatliche Vergütung bis 600 ℳ,

6% wenn die monatliche Vergütung mehr als 600 ℳ bis 900 ℳ,

8% wenn die monatliche Vergütung mehr als 900 ℳ bis 1500 ℳ,

10% wenn die monatliche Vergütung mehr als 1500 ℳ

beträgt.

— Die Vergütung wird nach der einzelnen artistischen Nummer (Einzelartist oder Truppe) berechnet. —

III. Stellenvermittlung für Orchesterpersonal bei Gewerbebetrieben im Sinne der §§ 32 und 33a der Gewerbeordnung sowie für technisches und Chorpersonal:

2% wenn die monatliche Vergütung bis 400 ℳ,
5% wenn die monatliche Vergütung über 400 ℳ

beträgt.

IV. Stellenvermittlung für Musikkapellen, die nicht unter die Bestimmung zu III fallen:

5% der monatlichen Vergütung für Verträge zwischen Unternehmern und ganzen Kapellen,

3% der monatlichen Vergütung für Verträge zwischen Kapellmeistern und Mitgliedern der Kapellen.

V. Bei Verlängerung oder Erneuerung eines Engagements (sofern sie durch die Tätigkeit des Stellenvermittlers zustande gekommen sind) längstens auf 3 Jahre:

die Hälfte der obigen Sätze.

— Diese Bestimmung findet keine Anwendung auf die Stellenvermittlung in Fällen unter II. —

VI. Bei Vertragsabschlüssen für nicht gewerbsmäßige Veranstaltungen (Vereins- oder Privatfestlichkeiten):

10% ohne Rücksicht auf die Höhe der Vergütung.

VII. Die Bestimmungen der Ziff. I bis IV finden sinngemäße Anwendung, wenn der Vertragsabschluß auf kürzere oder längere Zeit als Monatsfrist erfolgt oder die Vergütung für kürzere oder längere Zeit oder für die einzelne Veranstaltung entrichtet wird.

Berlin, den 19. August 1910.

Der Minister für Handel und Gewerbe.
Sydow.

B. Bayern.

Nr. 23390/II.

1. Königliche Verordnung, Vollzug des Stellenvermittlergesetzes betreffend.

(GVBl. S. 923.)

Im Namen Seiner Majestät des Königs.

Luitpold, von Gottes Gnaden Königlicher Prinz von Bayern, Regent.

Wir finden Uns bewogen, auf Grund des Art. 1 des Gesetzes vom 13. Juni 1910 über das Verwaltungsstreitverfahren (GVBl. S. 287) zu bestimmen, was folgt:

Das Verwaltungsstreitverfahren nach § 10 des Stellenvermittlergesetzes vom 2. Juni 1910 (RGBl. S. 860) bemißt sich nach Art. 16 bis 44 des Gesetzes über den Verwaltungsgerichtshof vom 8. August 1878 (GVBl. S. 369).

Die Beschwerde gegen den Beschluß der Distriktspolizeibehörde geht an die Regierung, Kammer des Innern, die Beschwerde gegen deren Bescheid an den Verwaltungsgerichtshof.

München, den 5. Oktober 1910.

Luitpold,
Prinz von Bayern,
des Königreichs Bayern Verweser.

Dr. **Frhr. von Podewils.**

Auf Allerhöchsten Befehl:
Der Generalsekretär:
an dessen Statt:
Ministerialrat Dr. von Müller.

Nr. 23273/II.

2. Bekanntmachung, Stellenvermittlergesetz betreffend.

Vom 6. Oktober 1910.

(GVBl. S. 924.)

K. Staatsministerium des Königlichen Hauses und des Äußern.

Auf Grund des Stellenvermittlergesetzes vom 2. Juni 1910 (RGBl. S. 860) werden für gewerbsmäßige Stellenvermittler mit Ausnahme der Stellenvermittler für Bühnenangehörige nachstehende Vorschriften erlassen.

Zuständige Behörden.

§ 1.

Die Erlaubnis[1] zum Betriebe des Geschäfts eines Stellenvermittlers wird von der Distriktspolizeibehörde erteilt.

Diese Behörde entscheidet auch über die Zurücknahme der Erlaubnis[2] und die Untersagung des Gewerbebetriebs.[3]

Von ihr werden die in § 5 des Stellenvermittlergesetzes bezeichneten Taxen festgesetzt.

Sie ist die im Sinne des § 7 dieses Gesetzes zuständige Polizeibehörde; als solche hat sie Anordnungen über die Vorlegung des Verzeichnisses für die Stellenvermittler im allgemeinen oder veranlaßten Falles besondere Anordnungen für die einzelnen Stellenvermittler zu erlassen.

Die in dieser Bekanntmachung der Distriktspolizeibehörde zugewiesenen Aufgaben obliegen in München der Polizeidirektion.

1. s. § 2 des Gesetzes und Anm. 4 dazu (S. 20).
2. s. Anm. 1 zu § 9 des Gesetzes (S. 78).
3. s. Anm. 6 zu § 9 (S. 83).

Buchführung.

§ 2.[4]

Der Stellenvermittler ist verpflichtet, Geschäftsbücher nach den beigefügten Mustern 1, 2 und 3 ordnungsmäßig zu führen und in den Geschäftsräumen aufzubewahren. Anlage 1, 2, 3.

Für männliche und weibliche Personen können getrennt Bücher geführt werden.

Stellenvermittler für Schiffsleute haben ein Geschäftsbuch nach Muster 4 zu führen. Anlage 4.

4. s. die gleichlautende preußische Vorschrift in Ziff. 1 und die Anmerkungen (S. 121).

§ 3.

Die Bücher, welche dauerhaft gebunden und mit fortlaufenden Seitenzahlen versehen sein müssen, sind vor dem Gebrauch der Distriktspolizeibehörde vorzulegen.

Findet diese die Bücher in Ordnung, so genehmigt sie ihre Verwendung unter Beidruck des Amtssiegels, indem sie zugleich auf dem ersten Blatt die Zahl der Seiten vermerkt.

§ 4.

Das Herausnehmen oder Zusammenkleben von Blättern der Geschäftsbücher sowie das Einheften neuer Blätter ist untersagt.

Die Einträge in die Bücher müssen gut leserlich, in deutscher Sprache und mit Tinte geschrieben sein; sie dürfen nicht durch Ausschaben oder in sonstiger Weise unleserlich gemacht werden.

§ 5.

Bücher, die nicht mehr benützt werden, sind unter Angabe des Datums abzuschließen und der Distriktspolizeibehörde vorzulegen, welche sie nach Bestätigung des Abschlusses zur Aufbewahrung an den Stellenvermittler zurückzugeben hat.

Nach dem Abschluß dürfen weitere Einträge nicht gemacht werden.

Die Bücher dürfen nur mit Genehmigung der Distriktspolizeibehörde ganz oder teilweise vernichtet werden.

Die Bestimmungen in den vorstehenden drei Absätzen gelten auch für den Fall der Einstellung des Geschäftsbetriebs, jedoch mit der Maßgabe, daß die Bücher der Distriktspolizeibehörde ausgehändigt werden können.

§ 6.

Die dem Stellenvermittler erteilten Aufträge — und zwar jeder einzelne — sind in die Bücher 1 und 2, die Abschlüsse von Vermittlungen in das Buch 3 alsbald, wenn möglich im Laufe des Tages, an welchem die Aufträge eingehen oder die Abschlüsse erfolgen, für das Kalenderjahr in fortlaufender Reihenfolge deutlich, vollständig und wahrheitsgetreu einzutragen.

Die eingegangenen Zahlungen sind sofort in das Geschäftsbuch 3 einzutragen und dem Zahler oder Absender zu bestätigen.

In den Spalten „Bemerkungen" ist insbesondere zu vermerken, ob bei minderjährigen Arbeitnehmern die Zustimmung des gesetzlichen Vertreters vorliegt, ob Arbeitsbücher, Zeugnisse u. dgl. hinterlegt und wieder ausgehändigt wurden, ob ein Auftrag zurückgenommen wurde usf.

§ 7.

Der Stellenvermittler hat alle einlaufenden Geschäftsbriefe sowie Abdrücke oder Abschriften der auslaufenden Geschäftsbriefe, dann Empfangsbestätigungen, Postscheine und sonstige Geschäftsbelege 5 Jahre lang aufzubewahren.

In besonderen Fällen kann er die Schriftstücke an die Distriktspolizeibehörde mit deren Genehmigung aushändigen.

Geschäftsräume.

§ 8.

Die Wahl sowie jede Veränderung der Geschäftsräume ist vor dem Beziehen vom Stellenvermittler der Distriktspolizeibehörde anzuzeigen.

Das Geschäft darf nicht in Räumen betrieben werden, in denen ein anderes Gewerbe ausgeübt wird; auch darf der Zugang zu den Geschäftsräumen des Stellenvermittlers nicht durch Räume erfolgen, in denen ein Gewerbe ausgeübt wird.

Die Distriktspolizeibehörde kann den Geschäftsbetrieb in Häusern, in denen oder in deren unmittelbarer Nähe eine Gast- oder Schankwirtschaft oder eine Kleinhandlung mit geistigen Getränken sich befindet, verbieten.[5]

5. s. die preußische Vorschrift in Ziff. 15 (S. 127) und die Anmerkungen daselbst.

Firma.

§ 9.

Der Stellenvermittler ist verpflichtet, seinen Familiennamen und mindestens einen ausgeschriebenen Vornamen mit dem Zusatz „Stellenvermittler" oder „Stellenvermittlerin"[6] in deutlich lesbarer Schrift am Hauseingang[7] und am Eingang zu den Geschäftsräumen anzubringen. Berufe, für die Stellen vermittelt werden, können beigefügt werden. Jede andere oder weitere Bezeichnung ist verboten.

6. Nicht „gewerbsmäßiger" Stellenvermittler, wie in Preußen vorgeschrieben ist (s. Ziff. 6 S. 123).

7. s. die preußische Vorschrift in Ziff. 6 (S. 123) und die Anmerkungen dort.

Vermittlungstätigkeit.

§ 10.

Die Stellenvermittler haben alle Anzeigen in Zeitungen, Anschlägen, Reklamen u. dgl. mit der genauen Angabe der Geschäftsräume, ihrem Vor- und Zunamen und der in § 9 angeordneten Bezeichnung zu versehen. Abkürzungen sind unzulässig.

§ 11.

Die zu vermittelnden Stellen sind den Bewerbern unter Angabe des Namens, Standes und Wohnortes des Arbeitgebers, der Art der Beschäftigung, der Bezüge, der voraussichtlichen Dauer des Dienstverhältnisses, der Zeit des Stellenantritts, dann etwaiger besonderer Vertragsbedingungen zu bezeichnen.

Die zu vermittelnden Stellesuchenden sind den Arbeitgebern unter Angabe von Name, bisheriger Beschäftigung, Familienstand, Alter, Geburtsort, Wohnung sowie der Lohn- oder Gehaltsansprüche zu bezeichnen.

§ 12.

Eine Beeinflussung von Arbeitnehmern, die in ungekündigter Stellung sind, zum Zwecke der Lösung des Vertragsverhältnisses sowie jede Einwirkung[8] auf Arbeitgeber zur Entlassung von Arbeitnehmern ist untersagt.

8. s. die gleiche preußische Vorschrift in Ziff. 11 (S. 126) und die Anmerkungen dazu.

§ 13.

Der Stellenvermittler soll seine Vermittlungstätigkeit in der Regel nur persönlich ausüben.

Die Zulässigkeit der Stellvertretung bestimmt in jedem einzelnen Fall die Distriktspolizeibehörde.

Die Beschäftigung von Hilfspersonal (Gehilfen, Lehrlingen) einschließlich der Familienangehörigen ist nur mit Erlaubnis der Distriktspolizeibehörde zulässig.

Für Stellvertreter und Hilfspersonal gelten alle für den Stellenvermittler bestehenden Vorschriften, insbesondere auch hinsichtlich der persönlichen Zuverlässigkeit, sinngemäß in gleicher Weise.

Gebühren.

§ 14.[9]

Der Anspruch des Stellenvermittlers auf die vom Arbeitgeber zu zahlende Hälfte der Vermittlungsgebühr erlischt, wenn

1. der Arbeitnehmer die Stelle nicht antritt,
2. der Stellenvermittler dem Arbeitgeber bestimmte Eigenschaften des Arbeitnehmers zugesichert hat und der Dienstvertrag zum ersten zulässigen Kündigungstermin gekündigt oder sonst innerhalb vier Wochen nach Beginn der Dienstleistung gelöst wird, weil sich herausstellt, daß der Arbeitnehmer die zugesicherten Eigenschaften nicht besitzt.

9. Der § 14 stimmt mit der preußischen Vorschrift der Ziff. 18a—b (S. 129) überein; s. die Anmerkungen dort.

§ 15.[10]

Der Anspruch des Stellenvermittlers auf die vom Arbeitnehmer zu zahlende Hälfte der Vermittlungsgebühr erlischt, wenn

1. der Stellenvermittler dem Arbeitnehmer bestimmte Eigenschaften der vermittelten Stelle zugesichert hat und der Dienstvertrag zum ersten zulässigen Kündigungstermin gekündigt oder sonst innerhalb vier Wochen nach Beginn der Dienstleistung gelöst wird, weil sich die Unrichtigkeit der zugesicherten Eigenschaften herausstellt;
2. der Arbeitnehmer aus einem wichtigen Grunde die Stelle nicht antritt;
3. der Arbeitgeber den Antritt der Stelle verhindert.

10. Übereinstimmend die preußische Vorschrift der Ziff. 19a—c (S. 129, 130); s. die Anmerkungen daselbst.

§ 16.[11]

Die bereits gezahlte Gebühr ist in den Fällen der §§ 14 und 15 binnen drei Tagen auf Verlangen des Berechtigten zurückzuzahlen.

Ansprüche auf Rückzahlung der Gebühr können nur binnen vier Wochen nach dem Zeitpunkt, zu dem der Arbeitnehmer den Dienst angetreten hat oder hätte antreten müssen oder zu dem der Vertrag gelöst ist, geltend gemacht werden.

Dem Stellenvermittler ist untersagt, den Anspruch auf Rückzahlung durch Vertrag auszuschließen.

11. s. die gleiche preußische Vorschrift in Ziff. 20 und die Anmerkungen daselbst (S. 130).

Verbote.

§ 17.

Den Stellenvermittlern ist verboten:

1. andere als die von der Distriktspolizeibehörde bezeichneten Stellen (§ 2 Abs. 3 des Stellenvermittlergesetzes) zu vermitteln;[12]
2. Personen, welche die zum Vertragsabschlusse erforderliche Zustimmung des gesetzlichen Vertreters nicht nachweisen können, Dienste zu leisten;
3. mit auswärtigen Vermittlungsgeschäften in Verbindung zu treten, die von der Distriktspolizeibehörde als unzuverlässig bezeichnet sind;
4. in die Gesinde-, Dienst- oder Arbeitsbücher, Quittungskarten, Zeugnisse oder sonstigen Legitimationspapiere der Stellensuchenden Einträge zu machen und Reklamezettel oder Adressen einzulegen;

5. ihr Gewerbe im Umherziehen oder durch Agenten auszuüben;
6. außerhalb ihrer Geschäftsräume (z. B. auf Straßen, in Wirtschaften, Bahnhöfen) zum Zweck der Stellenvermittlung mit einem Arbeitgeber oder Arbeitnehmer, der nicht vorher Auftrag hierzu gegeben hat, in unmittelbaren persönlichen Verkehr zu treten;
7. Dritte (sog. Schlepper) mit dem Zuführen von Arbeitnehmern zu beauftragen oder Arbeitnehmern, die von solchen Personen zugeführt werden, Stellen zu vermitteln;[13]
8. marktschreierische Angaben (z. B. durch Hervorheben besonderer Vorzüge, Zusage von Geschenken usw.), dann wahrheitswidrige Angaben über die Zahl der offenen Stellen und der Stellung suchenden Personen zu machen und Geschäftsempfehlungen an öffentlichen Orten (z. B. Straßen, Wirtschaften, Bahnhöfen) zu verteilen.[14]

12. Vgl. Anm. 3 zu § 12 des Gesetzes (S. 91).

13. Vgl. die preußische Ziff. 16 (S. 128).

14. Vgl. die preußische Ziff. 7 (S. 123) — die alle marktschreierische Angaben hier verbietet.

Pflichten gegen die Polizeibehörde.

§ 18.[15]

Der Stellenvermittler ist verpflichtet, den Beauftragten der Polizeibehörde jederzeit Zutritt in seine Geschäftsräume zu gestatten, ihnen die Geschäftsbücher, sonstige Geschäftspapiere sowie Zeugnisse und Gegenstände seiner Kunden vorzuzeigen und jede auf den Geschäftsbetrieb bezügliche Auskunft wahrheitsgemäß zu erteilen.

15. Vgl. die preußische Vorschrift in Ziff. 21 S. 130 und die Anmerkungen daselbst.

Tätigkeitsbericht.

§ 19.

Innerhalb der ersten 8 Tage eines jeden Monats hat der Stellenvermittler der Distriktspolizeibehörde einen Tätigkeitsbericht über den abgelaufenen Monat nach einem bestimmten Muster in doppelter Fertigung vorzulegen.

Die Distriktspolizeibehörde wird eine Ausfertigung dieses Berichts dem Statistischen Landesamt in München umgehend einsenden.

Aushang der Vorschriften.

§ 20.

In den für den Kundenverkehr bestimmten Geschäftsräumen muß der Stellenvermittler an einer in die Augen fallenden, leicht zugänglichen[16] Stelle die gegenwärtigen Vorschriften sowie seine Gebührentaxe im großen deutlichen Druck aushängen.

16. Die Vorschrift ist eine auf Grund des § 8 des Gesetzes (vgl. die Anm. 1 dazu) getroffene Ergänzung des § 5 Abs. 4 des Gesetzes.

Herausgeber von Stellen- und Vakanzenlisten.

§ 21.

Die Vorschriften der gegenwärtigen Bekanntmachung gelten sinngemäß[17] auch für die Herausgeber von Stellen- und Vakanzenlisten.

Diese dürfen in die Listen nur solche Beschäftigungsangebote und -gesuche aufnehmen, die ihnen von den Beteiligten schriftlich oder telephonisch mit dem Ersuchen um Aufnahme zugehen.

Beschäftigungsangebote und -gesuche, die in Zeitungen enthalten sind, dürfen sie nur auf Grund eines schriftlichen Ansuchens des Inserenten in die Listen aufnehmen.

17. In Preußen ist der Geschäftsbetrieb der Herausgeber der Stellen- und Vakanzenlisten durch die besondere Bf. vom 18. Aug. 1910 geregelt (vgl. S. 147). Da dies in Bayern nicht geschehen, statt dessen „sinngemäße" Anwendung der vorstehenden Vorschriften §§ 1—20 für jene Listenherausgeber vorgeschrieben wird, ergibt sich hier folgende Rechtslage:

Ein Verbot, wie es Ziff. 13 der preußischen Verordnung enthält (s. S. 149), ist hier nicht erlassen, jene Listenherausgeber können daher entweder nur besondere gewerbsmäßige Stellenvermittler im Sinne der Anm. 6b α zu § 1 des Gesetzes sein (s. S. 12), dann finden auf sie von den vorstehenden Vorschriften §§ 6 Abs. 1, 9 Abs. 2, 11, 14, 15 und 16 keine Anwendung.

Erfüllen jene Listenherausgeber aber in ihrer Tätigkeit zugleich die Voraussetzungen der Ziff. 10 des § 1 des Gesetzes, dann finden auf sie natürlich alle vorstehenden Vorschriften Anwendung.

Übergangsbestimmungen.

§ 22.

Die Vorschriften treten sofort in Kraft.

Die Bekanntmachung des K. Staatsministeriums des Innern vom 29. Mai 1901 (GVBl. S. 435) ist aufgehoben.

Die im Gebrauche befindlichen Geschäftsbücher dürfen nur noch bis zum 31. Dezember 1910 benützt werden.

Der Tätigkeitsbericht nach § 19 ist zum erstenmal für den Monat Januar 1911 zu erstatten.

München, den 6. Oktober 1910.

Dr. **Frhr. v. Podewils.**

Muster 1.

Geschäftsbuch für Aufträge von Arbeitgebern.

(Auftragsbuch 1.)

Laufende Nummer	Tag des Auftrags	Des Arbeitgebers		
		Zu- und Vorname oder Firma	Stand, Betrieb oder Geschäft	Wohnort oder Betriebsstätte, Straße, Hausnummer
1	2	3	4	5

Vertragsbedingungen				Nummer des Abschlußbuches (Muster 3), unter welcher der Abschluß nachgewiesen ist	Bemerkungen (Zurücknahme des Auftrags usw.)
Stellung	Zeit	Lohn oder Gehalt und sonstige Bezüge	Sonstige Vertragsbedingungen		
für die der Arbeitnehmer gesucht wird					
6	7	8	9	10	

Muster 2.

Geschäftsbuch für Aufträge von Arbeitnehmern.

(Auftragsbuch 2.)

Laufende Nummer	Tag des Auftrags	Des Arbeitnehmers					
		Zu- und Vorname	Wohn- oder Aufenthaltsort, Straße, Hausnummer	Bisherige Beschäftigung	Alter	Geburtsort	Familienstand
1	2	3	4	5	6	7	8

Angabe der Behörde, die das Arbeits- oder Gesindebuch ausgestellt hat, dann Tag der Ausstellung	Art der gesuchten Stellung	Zeit, für welche die Stellung gesucht wird	Beanspruchter Lohn oder Gehalt und sonstige Bezüge ℳ	Nummer des Abschlußbuches (Muster 3), unter welcher der Abschluß nachgewiesen ist	Bemerkungen (Zustimmung des gesetzlichen Vertreters, Empfang und Rückgabe von Zeugnissen usw. Zurücknahme des Auftrags usw.)
9	10	11	12	13	14

Muster 3.

Geschäftsbuch für abgeschlossene Vermittlungen.
(Abschlußbuch.)

Laufende Nummer	Tag des Vertragsschlusses	Des Arbeitgebers			Des Arbeitnehmers		Art der Stellung
		Zu- und Vorname oder Firma	Stand, Betrieb oder Geschäft	Wohnort oder Betriebsstätte, Straße, Hausnummer	Zu- und Vorname	Wohn- oder Aufenthaltsort, Straße, Hausnummer	
1	2	3	4	5	6	7	8

Zeit des Stellenantrittes	Lohn oder Gehalt und sonstige Bezüge	Vom Arbeitgeber gezahlt:			Vom Arbeitnehmer gezahlt:			Nummer des Auftragsbuches 1 und 2	Bemerkungen
		Vermittlungsgebühr ℳ	bare Auslagen ℳ	am (Tag)	Vermittlungsgebühr ℳ	bare Auslagen ℳ	am (Tag)		
9	10	11	12	13	14	15	16	17	18

Muster 4.

Geschäftsbuch für Stellenvermittlungen für Schiffsleute.

Lfd. Nr.	Tag des Vertragsschlusses	Name und Heimathafen des Schiffes	Name und Wohnort des Reeders oder seines Vertreters	Des Arbeitnehmers						
				Zu- und Vorname	bisherige Beschäftigung			Familienstand	Alter	Wohn- oder Aufenthaltsort, Straße, Hausnummer
					Art der Beschäftigung	Name des Schiffes sowie Gattung und Heimathafen oder Name und Wohnort des Arbeitgebers	Tag der Beendigung des Dienstes			
1	2	3	4	5	6			7	8	9

Angabe der Behörde, die das Seefahrtsbuch ausgestellt hat, dann Tag der Ausstellung	Vertragsbedingungen						Vom Arbeitgeber gezahlt:			Vom Arbeitnehmer gezahlt:			Bemerkungen
	Art der vermittelten Stelle	Zeit des Dienstantritts	Betrag der vereinbarten Heuervergütung	Betrag des gewährten Vorschusses	Angabe der Zeit, für die der Dienstvertrag geschlossen ist	Sonstige Vertragsbedingungen	Vermittlungsgebühr ℳ	bare Auslagen ℳ	am (Tag)	Vermittlungsgebühr ℳ	bare Auslagen ℳ	am (Tag)	
10	11	12	13	14	15	16	17	18	19	20	21	22	23

Nr. 23358/II.

3. Bekanntmachung, Stellenvermittler für Bühnenangehörige betreffend.

Vom 6. Oktober 1910.

(GVBl. S. 933.)

Auf Grund des Stellenvermittlergesetzes vom 2. Juni 1910 (RGBl. S. 860) werden für gewerbsmäßige Stellenvermittler für Bühnenangehörige nachstehende Vorschriften erlassen.

Begriff des Stellenvermittlers.

§ 1.[1]

Den Vorschriften unterliegen Stellenvermittler, die im Sinne des § 1 des Stellenvermittlergesetzes für Unternehmungen tätig sind, durch welche theatralische Vorstellungen, Singspiele, Instrumentalkonzerte, Gesangs- und deklamatorische Vorträge sowie Schaustellungen von Personen oder Tieren dargeboten werden, gleichviel ob dabei ein höheres Interesse der Kunst oder Wissenschaft obwaltet oder nicht.

Zuständige Behörden.

§ 2.[1]

Die Erlaubnis zum Betriebe des Geschäfts eines Stellenvermittlers wird von der Distriktspolizeibehörde erteilt.

Diese Behörde entscheidet auch über die Zurücknahme der Erlaubnis und die Untersagung des Gewerbebetriebs.

Sie ist die im Sinne des § 7 des Stellenvermittlergesetzes zuständige Polizeibehörde; als solche hat sie Anordnungen über die Vorlegung des Verzeichnisses für die Stellenvermittler im allgemeinen oder veranlaßten Falles besondere Anordnungen für die einzelnen Stellenvermittler zu erlassen.

Die in dieser Bekanntmachung der Distriktspolizeibehörde zugewiesenen Aufgaben obliegen in München der Polizeidirektion.

Buchführung.

§ 3.[1]

Der Stellenvermittler ist verpflichtet, Geschäftsbücher nach den Anlage 1, 2, 3. beigefügten Mustern 1, 2 und 3 ordnungsmäßig zu führen und in den Geschäftsräumen aufzubewahren.

Für männliche und weibliche Personen können getrennt Bücher geführt werden.

§ 4.[1]

Die Bücher, welche dauerhaft gebunden und mit fortlaufenden Seitenzahlen versehen sein müssen, sind vor dem Gebrauch der Distriktspolizeibehörde vorzulegen.

Findet diese die Bücher in Ordnung, so genehmigt sie ihre Verwendung unter Beidruck des Amtssiegels, indem sie zugleich auf dem ersten Blatt die Zahl der Seiten vermerkt.

§ 5.[1]

Das Herausnehmen oder Zusammenkleben von Blättern der Geschäftsbücher sowie das Einheften neuer Blätter ist untersagt.

Die Einträge in die Bücher müssen gut leserlich, in deutscher Sprache und mit Tinte geschrieben sein; sie dürfen nicht durch Ausschaben oder in sonstiger Weise unleserlich gemacht werden.

§ 6.[1]

Bücher, die nicht mehr benützt werden, sind unter Angabe des Datums abzuschließen und der Distriktspolizeibehörde vorzulegen, welche sie nach Bestätigung des Abschlusses zur Aufbewahrung an den Stellenvermittler zurückzugeben hat.

Nach dem Abschluß dürfen weitere Einträge nicht gemacht werden.

Die Bücher dürfen nur mit Genehmigung der Distriktspolizeibehörde ganz oder teilweise vernichtet werden.

Die Bestimmungen in den vorstehenden drei Absätzen gelten auch für den Fall der Einstellung des Geschäftsbetriebs, jedoch mit der Maßgabe, daß die Bücher der Distriktsbehörde ausgehändigt werden können.

§ 7.[1]

Die dem Stellenvermittler erteilten Aufträge — und zwar jeder einzelne — sind in die Bücher 1 und 2, die Abschlüsse von Vermittlungen in das Buch 3 alsbald, wenn möglich im Laufe des Tages, an welchem die Aufträge eingehen oder die Abschlüsse erfolgen, für das Kalenderjahr in fortlaufender Reihenfolge deutlich, vollständig und wahrheitsgetreu einzutragen.

Die eingegangenen Zahlungen sind sofort in das Geschäftsbuch 3 einzutragen und dem Zahler oder Absender zu bestätigen.

Bei Abschlüssen für länger als einen Monat brauchen nur die Zahlungen für den ersten Monat oder das erste Vierteljahr eingetragen zu werden.

In den Spalten „Bemerkungen" ist insbesondere zu vermerken, ob bei minderjährigen Arbeitnehmern die Zustimmung des gesetzlichen

Vertreters vorliegt, ob Arbeitsbücher, Zeugnisse und dgl. hinterlegt und wieder ausgehändigt wurden, ob ein Auftrag zurückgenommen wurde usf.

§ 8.[1]

Der Stellenvermittler hat alle einlaufenden Geschäftsbriefe sowie Abdrücke oder Abschriften der auslaufenden Geschäftsbriefe, dann Empfangsbestätigungen, Postscheine und sonstige Geschäftsbelege fünf Jahre lang aufzubewahren.

In besonderen Fällen kann er die Schriftstücke an die Distriktspolizeibehörde mit deren Genehmigung aushändigen.

1. Die Vorschriften in den §§ 1—8, § 9 Abs. 1 stimmen mit den Vorschriften der vorstehend (S. 163) abgedruckten Bek. vom 6. Okt. 1910 für gewerbsmäßige Stellenvermittler mit Ausnahme der Stellenvermittler für Bühnenangehörige überein.

Geschäftsräume.

§ 9.

Die Wahl sowie jede Veränderung der Geschäftsräume ist vor dem Beziehen vom Stellenvermittler der Distriktspolizeibehörde anzuzeigen.[1]

Der Geschäftsbetrieb darf nicht in Räumen untergebracht sein, die Theaterzwecken, einer Gast- oder Schankwirtschaft dienen oder mit solchen Räumen zusammenhängen.

Firma.

§ 10.[2]

Der Stellenvermittler ist verpflichtet, seinen Familiennamen und mindestens einen ausgeschriebenen Vornamen mit der Bezeichnung „Stellenvermittler" und mit einem Zusatze, der die Art der zu vermittelnden Stellen erkennen läßt (z. B. Stellenvermittler für Bühnenangehörige, für Zirkus und Schaubühne usw.), in deutlich lesbarer Schrift am Hauseingang und am Eingang zu den Geschäftsräumen anzubringen.

Die Annahme der Bezeichnung „Theateragent" oder „Theateragentur" ist nur solchen Stellenvermittlern gestattet, die ausschließlich Stellen für Personen vermitteln, welche bei der Aufführung dramatischer Werke künstlerisch oder technisch mitwirken.

Die Geschäftsbezeichnung bedarf der Genehmigung der Distriktspolizeibehörde.

2. s. die preußische Vorschrift in Ziff. 6 (S. 139).

Vermittlungstätigkeit.[3]

§ 11.

Die Stellenvermittler haben alle Anzeigen in Zeitungen, Anschlägen, Reklamen u. dgl., dann die von ihnen benützten Vertragsmuster mit der genauen Angabe der Geschäftsräume, ihrem Vor- und Zunamen und der behördlich genehmigten Bezeichnung zu versehen. Abkürzungen sind unzulässig.

Wahrheitswidrige Angaben über die Zahl der offenen Stellen und der Stellung suchenden Personen sind verboten.

3. s. die preußische Vorschrift in Ziff. 7 (S. 139).

§ 12.

Die zu vermittelnden Stellen sind den Bewerbern unter Angabe der Art der Beschäftigung, des Namens, Standes und Wohnortes des Unternehmers, der Bezüge, der jährlichen Spielzeit, der Dauer des Vertragsverhältnisses, der Zeit des Stellenantritts, dann etwaiger besonderer Ansprüche und Vertragsbestimmungen genau zu bezeichnen.

Die zu vermittelnden Stellesuchenden sind den Unternehmern unter Angabe von Name, Beruf, Alter, Familienstand, Geburtsort, Wohnung sowie der Gehaltsansprüche zu bezeichnen.

§ 13.

Der Stellenvermittler soll seine Vermittlungstätigkeit in der Regel nur persönlich ausüben.

Die Zulässigkeit der Stellvertretung bestimmt in jedem einzelnen Fall die Distriktspolizeibehörde.

Die Beschäftigung von Hilfspersonal (Gehilfen, Lehrlingen, Agenten) einschließlich der Familienangehörigen ist nur mit Erlaubnis der Distriktspolizeibehörde zulässig.

Für Stellvertreter und Hilfspersonal gelten alle für den Stellenvermittler bestehenden Vorschriften sinngemäß in gleicher Weise.

Verbote.

§ 14.[4]

Den Stellenvermittlern ist verboten:

1. andere als die in § 1 aufgeführten und von der Distriktspolizeibehörde besonders bezeichneten Stellen (§ 2 Abs. 3 des Stellenvermittlergesetzes) zu vermitteln;
2. Personen, welche die zum Vertragsabschlusse erforderliche Zustimmung des gesetzlichen Vertreters nicht nachweisen können, Dienste zu leisten;

3. mit auswärtigen Vermittlungsgeschäften in Verbindung zu treten, die von der Distriktspolizeibehörde als unzuverlässig bezeichnet sind;
4. Bühnenwerke zu verlegen oder eine auf die Aufführung solcher Werke abzielende Tätigkeit zu entwickeln;
5. Unternehmungen der in § 1 dieser Bekanntmachung bezeichneten Art zu betreiben, an solchen Unternehmungen sich geschäftlich zu beteiligen, den Unternehmern Darlehen zu gewähren, mit ihnen besondere auf Geschäftsbesorgung gerichtete Verträge als Impressarien, Soloagenten usw. einzugehen, sowie in irgend einer anderen Art mit ihnen in vertragliche Verbindung zu treten, die eine unparteiische Stellenvermittlung in Frage stellt;
6. die Tätigkeit eines Schauspielers oder eines sonstigen Angehörigen der in § 1 bezeichneten Gewerbe auszuüben, sich an einer solchen Tätigkeit geschäftlich zu beteiligen oder mit Bühnenangehörigen in der unter 5 bezeichneten Art in Verbindung zu treten;
7. Fachschulen, welche die Vorbereitung für die in § 1 bezeichneten Berufe bezwecken, zu betreiben oder sich an dem Betriebe solcher zu beteiligen;
8. Verträge zu vermitteln, in denen der Bühnenleiter die den Bühnenangehörigen versprochene Gage von vornherein durch bestimmte Abzüge (Rabatt, Prozentabzüge, Regiespesen usw.) kürzt. Hiervon werden etwaige Festsetzungen von Abzügen für Tage, an denen der Bühnenangehörige nicht auftritt, nicht berührt;
9. mit Bühnenleitern in geschäftliche Beziehungen zu treten, von denen sie wissen oder den Umständen nach annehmen müssen, daß sie Kürzungen des Gagenbetrages in der Absicht vornehmen, aus diesen Abzügen die ihnen zur Last fallenden Vermittlergebühren zu bestreiten.

4. S. die preußische Vorschrift in Ziff. 12 (S. 141).

Gebühren.

§ 15.

Die Taxe für die den Stellenvermittlern zukommenden Gebühren wird vom K. Staatsministerium des Königlichen Hauses und des Äußern festgesetzt.

§ 16.[5]

Die Stellenvermittler haben, sofern ihre Tätigkeit von beiden Seiten in Anspruch genommen ist, in die von ihnen vermittelten Verträge die Bestimmung aufzunehmen, daß die eine Hälfte der Gebühren von dem Bühnenleiter und die andere Hälfte von dem Bühnenangehörigen aus eigenen Mitteln zu zahlen ist, es sei denn, daß sich der Bühnenleiter freiwillig zur Übernahme der ganzen Gebühr bereit erklärt hat.

Der Betrag der an den Bühnenangehörigen tatsächlich auszuzahlenden Gage ist im Vertrage anzugeben.

§ 17.[6]

Der Stellenvermittler ist zur Erhebung von Gebühren nicht befugt:

1. wenn der vermittelte Vertrag gelöst ist, es sei denn, daß die Lösung durch Vertragsbruch oder ohne Mitwirkung des Stellenvermittlers zu einer Zeit erfolgt, wo der Vertrag unkündbar ist;
2. für die Zeit, während der der Angestellte keine Vergütung (Gehalt, Spielgeld usw.) erhält;
3. wenn der Bewerber nach Ablauf der Probezeit oder des Probegastspiels nicht unter den vertragsmäßigen Bedingungen angestellt wurde.

5. s. die preußische Vorschrift in Ziff. 12a (S. 142) und die Anmerkungen dort.
6. s. die preußische Vorschrift in Ziff. 13 (S. 142) und die Anmerkungen dort.

Pflichten gegen die Polizeibehörde.

§ 18.[7]

Der Stellenvermittler ist verpflichtet, den Beamten der Polizeibehörde jederzeit Zutritt in seine Geschäftsräume zu gestatten, ihnen die Geschäftsbücher, sonstige Geschäftspapiere sowie Zeugnisse und Gegenstände seiner Kunden vorzuzeigen und jede auf den Geschäftsbetrieb bezügliche Auskunft wahrheitsgemäß zu erteilen.

7. s. § 18 der Bek. vom 6. Okt. 1910 (S. 168).

Tätigkeitsberichte.

§ 19.

Innerhalb der ersten 8 Tage eines jeden Monats hat der Stellenvermittler der Distriktspolizeibehörde einen Tätigkeitsbericht über den abgelaufenen Monat nach einem bestimmten Muster in doppelter Fertigung vorzulegen.

Die Distriktspolizeibehörde wird eine Ausfertigung dieses Berichts dem Statistischen Landesamt in München umgehend einsenden.

Aushang der Vorschriften.

§ 20.[8]

In den für den Kundenverkehr bestimmten Geschäftsräumen muß der Stellenvermittler an einer in die Augen fallenden, leicht zugänglichen[8] Stelle die gegenwärtigen Vorschriften sowie seine Gebührentaxe im großen deutlichen Druck aushängen.

8. Die Vorschrift ist eine auf Grund des § 8 des Gesetzes (vgl. die Anm. 1 dazu) getroffene Ergänzung des § 5 Abs. 4 des Gesetzes.

Übergangsbestimmungen.

§ 21.

Die Vorschriften treten sofort in Kraft.

Die Bekanntmachung vom 3. Oktober 1909 (GVBl. S. 685) ist aufgehoben.

Der Tätigkeitsbericht nach § 19 ist zum erstenmal für den Monat Januar 1911 zu erstatten.

München, den 6. Oktober 1910.

Dr. **Frhr. v. Podewils.**

Muster 1.

Geschäftsbuch für Aufträge von Bühnenangehörigen.

(Auftragsbuch 1.)

Lfd. Nr.	Tag des Auftrags	Des Bühnenangehörigen				Beanspruchte Vergütung (Gehalt, Spielgeld usw.) *)	Art der gesuchten Beschäftigung	Zeit, für welche Beschäftigung gesucht *) wird	Nummer des Abschlußbuches, unter welcher der Abschluß nachgewiesen ist	Bemerkungen (Zurücknahme des Auftrags usw.)
		Vor- und Zuname	Bühnenname	Geburtsort	Aufenthaltsort					
1.	2.	3.	4.	5.	6.	7.	8.	9.	10.	11.

*) Diese Spalten sind nur dann auszufüllen, wenn von dem Auftraggeber entsprechende Angaben gemacht werden.

Muster 2.

Geschäftsbuch für Aufträge von Bühnenleitern.

(Auftragsbuch 2.)

Lfd. Nr.	Tag des Auftrags	Des Bühnenleiters Vor- und Zuname, Stand und Wohnort (Straße)	Stellung	Zeit*)	*) Betrag der zugesicherten Vergütung (Gehalt, Spielgeld usw.)	Nummer des Abschlußbuches, unter welcher der Abschluß nachgewiesen ist	Bemerkungen (Zurücknahme des Auftrags usw.)
			für welche der Bühnenangehörige gesucht wird				
1.	2.	3.	4.	5.	6.	7.	8.

*) Diese Spalten sind nur dann auszufüllen, wenn von dem Auftraggeber entsprechende Angaben gemacht werden.

Muster 3.

Geschäftsbuch für abgeschlossene Vermittlungen.
(Abschlußbuch.)

Lfd. Nr.	Tag des Abschlusses	Des Bühnenangehörigen				Unternehmung, für welche abgeschlossen wird	Art der Beschäftigung	Vereinbarte Zeit des		Betrag der vereinbarten Vergütung (Gehalt, Spielgeld usw.)	Vermittlungsgebühr (in %)	a) Von dem Bühnenangehörigen b) von dem Bühnenleiter geleistete Zahlungen				Nummer des Auftragbuches 1 oder 2	Bemerkungen
		Vor- und Zuname	Bühnenname	Geburtsort	Aufenthaltsort			Antritts	Endes der Beschäftigung			1. Vermittlungsgebühr ℳ | Pf.	2. bare Auslagen ℳ | Pf.	3. Summe der Spalten 13, 14 ℳ | Pf.	4. Tag der Zahlung		
1.	2.	3.	4.	5.	6.	7.	8.	9.	10.	11.	12.	13.	14.	15.	16.	17.	18.

Nr. 23426/II.

4. Bekanntmachung, Gebührentarif der Stellenvermittler für Bühnenangehörige betreffend.

Vom 6. Oktober 1910.

(GVBl. S. 940.)

K. Staatsministerium des Königlichen Hauses und des Äußern.

Auf Grund des § 5 Abs. 1 des Stellenvermittlergesetzes vom 2. Juni 1910 (RGBl. S. 860) wird bestimmt, daß Stellenvermittler für Bühnenangehörige für die Vermittlung einer Stelle nicht mehr als folgende Bruchteile der Gesamtvergütung (Gehalt, Spielgeld usw.) eines Bühnenangehörigen als Gebühr erheben dürfen.

I. Stellenvermittlung für Bühnenangehörige im engeren Sinne, d. h. für Personen, die bei der Aufführung dramatischer Werke künstlerisch oder technisch mitwirken.

A. Bei Engagementsabschlüssen:

3% wenn die monatliche Vergütung bis 150 ℳ,
4% wenn die monatliche Vergütung mehr als 150 bis 300 ℳ,
5% wenn die monatliche Vergütung mehr als 300 ℳ beträgt.

B. Bei Verträgen für Gastspiele mit Ausnahme der Gastspiele mit unterlegtem Engagementsvertrage:

10% wenn der Bühnenangehörige für die einzelne Vorstellung eine Vergütung von mindestens 200 ℳ erhält,
5% wenn er weniger als 200 ℳ erhält.

II. Stellenvermittlung für sonstige Bühnenangehörige bei Engagementsabschlüssen sowie bei Gastspielen:

5% wenn die monatliche Vergütung bis 600 ℳ,
6% wenn die monatliche Vergütung mehr als 600 bis 900 ℳ,
8% wenn die monatliche Vergütung mehr als 900 bis 1500 ℳ,
10% wenn die monatliche Vergütung mehr als 1500 ℳ beträgt.

Die Vergütung wird nach der einzelnen artistischen Nummer (Einzelartist oder Truppe) berechnet.

III. Stellenvermittlung für Orchesterpersonal bei Gewerbebetrieben im Sinne der §§ 32 und 33a der Gewerbeordnung sowie für technisches und Chorpersonal:

2% wenn die monatliche Vergütung bis 400 ℳ,
5% wenn die monatliche Vergütung über 400 ℳ beträgt.

IV. Stellenvermittlung für Musikkapellen, die nicht unter die Bestimmung III fallen:

5% der monatlichen Vergütung für Verträge zwischen Unternehmern und ganzen Kapellen,

3% der monatlichen Vergütung für Verträge zwischen Kapellmeistern und Mitgliedern der Kapellen.

V. Bei Verlängerung oder Erneuerung eines Engagements (sofern sie durch die Tätigkeit des Stellenvermittlers zustande gekommen sind) längstens auf 3 Jahre:

die Hälfte der obigen Sätze.

Diese Bestimmung findet keine Anwendung auf die Stellenvermittlung in Fällen unter II.

VI. Bei Vertragsabschlüssen für nicht gewerbsmäßige Veranstaltungen (Vereins- oder Privatfestlichkeiten):

10% ohne Rücksicht auf die Höhe der Vergütung.

VII. Die Bestimmungen der Ziff. I bis IV finden sinngemäße Anwendung, wenn der Vertragsabschluß auf kürzere oder längere Zeit als Monatsfrist erfolgt oder die Vergütung für kürzere oder längere Zeit oder für die einzelne Veranstaltung entrichtet wird.

München, den 6. Oktober 1910.

Dr. **Frhr. v. Podewils.**

Nr. 22908/II.

5. Bekanntmachung, Stellen- und Arbeitsnachweise betreffend.

Vom 6. Oktober 1910.

(GVBl. S. 941.)

K. Staatsministerium des Königlichen Hauses und des Äußern.

Auf Grund der §§ 15 und 17 des Stellenvermittlergesetzes vom 2. Juni 1910 (RGBl. S. 860) werden für nicht gewerbsmäßig betriebene Stellen- oder Arbeitsnachweise (von Verbänden der Arbeitgeber und Arbeitnehmer, von Vereinen, Schulen u. a.)[1] mit Ausnahme der gemeindlichen Arbeitsämter nachstehende Vorschriften erlassen:

Anzeigepflicht.

§ 1.

Der Leiter[2] eines Stellen- oder Arbeitsnachweises oder der Zweigstelle eines solchen hat von der Errichtung binnen 1 Woche der

Distriktspolizeibehörde, in München der Polizeidirektion, Anzeige zu erstatten.

Hierbei sind anzugeben: die Gründer oder Träger[3] des Nachweises, die Betriebsräume, die Berufe, für die Stellen nachgewiesen werden, Namen, Stand, Geburtszeit, Wohn- und Geburtsort der Leiter und Angestellten.

Jede in diesen Verhältnissen sich ergebende Änderung ist gleichfalls der Distriktspolizeibehörde anzuzeigen.

1. Auch Privatpersonen können aus ethischen Gesichtspunkten nicht gewerbsmäßige Stellen- oder Arbeitsnachweise betreiben.

2. Über den Begriff s. Anm. 2 zu § 16 (S. 108) und Anm. 1 zu § 18 des Gesetzes (S. **110**).

3. Der Träger des Nachweises des nicht gewerbsmäßigen Stellenvermittlungsbetriebs, der eine physische Person ist, kann zugleich der Leiter jenes Betriebs sein.

§ 2.

Mit der Anzeige sind ferner alle auf den Stellen- oder Arbeitsnachweis bezüglichen Satzungen, Geschäftsordnungen, Gebührentarife und sonstigen für die Errichtung und den Betrieb maßgebenden Bestimmungen, einschließlich der Formblätter für die Geschäftsbücher, Verzeichnisse und Mitteilungen, in der Folge auch die hierin vorgenommenen Änderungen, in fünffacher Ausfertigung der Distriktspolizeibehörde einzureichen.

Letztere wird 1 Stück dieser Ausfertigung der K. Regierung, Kammer des Innern, und 3 Stück dem K. Staatsministerium des Königlichen Hauses und des Äußern vorlegen.

Leiter und Angestellte.

§ 3.

Leiter und Angestellte eines Nachweises müssen hinsichtlich ihrer persönlichen Verhältnisse die erforderliche Zuverlässigkeit besitzen.

Sie müssen entlassen werden, wenn sie von der Distriktspolizeibehörde als unzuverlässig[4] bezeichnet sind.

§ 3 des Stellenvermittlergesetzes findet auf sie entsprechende Anwendung.

Ausnahmen von der Bestimmung in § 3 Abs. 1 des Stellenvermittlergesetzes können von der Distriktspolizeibehörde in widerruflicher Weise bewilligt werden.

4. s. die Ausführungen in Anm. 6—9 zu § 2 des Gesetzes (S. 22—26).

Bezeichnung.

§ 4.

Am Hauseingang und am Eingang zu den Betriebsräumen ist die Bezeichnung „Stellennachweis“ oder „Arbeitsnachweis“ unter Anfügung eines den Träger des Nachweises kennzeichnenden Zusatzes anzubringen. Die Berufe, für die Stellen vermittelt werden, können beigefügt werden.

Jede andere oder weitere Bezeichnung ist verboten.

Betriebsräume.

§ 5.

Der Stellen- oder Arbeitsnachweis darf nicht in Räumen betrieben werden, in denen ein Gewerbe ausgeübt wird; auch darf der Zugang zu den Betriebsräumen des Nachweises nicht durch Räume erfolgen, in denen ein Gewerbe ausgeübt wird.

Ausnahmen können von der Distriktspolizeibehörde in widerruflicher Weise bewilligt werden.

Die Distriktspolizeibehörde kann den Geschäftsbetrieb in Häusern, in denen oder in deren unmittelbarer Nähe eine Gast- oder Schankwirtschaft[5] oder eine Kleinhandlung mit geistigen Getränken[6] sich befindet, verbieten.

5. s. Anm. 3, 4 zu § 3 des Gesetzes (S. 34).

6. s. Anm. 5 zu § 3 des Gesetzes (S. 35).

Vermittlungstätigkeit.

§ 6.

Alle Anzeigen in Zeitungen, Anschlägen, Reklamen u. dgl. sind mit der genauen Angabe der Bezeichnung (§ 4) und der Geschäftsräume zu versehen.

§ 7.

Die §§ 11, 12, 17 Ziff. 2—8 der Bekanntmachung vom 6. Oktober 1910, Stellenvermittler betreffend (GVBl. S. 924)[7], finden auf die Stellen- und Arbeitsnachweise entsprechende Anwendung.

7. s. S. 166, 167.

§ 8.

Nachweise, welche für weibliche Personen Stellen im Auslande[8] vermitteln, haben der Distriktspolizeibehörde ein Verzeichnis der Namen dieser Personen und der ihnen vermittelten Stellen nach näherer Anordnung regelmäßig vorzulegen.

8. Vgl. § 7 des Gesetzes.

§ 9.

Den Nachweisen ist verboten, andere [9] als die von ihnen angegebenen und der Distriktspolizeibehörde zu bezeichnenden Stellen zu vermitteln.

9. Vgl. vorstehenden § 1 Abs. 2 u. 3.

Gebühren.

§ 10.

Auf die Stellen- und Arbeitsnachweise findet § 5 Abs. 2—4 des Stellenvermittlergesetzes entsprechende Anwendung.[10]

Die Gebühren sind so zu bemessen, daß sie lediglich zur Bestreitung der Unkosten der Stellenvermittlung ausreichen.

Vereine, deren Zweck ausschließlich oder vorwiegend auf Stellenvermittlung gerichtet ist, dürfen weder Eintrittsgelder noch Beiträge erheben.[11]

Über alle erhaltenen Zahlungen sind Empfangsbestätigungen auszustellen.

Die §§ 14—16 der Bekanntmachung vom 6. Oktober 1910, Stellenvermittler betreffend (GVBl. S. 924), finden auf die Nachweise entsprechende Anwendung.

10. s. die Anm. 7—18 zu § 5 des Gesetzes (S. 49—65).

11. Vgl. die preußische Vorschrift in Ziff. 9 (S. 156) und die Anmerkungen daselbst.

Tätigkeitsbericht.

§ 11.

Die Nachweise haben der Distriktspolizeibehörde (in München der Polizeidirektion), ferner dem Statistischen Landesamt in München innerhalb der ersten 8 Tage eines jeden Monats einen Tätigkeitsbericht über den abgelaufenen Monat nach einem bestimmten Muster vorzulegen.

Pflichten gegen die Polizeibehörde.

§ 12.

Die Nachweise sind verpflichtet, den Beauftragten der Polizeibehörde jederzeit Zutritt in die Betriebsräume zu gestatten, ihnen die Geschäftsbücher und sonstigen Geschäftspapiere vorzuzeigen und jede auf den Betrieb bezügliche Auskunft wahrheitsgemäß zu erteilen.[12]

Aushang der Vorschriften.

§ 13.

In den Betriebsräumen des Nachweises sind an einer in die Augen fallenden leicht zugänglichen Stelle die gegenwärtigen Vorschriften, die in vorstehenden §§ 3, 7 und 10 angeführten Bestimmungen, sowie die Gebührentaxe im großen deutlichen Druck auszuhängen.

12. Vgl. die Anm. 62—64 zu der preußischen Vorschrift der Ziff. 21 (S. 131).

Untersagung des Betriebs.

§ 14.

Zuständig zur Untersagung des Betriebs eines Nachweises nach § 17 des Stellenvermittlergesetzes ist die Distriktspolizeibehörde des Sitzes des Nachweises oder seiner Nebenstelle, in München die Polizeidirektion.

Übergangsbestimmungen.

§ 15.

Die Vorschriften treten sofort in Kraft.

Die bestehenden Nachweise und Zweigstellen sind der Distriktspolizeibehörde, in München der Polizeidirektion, im Laufe dieses Monats anzuzeigen (vgl. § 1 Abs. 1 und 2, § 3).

Der Tätigkeitsbericht nach § 11 ist zum erstenmal für den Monat Januar 1911 zu erstatten.

München, den 6. Oktober 1910.

Dr. **Frhr. v. Podewils.**

C. Sachsen.

1. Verordnung zur Ausführung des Stellenvermittlergesetzes vom 2. Juni 1910 (RGBl. S. 860).

Vom 27. August 1910.

(GVBl. S. 215.)

§ 1.

Stellenvermittler im Sinne des § 1 Ziff. 1 und 2 des Gesetzes sind auch die Gesindevermieter und im Sinne des § 1 Ziff. 2 insbesondere die Herausgeber von sogenannten Stellen- und Vakanzenlisten. Auch für diese sind daher gemäß § 5 Abs. 1 des Gesetzes Taxen festzusetzen. Herausgeber von Zeitungen und Zeitschriften, die Anzeigen durch den Druck veröffentlichen, hierfür Druckgebühren erheben, aber nicht behufs Nachweis oder Vermittlung von Stellen zu Arbeitgebern oder Arbeitnehmern in besondere Beziehungen treten, fallen nicht unter die Vorschriften für Stellenvermittler.[1]

1. S. Anm. 6b zu § 1 des Gesetzes (S. 12).

§ 2.

Die Entschließung über die Erteilung der Erlaubnis im Falle des § 2 des Gesetzes sowie die Festsetzung von Taxen gemäß § 5 Abs. 1 steht den unteren Verwaltungsbehörden (§ 1 der Ausführungsverordnung zur Gewerbeordnung, vom 28. März 1892)[2] zu. Den Kreishauptmannschaften wird jedoch die Befugnis vorbehalten, für ihren Bezirk oder größere Teile desselben einheitliche Taxen festzusetzen. In diesem Falle treten besondere örtliche Festsetzungen außer Kraft. Die Bezirks- oder Kreisausschüsse sind zur Beratung hinzuzuziehen.[3]

Die Festsetzung der Gebührentaxen der Stellenvermittler für Bühnenangehörige behält sich das Ministerium des Innern vor.

Die Festsetzung der Taxen hat für die Berufe zu erfolgen, in denen eine gewerbsmäßige Stellenvermittlung im Bezirke betrieben wird.[4]

Als Gebühren der Herausgeber von Stellen- und Vakanzenlisten kommen die Einrückungsgebühren und die Bezugskosten der Listen in Betracht.[5]

2. Amtshauptmannschaft oder Stadtrat, falls die betreffende Stadt der revidierten Städteordnung untersteht, oder königliche Polizeidirektion oder besondere städtische Polizeibehörde, wo diese bestehen.

3. s. Anm. 2 zu § 5 des Gesetzes (S. 47).

4. Vgl. für die Fälle, wo eine Taxfestsetzung fehlt, Anm. 1 Abs. 2 zu § 5 des Gesetzes (S. 46).

5. Vgl. Anm. 19 zu § 5 des Gesetzes (S. 66).

§ 3.

Als öffentliche Arbeitsnachweise im Sinne des § 2 Abs. 2 Ziff. 2, des § 5 Abs. 1 und des § 9 Abs. 3 des Gesetzes sind solche anzusehen, die von einer Gemeinde oder einem anderen öffentlichen Verbande errichtet sind, nicht auch solche, die lediglich von Gemeinden unterstützt werden. Es liegt ebensowohl im Sinne des § 2 Abs. 2 Ziff. 2 des Gesetzes, daß bei Prüfung der Bedürfnisfrage das Vorhandensein auch anderer gemeinnütziger Arbeitsnachweise als öffentlicher berücksichtigt wird, wie es unbenommen ist und sogar geboten sein kann, andere Arbeitsnachweise, insbesondere wenn der Träger des gemeinnützigen Arbeitsnachweises ein Verein ist, diesen vor Festsetzung der Taxen zu hören.

§ 4.

Welche Behörde als Polizeibehörde im Sinne des § 7 des Gesetzes zu gelten hat, bestimmt sich nach § 2 der Ausführungsverordnung zur Gewerbeordnung.[6]

6. § 2 bestimmt:

„Polizeibehörde und Ortspolizeibehörde ist in denjenigen Städten, in welchen die revidierte Städteordnung eingeführt ist, der Stadtrat, im übrigen die Amtshauptmannschaft, jedoch mit folgenden Ausnahmen:

In denjenigen Städten, für welche eine königliche Polizeidirektion oder eine besondere städtische Polizeibehörde besteht, ist diese insoweit Polizeibehörde und Ortspolizeibehörde, als Gegenstände aus ihrem Geschäftsbereich in Frage kommen.

Die Bürgermeister der mittleren und kleinen Städte, die Gemeindevorstände und die Gutsvorsteher sind Polizeibehörde im Sinne der §§ 108 und 109 und Ortspolizeibehörde im Sinne der §§ 33b, 60a, 60b, 114, 138 der Gewerbeordnung, ingleichen, soweit ihnen die Vollstreckungsbefugnis in den zu ihrem Geschäftsbereiche gehörigen Verwaltungssachen gemäß dem § 11 des Gesetzes, die Zwangsvollstreckung wegen Geldleistungen in Verwaltungssachen betreffend, vom 7. März 1879 (GVBl. S. 84), übertragen ist, auch Polizeibehörde im Sinne des § 100d der Gewerbeordnung."

§ 5.

Diese Verordnung tritt, soweit vorbereitende Maßnahmen zur Durchführung des Stellenvermittlergesetzes in Frage kommen, sofort, im übrigen mit dem letzteren in Kraft.

Dresden, den 27. August 1910.

Ministerium des Innern.
Graf Vitzthum v. Eckstädt.
Klotsche.

---

2. Verordnung, den Geschäftsbetrieb der gewerbsmäßigen Stellenvermittler betreffend.

Vom 20. Oktober 1910.

(GVBl. 1910 Stück 19 S. 426.)

Auf Grund von § 8 des Stellenvermittlergesetzes vom 2. Juni 1910 (RGBl. S. 860) werden über den Umfang der Befugnisse und Verpflichtungen sowie über den Geschäftsbetrieb der gewerbsmäßigen Stellenvermittler die nachstehenden neben den Bestimmungen des Stellenvermittlergesetzes zu beobachtenden weiteren Vorschriften erlassen und zwar

I. Vorschriften über den Geschäftsbetrieb der Herausgeber von Stellen- und Vakanzenlisten;
II. Vorschriften über den Geschäftsbetrieb für Stellenvermittler für Bühnenangehörige mit Ausschluß der Herausgeber von Stellen- und Vakanzenlisten;
III. Vorschriften über den Geschäftsbetrieb der gewerbsmäßigen Stellenvermittler mit Ausschluß der Stellenvermittler für Bühnenangehörige und Herausgeber von Stellen- und Vakanzenlisten.

Die Verordnungen über den Gewerbebetrieb der Gesindevermieter und Stellenvermittler für Bühnenangehörige vom 1. Oktober 1906 (GVBl. S. 339) treten außer Kraft.

Zuwiderhandlungen gegen die Vorschriften I, II und III werden gemäß § 13 Abs. 1 Ziff. 1 des Stellenvermittlergesetzes mit Geldstrafe bis zu 150 M oder mit Haft geahndet.

Dresden, den 20. Oktober 1910.

Ministerium des Innern.
Graf Vitzthum v. Eckstädt.
Klotsche.

I.
Vorschriften[1] über den Geschäftsbetrieb der Herausgeber von Stellen- und Vakanzenlisten.

§ 1. Gewerbetreibende, die durch Herausgabe von Stellen- und Vakanzenlisten Stellenvermittlung betreiben, haben über ihre Geschäftsräume bei der Geschäftseröffnung und bei späterem Wechsel der Geschäftsräume sowie über jede auch nur vorübergehende Einstellung des Geschäftsbetriebes binnen 3 Tagen der Ortspolizeibehörde (§ 2 der Ausführungsverordnung zur Gewerbeordnung vom 28. März 1892 [GVBl. S. 28]) Anzeige zu erstatten.

§ 2. In die Stellen- und Vakanzenlisten dürfen nur solche Beschäftigungsangebote und Beschäftigungsgesuche aufgenommen werden, welche dem Gewerbetreibenden von dem Beteiligten schriftlich oder telephonisch mit dem Ersuchen um Aufnahme in die Stellen- oder Vakanzenliste zugehen. Jedes telephonisch eingehende Gesuch hat der Stellenvermittler auf ein besonderes Blatt niederzuschreiben. Beschäftigungsangebote und Beschäftigungsgesuche, die in Zeitungen oder Zeitschriften enthalten sind, dürfen nur auf grund eines schriftlichen Gesuches des Inserenten aufgenommen werden.

§ 3. Die Stellenvermittler haben ein Geschäftsbuch nach dem anliegenden Muster A zu führen. Das Geschäftsbuch muß dauerhaft gebunden, mit fortlaufenden Seitenzahlen versehen sein und vor der Ingebrauchnahme von der Ortspolizeibehörde unter Beglaubigung der Seitenzahlen abgestempelt werden. Im Geschäftsbuche dürfen weder Rasuren vorgenommen, noch Eintragungen unleserlich gemacht werden; auch darf das Geschäftsbuch weder ganz noch zum Teil vernichtet werden. Für Beschäftigungsangebote und Beschäftigungsgesuche kann je ein besonderes Geschäftsbuch geführt werden.

§ 4. Die Stellenvermittler haben die eingehenden Gesuche um Aufnahme von Beschäftigungsangeboten oder Beschäftigungsgesuchen in die Stellen- und Vakanzenliste im Laufe des Tages, an dem sie eingehen, in das Geschäftsbuch unter fortlaufender Nummer einzutragen.

In gleicher Weise ist der Eingang von Zahlungen zu vermerken.

§ 5. Alle Eintragungen und alle Schriftstücke müssen in deutscher Sprache und mit Tinte bewirkt werden. Der Stellenvermittler ist

[1] Die Vorschriften in den §§ 1—15 stimmen mit den Vorschriften in den §§ 1—15 der Anlage III der preußischen Verordnung vom 19. Aug. 1910 überein. Es kann daher auf die Anmerkungen S. 147—150 Bezug genommen werden.

auch dann für die ordnungsmäßige Führung des Geschäftsbuches persönlich verantwortlich, wenn er sie einem Dritten übertragen hat.

§ 6. Geschäftsbücher, die nicht mehr benutzt werden sollen, sind unter Angabe des Abschlußtages abzuschließen, der Ortspolizeibehörde zur Bestätigung des Abschlusses vorzulegen und 5 Jahre lang aufzubewahren. Nach dem Abschluß dürfen weitere Eintragungen nicht mehr gemacht werden.

Dasselbe gilt, wenn der Geschäftsbetrieb eingestellt wird.

§ 7. Die Gesuche um Aufnahme von Beschäftigungsangeboten und Beschäftigungsgesuchen in die Stellen- und Vakanzenliste sind mit dem Datum des Eingangs und der Nummer des Geschäftsbuches zu versehen. Auch sind auf ihnen die Nummern der Stellen- und Vakanzenliste, in denen sie veröffentlicht sind, und die Insertionsgebühren zu vermerken. Die Gesuche sind, nach der Nummer geordnet, 2 Jahre lang aufzubewahren.

§ 8. In den Inseraten der Stellen- und Vakanzenlisten ist die Nummer des Geschäftsbuches anzugeben. Die Listen sind mit fortlaufenden Nummern zu versehen; dabei ist in jedem Kalenderjahr mit der Nummer 1 zu beginnen.

Stellen- und Vakanzenlisten müssen in Einzelnummern, Wochen- oder Monatsabonnements beziehbar sein. Eine andere Bezugsweise ist unzulässig. Auf den Listen sind der Name und Wohnort (Straße und Hausnummer) des Herausgebers, sowie der Preis der Einzelnummer und der Abonnementspreis zu vermerken.

§ 9. Die Stellenvermittler haben ferner über die Einnahmen an Abonnementsgebühren ein Abonnentenbuch nach dem anliegenden Muster B zu führen. Auf dieses Geschäftsbuch finden die Vorschriften der §§ 3, 4 Abs. 2, 5 und 6 entsprechende Anwendung.

§ 10. Die Stellenvermittler sind verpflichtet, ihren Familiennamen und mindestens einen ausgeschriebenen Vornamen mit dem Zusatz „Stellenvermittler“ in deutlich lesbarer Schrift an der Straßenseite des Hauses nahe dem Hauseingange und am Eingange zu den Geschäftsräumen anzubringen.

§ 11. Die Stellenvermittler haben alle Anzeigen in Zeitungen, Anschlägen, Reklamen und dergleichen mit der genauen Angabe des Geschäftslokals, ihren Vor- und Zunamen und der in § 10 angeordneten Bezeichnung zu versehen. Abkürzungen sind verboten.

§ 12. Die Stellenvermittler haben über alle ihnen nicht durch die Post zugehenden Zahlungen sofort Quittungen auszustellen. Sie dürfen nur die auf Grund des § 5 des Stellenvermittlergesetzes festgesetzten Gebühren erheben.

§ 13. Den Stellenvermittlern ist jede Tätigkeit, die auf die Zuweisung einer bestimmten Stelle an einen Stellungsuchenden oder auf die Zuweisung eines Stellungsuchenden an einen bestimmten Arbeitgeber abzielt, verboten.

§ 14. Die Polizeibehörden und ihre Organe sind befugt, in den Geschäftsbetrieb der Stellenvermittler jederzeit Einsicht zu nehmen. Die Stellenvermittler sind verpflichtet, den Beamten jederzeit den Zutritt zu allen für den Geschäftsbetrieb bestimmten Räumen zu gestatten, ihnen alle Geschäftsbücher und Geschäftspapiere auf Verlangen im Dienstraume der Polizeibehörde vorzulegen und jede über den Geschäftsbetrieb verlangte Auskunft wahrheitsgetreu zu erteilen.

§ 15. Jedem Geschäftsbuch ist ein Abdruck des Stellenvermittlergesetzes und dieser Vorschriften vorzuheften.

Muster A.

Geschäftsbuch.

Laufende Nr.	Tag des Eingangs	Des Bestellers des Inserats: Zu- und Vorname	Des Bestellers des Inserats: Stand	Des Bestellers des Inserats: Wohnort (Straße, Hausnummer)	Kurze Inhaltsangabe des Inserats	Nummer der Stellen- und Vakanzenliste in der das Inserat veröffentlicht ist	Gebühr: Betrag	Gebühr: Tag der Zahlung	Bemerkungen
1.	2.	3.	4.	5.	6.	7.	8.	9.	10.
							ℳ ₰		

Muster B.

Abonnentenbuch.

Laufende Nr.	Des Abonnenten: Zu- und Vorname	Des Abonnenten: Stand	Des Abonnenten: Wohnort (Straße, Hausnummer)	Dauer des Abonnements	Gebühr: Betrag	Gebühr: Tag der Zahlung	Bemerkungen
1.	2.	3.	4.	5.	6.	7.	8.
					ℳ ₰		

II.
Vorschriften[1] über den Geschäftsbetrieb der Stellenvermittler für Bühnenangehörige mit Ausschluß der Herausgeber von Stellen- und Vakanzenlisten.

§ 1. Stellenvermittler im Sinne dieser Vorschriften ist, wer gewerbsmäßig für gewerbsmäßig oder nichtgewerbsmäßig betriebene Unternehmungen, durch welche theatralische Vorstellungen, Singspiele, Instrumentalkonzerte, Gesangs- und deklamatorische Vorträge, Schaustellungen von Personen und Tieren dargeboten werden, Vertragsabschlüsse zwischen Unternehmern und Stellensuchenden vermittelt, oder Gelegenheit zur Erlangung von Stellen nachweist. Ob bei den Unternehmungen oder Veranstaltungen ein höheres Interesse der Kunst oder Wissenschaft obwaltet oder nicht, ist für die Anwendung dieser Vorschriften ebenso unerheblich, wie die Zeit, auf welche die Verträge abgeschlossen werden.

§ 2. Die Stellenvermittler sind verpflichtet, ihren Familiennamen und mindestens einen ausgeschriebenen Vornamen mit einem Zusatze, der die Art der zu vermittelnden Stellen erkennen läßt (z. B. Stellenvermittler für Bühnenangehörige, für Zirkus und Schaubühne usw.; Theater-, Varieté-, Konzert- usw. Agent), an der Straßenseite des von ihnen benützten Hauses nahe dem Hauseingange und am Eingange zu den Geschäftsräumen anzubringen. Die Annahme der Bezeichnung „Theateragent" oder „Theateragentur" ist nur solchen Stellenvermittlern gestattet, die ausschließlich Stellen für Bühnenangehörige im engeren Sinne, d. h. für solche Personen vermitteln, die bei der Aufführung dramatischer Werke künstlerisch oder technisch mitwirken.

Die Beilegung einer Bezeichnung, die auf die erfolgte Konzessionierung hinweist, ist verboten.

Die Geschäftsbezeichnung bedarf der Genehmigung der Ortspolizeibehörde.

§ 3. Die Stellenvermittler sind verpflichtet, der Ortspolizeibehörde (§ 2 der Ausführungsverordnung zur Gewerbeordnung vom 28. März 1892 [GVBl. S. 28]) über ihren Geschäftsraum bei der Geschäftseröffnung und bei späterem Wechsel des Geschäftsraumes sofort Anzeige zu erstatten, ebenso im Falle der Einstellung des Geschäftsbetriebes.

---

[1] Die Vorschriften in den §§ 1—17 stimmen mit den Vorschriften der Anlage II der preußischen Verordnung vom 19. Aug. 1910 überein. Es wird deshalb hier auf die Anmerkungen S. 137—143 Bezug genommen.

§ 4. Die Stellenvermittler sind verpflichtet, Geschäftsbücher nach den anliegenden Mustern A, B und C zu führen. Für männliche und weibliche Personen können getrennt Bücher geführt werden.

Die Bücher müssen dauerhaft gebunden und mit fortlaufenden Seitenzahlen versehen sein; sie sind, bevor sie in Gebrauch genommen werden, von der Ortspolizeibehörde unter Beglaubigung der Seitenzahl abzustempeln.

Das Herausnehmen oder Zusammenkleben von Blättern, sowie die Einfügung neuer Blätter ist untersagt.

§ 5. Die dem Stellenvermittler erteilten Aufträge sind in die Bücher A und B, die Abschlüsse von Vermittlungen und die eingegangenen Zahlungen in das Buch C im Laufe des Tages, an dem die Aufträge oder Zahlungen eingehen oder die Abschlüsse erfolgen, in der Reihenfolge des Eingangs oder des Abschlusses unter fortlaufenden Nummern vollständig und übersichtlich einzutragen. Bei Abschlüssen für einen Monat übersteigender Dauer brauchen nur die Zahlungen für den ersten Monat oder das erste Vierteljahr eingetragen zu werden. Als Auftrag gilt jede Inanspruchnahme der geschäftlichen Tätigkeit des Stellenvermittlers.

In den Büchern A und B können besondere Abteilungen für die einzelnen Beschäftigungsarten (Fächer), in dem Buche C solche für die einzelnen Bühnen eingerichtet werden. Alsdann hat die Eintragung der fortlaufenden Nummer innerhalb jeder Abteilung besonders zu erfolgen. An den Anfang des Buches ist ein Inhaltsverzeichnis mit Angabe der Seitenzahlen zu setzen.

Alle Eintragungen müssen in deutscher Sprache mit Tinte bewirkt leserlich gemacht und unterhalten werden. Rasuren sind untersagt.

§ 6. Geschäftsbücher, die nicht mehr benutzt werden sollen, sind unter Angabe des Abschlußtages abzuschließen, der Ortspolizeibehörde zur Bestätigung des Abschlusses vorzulegen und sodann zehn Jahre aufzubewahren. Nach dem Abschlusse dürfen weitere Eintragungen nicht mehr gemacht werden.

Dasselbe gilt, wenn der Geschäftsbetrieb eingestellt wird.

Die sonstigen das Vermittlungsgeschäft betreffenden Schriftstücke (Briefe und dergleichen) sind drei Jahre aufzubewahren.

§ 7. Die Stellenvermittler haben alle Anzeigen in Zeitungen, Anschlägen, Reklamezetteln und dergleichen mit der genauen Angabe des Geschäftsraumes, ihrem Vor- und Zunamen und der in § 2 Abs. 1 angeordneten Bezeichnung zu versehen. Wahrheitswidrige Angaben über die Zahl der offenen Stellen oder der stellungsuchenden Personen sind verboten.

§ 8. Die Stellenvermittler sollen ihr Gewerbe in der Regel persönlich ausüben. Die Zulässigkeit der Stellvertretung bestimmt in jedem einzelnen Falle die Ortspolizeibehörde.

Die Beschäftigung von Hilfspersonen (Gehilfen, Lehrlingen, Agenten) einschließlich der Familienangehörigen ist nur mit Erlaubnis der Ortspolizeibehörde gestattet. Diese Erlaubnis darf nur für Personen erteilt werden, die für den Geschäftsbetrieb und hinsichtlich ihrer persönlichen Verhältnisse die erforderliche Zuverlässigkeit besitzen; sie kann jederzeit ohne Angabe von Gründen widerrufen werden.

§ 9. Die Stellenvermittler dürfen andere Stellen, als solche, auf welche die in § 2 Abs. 1 angeordnete Bezeichnung zutrifft, nicht vermitteln. Sie dürfen Personen, die die zum Vertragsabschlusse erforderliche Zustimmung des gesetzlichen Vertreters nicht nachweisen können, eine Dienstleistung nicht gewähren.

§ 10. Die Stellenvermittler dürfen für gewerbsmäßige Unternehmer, die weder im Besitze der erforderlichen Erlaubnis sind, noch eine besondere behördliche Ermächtigung zur Vorbereitung des betreffenden Unternehmens haben, keine Stellenvermittlung betreiben.

Sie dürfen den Stellesuchenden etwaige ihnen bekannt gewordene Tatsachen, die die Zuverlässigkeit des Unternehmers zweifelhaft erscheinen lassen, nicht verschweigen.

§ 11. Die Stellenvermittler dürfen ihre Geschäftsräume weder in Theaterbureaus oder in Räume, die der Gast- oder Schankwirtschaft dienen, noch in Räume verlegen, die mit solchen Räumen in Zusammenhang stehen.

§ 12. Abgesehen von den Vorschriften in § 3 des Stellenvermittlergesetzes ist den Stellenvermittlern untersagt:

a) Unternehmungen der in § 1 dieser Vorschriften bezeichneten Art zu betreiben, an solchen Unternehmungen sich geschäftlich zu beteiligen, den Unternehmern Darlehen zu gewähren, mit ihnen besondere auf Geschäftsbesorgung gerichtete Verträge als Impresarien, Soloagenten usw. einzugehen, sowie in irgendeiner anderen Art mit ihnen in vertragliche Verbindung zu treten, die eine unparteiische Stellenvermittlung in Frage stellt;

b) die Tätigkeit eines Schauspielers oder eines sonstigen Angehörigen der in § 1 bezeichneten Gewerbe auszuüben, sich an einer solchen Tätigkeit geschäftlich zu beteiligen oder mit Bühnenangehörigen in der unter a bezeichneten Art in Verbindung zu treten;

c) Bühnenwerke zu verlegen oder eine auf die Aufführung solcher Werke abzielende Tätigkeit auszuüben;

d) Fachschulen, welche die Vorbereitung für die in § 1 bezeichneten Berufe bezwecken, zu betreiben, oder sich an dem Betriebe solcher zu beteiligen;

e) mit auswärtigen Vermittlungsgeschäften in Verbindung zu treten, die von der Polizeibehörde als unzuverlässig bezeichnet sind;

f) Verträge zu vermitteln, in denen der Bühnenleiter die den Bühnenangehörigen versprochene Gage von vornherein durch bestimmte Abzüge (Rabatt, Prozentabzüge, Regiespesen usw.) kürzt. Hiervon werden etwaige Festsetzungen von Abzügen für Tage, an denen der Bühnenangehörige nicht auftritt, nicht berührt;

g) mit Bühnenleitern in geschäftliche Beziehungen zu treten, von denen sie wissen oder den Umständen nach annehmen müssen, daß sie Kürzungen des Gagenbetrages in der Absicht vornehmen, aus diesen Abzügen die ihnen zu Last fallenden Vermittlergebühren zu bestreiten.

§ 13. Die Stellenvermittler haben, sofern ihre Tätigkeit von beiden Seiten in Anspruch genommen ist, in die von ihnen vermittelten Verträge die Bestimmung aufzunehmen, daß die eine Hälfte der Gebühren von dem Bühnenleiter, die andere Hälfte von dem Bühnenangehörigen aus eigenen Mitteln zu zahlen ist, es sei denn, daß sich der Bühnenleiter freiwillig zur Übernahme der ganzen Gebühr bereit erklärt hat. Der Betrag der an den Bühnenangehörigen tatsächlich auszuzahlenden Gage ist im Vertrage anzugeben.

§ 14. Die Stellenvermittler sind, abgesehen von der Bestimmung im § 5 Abs. 2 Satz 1 des Stellenvermittlergesetzes, zur Erhebung von Gebühren nicht befugt:

a) wenn der vermittelte Vertrag gelöst ist, es sei denn, daß die Lösung durch Vertragsbruch oder ohne Mitwirkung des Stellenvermittlers zu einer Zeit erfolgt, wo der Vertrag unkündbar ist;

b) für die Zeit, während welcher der Bühnenangehörige keine Vergütung (Gehalt, Spielgeld usw.) erhält;

c) bei Gastspielen zum Engagementszweck, wenn der unterlegte Vertrag nicht zustande kommt.

§ 15. Reisegelder oder Aufgelder sind den Stellesuchenden nach Bestimmung der Auftraggeber ungeschmälert auszuhändigen und dürfen nicht unter Anrechnung auf die geschuldeten Gebühren vorenthalten werden.

§ 16. Die Polizeibehörden und ihre Organe sind befugt, in den Geschäftsbetrieb der Stellenvermittler jederzeit Einsicht zu nehmen. Die Stellenvermittler sind verpflichtet, den Beamten jederzeit den Zutritt zu allen für den Geschäftsbetrieb bestimmten Räumen zu gestatten, ihnen die Geschäftsbücher und Geschäftspapiere auf Verlangen im Dienstraume der Polizeibehörde vorzulegen und jede über den Geschäftsbetrieb verlangte Auskunft wahrheitsgetreu zu erteilen.

§ 17. Jedem Geschäftsbuche ist ein Abdruck des Stellenvermittlergesetzes und dieser Vorschriften vorzuheften. Außerdem ist ein Abdruck des Stellenvermittlergesetzes, dieser Vorschriften und des Gebührentarifs in großer Schrift in den Geschäftsräumen am Eingange auszuhängen.

Muster A.

Geschäftsbuch für Aufträge der Bühnenangehörigen.
(Auftragsbuch.)

Lfd. Nr.	Tag des Auftrags	Des Bühnenangehörigen				Beanspruchte Vergütung (Gehalt, Spielgeld usw.) *)	Art der gesuchten Beschäftigung	Zeit, für welche Beschäftigung gesucht wird *)	Nummer des Abschlußbuchs (C), unter welcher der Abschluß nachgewiesen ist	Bemerkungen
		Vor- und Zuname	Bühnenname	Geburtsort	Aufenthaltsort					
1.	2.	3a.	3b.	4.	5.	6.	7.	8.	9.	10.

*) Diese Spalten sind nur dann auszufüllen, wenn von dem Auftraggeber entsprechende Angaben gemacht werden.

Muster B.

Geschäftsbuch für Aufträge der Bühnenleiter.
(Auftragsbuch.)

Lfd. Nr.	Tag des Auftrags	Des Bühnenleiters a) Vor- uud Zuname b) Stand c) Wohnort (Straße)	Bezeichnung der Stellung, für welche der Bühnen-angehörige gesucht wird	*) Zeitpunkt, zu welchem bzw. Zeit, für welche der Bühnenange-hörige gesucht wird	*) Betrag der zugesicherten Vergütung (Gehalt, Spielgeld usw.)	Nummer des Abschluß-buchs (C), unter welcher der Abschluß nachgewiesen ist	Bemerkungen
1.	2.	3.	4.	5.	6.	7.	8.

*) Diese Spalten sind nur dann auszufüllen, wenn von dem Auftraggeber entsprechende Angaben gemacht werden.

Muster C.

Geschäftsbuch für abgeschlossene Vermittlungen.
(Abschlußbuch.)

Lfd. Nr.	Tag des Abschlusses	Des Bühnenangehörigen				Unternehmung, für welche abgeschlossen wird	Art der Beschäftigung	Vereinbarte Zeit des		Betrag der vereinbarten Vergütung (Gehalt, Spielgeld usw.)	Vermittlungsgebühr (in %)	a) von dem Bühnenangehörigen b) von dem Bühnenleiter geleistete Zahlungen				Nummer des Auftragsbuchs A. B.	Bemerkungen
		Vor- und Zuname	Bühnenname	Geburtsort	Aufenthaltsort			Antritts	Endes der Beschäftigung			1. Gebühr ℳ | ₰	2. bare Auslagen ℳ | ₰	3. Summe der Spalten 12, 13 ℳ | ₰	4. Tag der Zahlung		
1.	2.	3a.	3b.	4.	5.	6.	7.	8.	9.	10.	11.	12.	13.	14.	15.	16.	17.

III.
Vorschriften[1] über den Geschäftsbetrieb der gewerbsmäßigen Stellenvermittler mit Ausschluß der Stellenvermittler für Bühnenangehörige und der Herausgeber von Stellen- und Vakanzenlisten.

§ 1. Die Stellenvermittler sind verpflichtet, ihren Familiennamen und mindestens einen ausgeschriebenen Vornamen mit dem Zusatz „Stellenvermittler“ oder „Stellenvermittlerin“ in deutlich lesbarer Schrift an der Straßenseite des von ihnen benützten Hauses nahe dem Hauseingange und am Eingange zu den Geschäftsräumen anzubringen. Außerdem sind sie befugt, die Berufe, auf die sich ihr Geschäftsbetrieb erstrecken soll, anzugeben. Die Beilegung einer Bezeichnung, die auf die erfolgte Konzessionierung hinweist, ist verboten. Ebenso sind unpersönliche Bezeichnungen wie „Stellenvermittlung, kostenlose Stellenvermittlung, Stellennachweis, Mietskontor, Gesindebörse, Mädchenschutz, Mädchenheim“ und dergleichen untersagt.

§ 2. Die Stellenvermittler sind verpflichtet, Geschäftsbücher nach den anliegenden Mustern A und B zu führen. Für männliche und weibliche Personen können getrennt Bücher geführt werden.

Die Bücher müssen dauerhaft gebunden und mit fortlaufenden Seitenzahlen versehen sein; sie sind, bevor sie in Gebrauch genommen werden, von der Ortspolizeibehörde (§ 2 der Ausführungsverordnung zur Gewerbeordnung vom 28. März 1892 [GVBl. S. 28]) unter Beglaubigung der Seitenzahl abzustempeln.

Das Herausnehmen oder Zusammenkleben von Blättern, sowie die Einfügung neuer Blätter ist untersagt.

§ 3. Die dem Stellenvermittler erteilten Aufträge, die Vertragsabschlüsse und die eingegangenen Zahlungen sind in die Bücher im Laufe des Tages, an dem sie eingehen, oder die Abschlüsse erfolgen, in fortlaufender Reihenfolge deutlich, vollständig und wahrheitsgetreu einzutragen.

Alle Eintragungen müssen in deutscher Sprache mit Tinte bewirkt, leserlich gemacht und unterhalten werden. Rasuren sind untersagt.

Werden von einem Stellesuchenden Legitimationspapiere, Zeugnisse und dergleichen hinterlegt, so ist dies unter genauer Bezeichnung der hinterlegten Papiere in der Bemerkungsspalte des Geschäftsbuches A einzutragen.

---

[1] Die Vorschriften in den §§ 1—20 stimmen mit den Vorschriften der Anlage I der preußischen Verordnung vom 19. Aug. 1910 überein. Es wird deshalb hier auf die Anmerkungen S. 121—131 Bezug genommen.

In der Bemerkungsspalte des Geschäftsbuches B ist zu vermerken, daß bei minderjährigen Arbeitnehmern die Zustimmung des gesetzlichen Vertreters erfolgt ist.

§ 4. Für die ordnungsmäßige Führung der Geschäftsbücher ist der Stellenvermittler auch dann persönlich verantwortlich, wenn er sie einem Dritten übertragen hat.

§ 5. Geschäftsbücher, die nicht mehr benutzt werden sollen, sind unter Angabe des Tages abzuschließen, der Ortspolizeibehörde zur Bestätigung des Abschlusses vorzulegen und sodann fünf Jahre aufzubewahren. Nach dem Abschlusse dürfen weitere Eintragungen nicht mehr gemacht werden.

Dasselbe gilt, wenn der Geschäftsbetrieb eingestellt wird.

Die sonstigen, das Vermittlungsgeschäft betreffenden Schriftstücke (Briefe und dergleichen) sind drei Jahre aufzubewahren.

§ 6. Die Stellenvermittler sind verpflichtet, der Ortspolizeibehörde über ihre Geschäftsräume bei der Geschäftseröffnung und bei späterem Wechsel der Geschäftsräume sowie über die Einstellung des Geschäftsbetriebes sofort Anzeige zu erstatten.

§ 7. Die Stellenvermittler haben sorgfältige Erkundigungen über die Dienstverhältnisse der Dienstherrschaften und Arbeitgeber sowie der Stellesuchenden einzuziehen. Sie dürfen Personen, von denen sie wissen, oder den Umständen nach annehmen müssen, daß sie ohne Einhaltung der Kündigungsfrist ihre letzte Stellung verlassen haben, keine Dienstleistung gewähren, sofern nicht ein gesetzlicher Grund für das Verlassen der Stelle nachgewiesen wird. Dies gilt insbesondere von landwirtschaftlichem Gesinde, das für eine andere als die gesetzliche Antrittszeit (§ 18 der Revidierten Gesindeordnung, GVBl. 1898 S. 111) Stellung sucht. Sie dürfen ferner für Personen, die sich den gesetzlichen Vorschriften zuwider nicht im Besitze eines ordnungsmäßig ausgestellten und ausgefüllten Dienstbuches oder Arbeitsbuches befinden oder welche die zur Verdingung erforderliche Zustimmung des gesetzlichen Vertreters (§ 113 des Bürgerlichen Gesetzbuches) nicht nachweisen können, eine Stelle nicht vermitteln. Das gleiche Verbot gilt hinsichtlich ausländischer Arbeiter, die sich entgegen den bestehenden Vorschriften nicht im Besitze einer ordnungsmäßigen Inlands-Legitimationskarte befinden.

Bei der Vermittlung von ausländischen Stellen an weibliche Personen sind alle Verhältnisse mit besonderer Sorgfalt zu erörtern, um Schädigungen der Stellesuchenden, namentlich in sittlicher Beziehung, fernzuhalten. Für minderjährige weibliche Personen muß außerdem die Einwilligung des gesetzlichen Vertreters zur Annahme einer ausländischen Stelle vorliegen.

Stellenvermittler, die Stellen im Auslande an weibliche Personen vermitteln, haben der Ortspolizeibehörde nach näherer Anweisung unaufgefordert entweder über jede einzelne solche Vermittlung unverzüglich schriftliche Anzeige zu erstatten oder regelmäßig Verzeichnisse der vermittelten Stellen einzureichen. Dasselbe gilt für die Vermittlung von inländischen Stellen für Kellnerinnen und sonstige in Schankräumen tätige weibliche Angestellte unter 18 Jahren sowie für Ammen. Ammen dürfen Stellenvermittler eine Stellung nur vermitteln, wenn jene sich über ihren Gesundheitszustand durch das höchstens 8 Tage alte Zeugnis eines approbierten Arztes ausweisen können.

§ 8. Die Stellenvermittler haben sich jeder Einwirkung auf Arbeitnehmer dahin, daß diese ihre Stellung mit einer anderen vertauschen, zu enthalten. Ebenso ist ihnen jede Einwirkung auf Arbeitgeber wegen Entlassung von Arbeitnehmern untersagt.

§ 9. Stellenvermittler dürfen mit Personen, denen sie eine ihre Erwerbstätigkeit vollständig in Anspruch nehmende Stellung vermittelt haben, wegen Beschaffung einer anderen Stellung erst dann in Verbindung treten, wenn der erste für das bestehende Dienst- oder Arbeitsverhältnis maßgebende Kündigungstermin verstrichen ist, sofern nicht ein gesetzlicher Grund für das Verlassen der Stellung nachgewiesen wird.

§ 10. Den Stellenvermittlern sowie ihren Hilfspersonen einschließlich der Familienangehörigen ist das Aufsuchen von Aufträgen außerhalb ihrer Geschäftsräume untersagt; insbesondere ist ihnen jede Geschäftstätigkeit sowie die Verteilung von Geschäftsempfehlungen und dergleichen auf öffentlichen Wegen, Straßen, Plätzen oder an anderen öffentlichen Orten (Schankstuben, Vergnügungsorten, offenen Läden, Bahnhöfen, Eisenbahnzügen, in der Nähe von nicht gewerbsmäßig betriebenen Arbeits- und Stellennachweisen usw.) verboten. Sie dürfen ferner weder Dritten (sog. Schleppern) den Auftrag zum unmittelbaren Heranführen von Arbeitnehmern erteilen, noch Arbeitnehmern, die von solchen Personen herangeführt werden, eine Stelle vermitteln. Die Ausübung des Gewerbebetriebes im Umherziehen oder durch Agenten ist verboten.

§ 11. Die Stellenvermittler haben alle Anzeigen in Zeitungen, Anschlägen, Reklamen und dergleichen mit der genauen Angabe des Geschäftsraumes, ihrem Vor- und Zunamen und der in § 1 angeordneten Bezeichnung zu versehen. Abkürzungen sind unzulässig.

In den Anzeigen sind marktschreierische Angaben (die Hervorhebung besonderer Vorzüge, die Zusage von Vorteilen oder Geschenken und dergleichen) sowie Angaben über die Zahl der offenen Stellen oder der stellesuchenden Personen verboten.

§ 12. Die Stellenvermittler dürfen außer den in § 6 des Stellenvermittlergesetzes genannten Gegenständen auch Kleidungsstücke, Handwerkszeug und Gerätschaften, die zur sachgemäßen Ausübung des Berufes des Stellesuchenden erforderlich sind, gegen dessen Willen nicht zurückbehalten.

Reisegelder oder Aufgelder sind dem Stellesuchenden nach Bestimmung der Auftraggeber ungeschmälert auszuhändigen und dürfen nicht unter Anrechnung auf geschuldete Gebühren vorenthalten werden.

§ 13. Der Geschäftsinhaber soll sein Gewerbe in der Regel persönlich ausüben.

Die Zulässigkeit der Stellvertretung bestimmt in jedem einzelnen Falle die Ortspolizeibehörde.

Die Beschäftigung von Hilfspersonen (Gehilfen, Lehrlingen) einschließlich der Familienangehörigen ist nur mit Erlaubnis der Ortspolizeibehörde gestattet. Die Erlaubnis darf nur für Personen erteilt werden, die für den Geschäftsbetrieb und hinsichtlich ihrer persönlichen Verhältnisse die erforderliche Zuverlässigkeit besitzen und keines der in § 3 des Stellenvermittlergesetzes aufgeführten Gewerbe betreiben; sie kann jederzeit ohne Angabe von Gründen widerrufen werden.

§ 14. Der Geschäftsbetrieb darf nicht in Räumen stattfinden, in denen ein anderes Gewerbe ausgeübt wird, auch darf der Zugang zu den Geschäftsräumen des Stellenvermittlers nicht durch Räume erfolgen, in denen ein Gewerbe ausgeübt wird. Die Ortspolizeibehörde kann den Geschäftsbetrieb in Häusern, in denen oder in deren unmittelbarer Nähe sich eine Gast- oder Schankwirtschaft oder eine Kleinhandlung mit geistigen Getränken befindet, verbieten.

§ 15. Die Stellenvermittler haben über alle ihnen geleisteten Zahlungen sofort Quittungen auszustellen.

§ 16. Der Anspruch des Stellenvermittlers erlischt,

1. auf den vom Arbeitgeber zu bezahlenden Gebührenbetrag, wenn der Arbeitnehmer die Stelle nicht antritt oder der Dienstvertrag zum ersten zulässigen Kündigungstermin gekündigt oder sonst innerhalb vier Wochen nach Beginn der Dienstleistung gelöst wird, weil der Arbeitnehmer bestimmte, vom Stellenvermittler zugesicherte Eigenschaften nicht besitzt;
2. auf den vom Arbeitnehmer zu bezahlenden Gebührenbetrag, wenn der Dienstvertrag zum ersten zulässigen Kündigungstermin

gekündigt oder sonst innerhalb vier Wochen nach Beginn der Dienstleistung gelöst wird, weil sich die Unrichtigkeit bestimmter, vom Stellenvermittler zugesicherter Eigenschaften der vermittelten Stelle ergeben hat, oder wenn der Arbeitnehmer aus einem wichtigen Grunde die Stelle nicht antritt, oder der Arbeitgeber den Antritt der Stelle verhindert.

Die bereits gezahlte Gebühr ist auf schriftliches Ersuchen des Berechtigten binnen einer Woche zurückzuzahlen. Ansprüche auf Rückzahlung der Gebühr können nur binnen vier Wochen nach dem Zeitpunkt, zu dem der Arbeitnehmer den Dienst angetreten hat oder hätte antreten müssen oder zu dem der Vertrag gelöst ist, geltend gemacht werden.

Den Stellenvermittlern ist untersagt, den Anspruch auf Rückzahlung durch Vertrag auszuschließen.

§ 17. Die Polizeibehörden und ihre Organe sind befugt, in den Geschäftsbetrieb der Stellenvermittler jederzeit Einsicht zu nehmen. Die Stellenvermittler sind verpflichtet, den Beamten jederzeit den Zutritt zu allen für den Geschäftsbetrieb bestimmten Räumlichkeiten zu gestatten, ihnen die Geschäftsbücher, die bei ihnen etwa hinterlegten Dienst- und Arbeitsbücher, Zeugnisse und dergleichen, sowie ihre Geschäftsbriefe auf Verlangen im Dienstraume der Polizeibehörde vorzulegen und jede über den Geschäftsbetrieb verlangte Auskunft wahrheitsgetreu zu erteilen.

§ 18. Je ein Abdruck des Stellenvermittlergesetzes, dieser Vorschriften und des Gebührentarifs ist in großer Schrift und in deutscher Sprache in den Geschäftsräumen am Eingange an gut zugänglicher Stelle auszuhängen.

§ 19. Jedem Geschäftsbuche ist ein Abdruck des Stellenvermittlergesetzes und dieser Vorschriften vorzuheften.

§ 20. Die in Gebrauch befindlichen Geschäftsbücher dürfen bis zu ihrem Abschlusse, längstens aber bis zum 1. April 1911 benutzt werden.

Muster A.

Geschäftsbuch für Aufträge der Arbeitnehmer.

Lfd. Nr.	Tag des Auftrags	Des Auftraggebers						Art der gesuchten Stellung	Zeitpunkt, zu welchem die Stellung gesucht wird	Betrag des beanspruchten Lohnes oder Gehaltes		Bei nachgewiesener Stellung Nummer des Geschäftsbuches B	Bemerkungen
		Zu- und Vorname	bisherige Beschäftigung	Familienstand	Jahr und Tag der Geburt	Geburtsort	Wohn- oder Aufenthaltsort, Straße, Hausnummer			ℳ	₰		
1.	2.	3.	4.	5.	6.	7.	8.	9.	10.	11.		12.	13.

Muster B.

Geschäftsbuch für Stellenvermittlungen.

Lfde. Nr.	Tag des Vertragsschlusses	Des Arbeitgebers			Des Arbeitnehmers					Angabe, ob der Arbeitnehmer im Besitze eines Dienstbuches ist? oder eines Arbeitsbuches?
		Zu- und Vorname	Stand	Wohnort, Straße, Hausnummer	Zu- und Vorname	bisherige Beschäftigung	Familienstand	Jahr und Tag der Geburt	Wohn- od. Aufenthaltsort, Straße, Hausnummer	
1.	2.	3.	4.	5.	6.	7.	8.	9.	10.	11.

Vertragsbedingungen.					Vom Arbeitgeber gezahlte			Vom Arbeitnehmer gezahlte			Bemerkungen
Art der vermittelten Stelle	Zeit des Stellenantritts	Lohn oder Gehalt	Zeit für die der Dienstvertrag geschlossen ist.	Sonstige Vertragsbedingungen	Gebühr ℳ	bare Auslagen ℳ	Tag der Zahlung	Gebühr ℳ	bare Auslagen ℳ	Tag der Zahlung	
12.	13.	14.	15.	16.	17.	18.	19.	20.	21.	22.	23.

3. Bekanntmachung über die Gebühren der gewerbsmäßigen Stellenvermittler für Bühnenangehörige.

Vom 23. September 1910.

Auf Grund des § 5 Abs. 1 des Stellenvermittlergesetzes vom 2. Juni 1910 (RGBl. S. 860) in Verbindung mit § 2 Abs. 2 der Ausführungsverordnung hierzu vom 27. August 1910 (GVBl. S. 215) wird bestimmt, daß, ausschließlich der Herausgeber von Stellen- und Vakanzenlisten, gewerbsmäßige Stellenvermittler für nachbenannte Gruppen von Bühnenangehörigen für die Vermittlung einer Stelle nicht mehr als folgende Bruchteile der Gesamtvergütung (Gehalt, Spielgeld usw.) eines Bühnenangehörigen als Gebühr erheben dürfen, die unteren Verwaltungsbehörden haben Sorge dafür zu tragen, daß diese Taxen zur Kenntnis jedes beteiligten Stellenvermittlers gelangen.

I. Stellenvermittlung für Bühnenangehörige im engeren Sinn, d. h. für Personen, die bei der Aufführung dramatischer Werke künstlerisch oder technisch mitwirken

A. Engagementsabschlüsse

3% wenn die monatliche Vergütung bis 150 ℳ,

4% wenn die monatliche Vergütung mehr als 150 ℳ bis 300 ℳ,

5% wenn die monatliche Vergütung mehr als 300 ℳ

beträgt.

B. Bei Verträgen für Gastspiele, mit Ausnahme der Gastspiele mit unterlegtem Engagementsvertrage:

10% wenn der Bühnenangehörige für die einzelne Vorstellung eine Vergütung von mindestens 200 ℳ erhält,

5% wenn er weniger als 200 ℳ erhält.

II. Stellenvermittlung für sonstige Bühnenangehörige bei Engagementsabschlüssen sowie bei Gastspielen:

5% wenn die monatliche Vergütung bis 600 ℳ,

6% wenn die monatliche Vergütung mehr als 600 ℳ bis 900 ℳ,

8% wenn die monatliche Vergütung mehr als 900 ℳ bis 1500 ℳ,

10% wenn die monatliche Vergütung mehr als 1500 ℳ

beträgt.

— Die Vergütung wird nach der einzelnen artistischen Nummer (Einzelartist oder Truppe) berechnet. —

III. Stellenvermittlung für Orchesterpersonal bei Gewerbebetrieben im Sinne der §§ 32 und 33a der Gewerbeordnung sowie für technisches und Chorpersonal

2% wenn die monatliche Vergütung bis 400 ℳ,

5% wenn die monatliche Vergütung über 400 ℳ

beträgt.

IV. Stellenvermittlung für Musikkapellen, die nicht unter die Bestimmung zu III fallen:

5% der monatlichen Vergütung für Verträge zwischen Unternehmern und ganzen Kapellen,

3% der monatlichen Vergütung für Verträge zwischen Kapellmeistern und Mitgliedern der Kapellen.

V. Bei Verlängerung oder Erneuerung eines Engagements (sofern sie durch die Tätigkeit des Stellenvermittlers zustande gekommen sind) längstens auf 3 Jahre

die Hälfte der obigen Sätze.

— Diese Bestimmung findet keine Anwendung auf Stellenvermittlung unter II. —

VI. Bei Vertragsabschlüssen für nicht gewerbsmäßige Veranstaltungen (Vereins- oder Privatfestlichkeiten):

10% ohne Rücksicht auf die Höhe der Vergütung.

VII. Die Bestimmungen der Ziff. I bis IV finden sinngemäße Anwendung, wenn der Vertragsabschluß auf kürzere oder längere Zeit als Monatsfrist erfolgt oder die Vergütung für kürzere oder längere Zeit oder für die einzelne Veranstaltung entrichtet wird.

Dresden, 23. September 1910.

Ministerium des Innern.

D. Die Höchstbeträge der Gesamtgebühren für Berlin und Umgebung.

Die für Berlin, Charlottenburg, Schöneberg, Wilmersdorf, Rixdorf, Lichtenberg, Stralau, Boxhagen-Rummelsburg zuständigen Polizeipräsidenten haben für jene Orte folgende Gesamtgebühren als Höchstbeträge festgesetzt:

I. Bei gewerbsmäßigen Stellenvermittlern.[1]

Höchstbetrag der Gesamtgebühr[2] bei Vermittlung von:

	Höchstbetrag: Einmalig M.
A. Landwirtschaftlichem Personal.	
1. Landwirtschaftliches Aufsichts- und Verwaltungspersonal, wie z. B. Inspektoren, Vögte, Wirtschafter, Wirtschafterinnen, Hofverwalter, Brennmeister, Oberschweizer, Vorschnitter, Obergärtner, Gärtner, Förster, Wirtschaftsvolontäre, und -lehrlinge, Buchhalter und Buchhalterinnen, Sekretäre und Sekretärinnen, landwirtschaftliche Handwerker usw.	6,00
2. Inländisches landwirtschaftliches Gesinde im engeren Sinne, wie z. B. landwirtschaftliche Knechte und Mägde aller Art, Kuhfütterer, Melker, Unterschweizer u. dgl. m.	15,00
3. Landwirtschaftliche Arbeiterfamilien aller Art: Für jede arbeitsfähige Person	4,00
4. Ledige inländische landwirtschaftliche Arbeiter, Tagelöhner usw.	3,00
5. Ausländische Saisonarbeiter in der Zeit:	
a) vom 1. Juni bis 31. August jeden Jahres	8,00
b) vom 1. November bis Ende Februar jeden Jahres	3,00

[1] Die unter I festgesetzten Gebühren kommen im Folle einer Stellenvermittlung im engen Sinne (§ 1 Ziff 1 des Gesetzes) wie bei einer Stellenvermittlung im weiten Sinne (§ 1 Ziff. 2 des Gesetzes) — s. Anm. 3 S. 8 — zur Anwendung. Im ersten Falle sind die Gebühren der Vorschrift des § 5 Abs. 2 des Gesetzes gemäß je zur Hälfte von dem Arbeitgeber und Arbeitnehmer zu erfordern, wenn beide die Tätigkeit des Stellenvermittlers in Anspruch genommen haben (s. Anm. 12 S. 58).

[2] „Gesamtgebühr" bedeutet dasselbe wie Gesamttaxe" (vgl. Verfügung vom 17. Juni 1910 S. 157), die Einheitlichkeit der Gebühr für den Arbeitgeber und den Arbeitnehmer.

	Höchstbetrag: Einmalig M.
c) vom 1. März bis Ende Mai und vom 1. September bis 1. November jeden Jahres	4,00

(Für Haus- und Dienstpersonal im Haushalte s. Taxe I B.)

B. Bei Vermittlung von städtischem Gesinde, städtischem Haus- und Dienstpersonal jeder Art.

1. Im allgemeinen für Vermittlung von städtischem Gesinde, Dienst- und Hauspersonal (wie z. B. Diener, Silberdiener, Leibjäger, Kutscher, Grooms, städtische Wirtschafterinnen, Stützen, Hausdamen, Erzieherinnen, Gouvernanten, Kindergärtnerinnen, Kochpersonal im Haushalte, wie Kochmamsells, Köche, Kochköchinnen, Köchinnen, Küchenjungen und -mädchen, ferner Jungfern, Stubenmädchen, Hausmädchen, Dienstmädchen aller Art, Mädchen füc alles usw.) durchweg	6,00
Ferner für Vermittlung von	
2. Ammen	15,00
3. von Aushilfen sowie von männlichem und weiblichem Personal für bestimmte Gelegenheiten oder Arbeiten im Haushalte (wie z. B. Servierfrauen, Reinemache-, Scheuer-, Wasch-, Kochfrauen, Näherinnen, Ausbesserinnen, Plätterinnen u. dgl. m.) für jeden Vermittlungsfall	0,30

C. Bei Vermittlung von Gast- und Schankwirtschafts-, Bar-, Café-, Hotelpersonal, überhaupt von Personal im Wirtschaftsgewerbe.

1. Männliches Aufsichtspersonal (z. B. Direktoren, Geschäftsführer, Küchenchefs, Büfettier, Buchhalter, Oberkellner usw.) sowie Hotelportiers	6,00
2. Kellner, Köche, Kontrolleure, Zapfer, Küchenschlächter, sowie Wirtschaftsfräuleins, Kochmamsells — auch für kalte Küche —, Bar- und Büfettdamen, Inspektricen, Kassiererinnen, Hotelhausdiener, Pförtner	4,00
3. Alles sonstige männliche und weibliche Personal, Kellnerinnen usw.	2,00
4. Aushilfsstellen für jeden Vermittlungsfall	0,20

(Für Haus- und Dienstpersonal im Privathaushalte siehe Taxe I B.)

D. Bei Vermittlung von Stellen in sonstigen Gewerben, Handel, Industrie, freien, künstlerischen, technischen Berufen, Unterricht, Bureaudienst, Sanitäts-, Bade-, Heil- und Pflegewesen u. dgl. m.

1. Im allgemeinen — abgesehen von den Sondertaxen unter Nr. 3 — für alles Personal dieser Art (wie z. B. Direktoren, Geschäftsführer, Ingenieure, Werkmeister, Buchhalter, Agenten, Bankbeamte, Redakteure, Privatlehrer und -lehrerinnen, Kommis, Handlungsgehilfen),

Höchstbetrag: Einmalig M.

und zwar für männliches und weibliches Personal gleichmäßig durchweg bei einem ersten Monatsgehalte der betreffenden vermittelten Stelle:

a) bis zu 100 ℳ einschließlich 5,00
b) von 101 ℳ bis 150 ℳ einschließlich 10,00
c) von mehr als 150 ℳ 15,00

2. Aushilfen zu 1 auf höchstens 3 Monate 2,50
Darüber hinaus Taxe 1.

3. Sondertaxe für

a) Inländische gelernte gewerbliche Arbeiter und Arbeiterinnen, Handwerksgesellen aller Art u. dgl. m. 2,00
b) Inländisches gewerbliches Hilfspersonal und ungelernte gewerbliche Arbeiter und Arbeiterinnen:
A. für den Landespolizeibezirk Berlin 1,00
B. für die Provinz. 3,00
c) Inländische Aushilfen zu 3a und 3b für den Vermittlungsfall 0,20
d) Ausländische Industriearbeiter:
a) vom 1. Juni bis 31. August jeden Jahres 6,00
b) vom 1. November bis Ende Februar jeden Jahres . . . 2,00
c) im übrigen 3,00
e) Männliches und weibliches Sanitäts-, Heil-, Pflege-, Badepersonal aller Art (z. B. Krankenpfleger, Heilgehilfen, Masseure, Bademeister, Schwimmlehrer, Wärter u. dgl. m.), ferner Musiker und künstlerische Gewerbetreibende aller Art, soweit deren Vermittlung nicht unter die Taxvorschriften der Stellenvermittler für Bühnenangehörige fällt, durchweg 2,50
f) Aushilfestellen zu e oder Personal der dort aufgeführten Arten für einzelne Dienste, Gelegenheiten (bei Musikern usw. für einzelne Festlichkeiten, Vereinsabende usw. oder für einzelne — bis 8 — Tage für jeden Vermittlungsfall 0,20
Für mehr als 8 Tage: Für jeden Vermittlungsfall 0,50
(Bezüglich der Dienstboten im Haushalte siehe Taxe 1 B oben.)

E. Bei allen sonstigen, unter Abschnitt A bis D nicht fallenden Vermittlungen 2,00

II. Bei gewerbsmäßigen Herausgebern von Stellen- und Vakanzenlisten.

1. Gebühr für das Abonnement auf Bezug der Liste:

a) Monatsabonnement bei mindestens viermaligem Erscheinen im Monat 2,00
b) bei selteneren Erscheinen monatlich 1,00

	Höchstbetrag: Einmalig M.
c) Wochenabonnement bei mindestens zweimaligem Erscheinen in der Woche	0,50
d) Einzelnummerpreis	0,30
2. Insertionsgebühr bei Aufnahme von Inseraten:	
Bei höchstens vier Spalten der Liste für die Zeile	0,15
Bei mehr Spalten für die Zeile	0,10

III. **Bei nicht gewerbsmäßiger Stellenvermittlung für Gesinde, landwirtschaftliches und Gast- und Schankwirtschaftspersonal** wird die Taxe der zulässigen Gebühren nach Maßgabe des § 5 des Stellenvermittlergesetzes vom 2. Juni 1910 und der Nr. 10 des Ministerialerlasses vom 21. August 1910 (III. 7191. M. f. H. usw.) für die einzelnen Vermittlungsbetriebe besonders festgesetzt, soweit nicht Befreiung von den Ministerialvorschriften widerruflich bewilligt wird. Soweit dies nicht geschehen, ist der Betrieb obiger Arten von nicht gewerbsmäßiger Stellenvermittlung ohne ortspolizeiliche Taxe vom 1. Oktober 1910 ab gemäß §§ 15, 16 Ges. strafbar.

IV. Diese Taxe tritt mit dem 1. Oktober 1910 in Kraft. Die bisherigen privaten Taxen der Stellenvermittler treten, soweit sie höhere Gebührensätze vorsehen oder sonst dieser Taxe widersprechen, mit dem gleichen Zeitpunkte außer Kraft.

Alphabetisches Sachregister.

(Die Zahlen verweisen auf die Seiten.)

Roßberg'sche Buchdruckerei, Leipzig.

FSC
www.fsc.org
MIX
Papier | Fördert
gute Waldnutzung
FSC® C083411

Kolibri 360 GmbH
Ferdinand-Jühlke-Straße 7
99095 Erfurt, Deutschland
produktsicherheit@kolibri360.de